economía

y

demografía

ESTUDIO SOCIAL-PSICOLÓGICO DE LA PLANIFICACIÓN FAMILIAR

por

SUSAN PICK DE WEISS

siglo veintiuno editores, sa
CERRO DEL AGUA 248, MEXICO 20, D.F

siglo veintiuno de españa editores, sa
C/PLAZA 5, MADRID 33, ESPAÑA

siglo veintiuno argentina editores, sa

siglo veintiuno de colombia, ltda
AV. 3a. 17-73 PRIMER PISO. BOGOTA, D.E. COLOMBIA

edición al cuidado de presentación pinero de simón
portada de anhelo hernández

primeda edición, 1979

isbn 968-23-0548-9

impreso y hecho en méxico/printed and made in mexico

ÍNDICE

A MIS HIJOS

DANIEL Y ARTURO

PRÓLOGO

Uno de los temas más discutidos en los últimos veinte años en relación con el crecimiento demográfico de los países en desarrollo ha sido la planificación familiar.

El tema indudablemente tiene diferentes facetas, tanto desde el punto de vista técnico, como en su aplicación operativa, ya que se trata de programas que se insertan en las políticas de población. De esta forma, resulta complejo abordar en todos sus aspectos un estudio sobre planificación familiar.

Hace diez años, en una reunión internacional sobre planificación familiar, se decía que el aspecto actual de ésta podría verse al mismo tiempo impresionante, frustrante, alentador, inadecuado, dudoso o desconocido; y que el futuro se veía prometedor pero incierto. En este sentido, se consideraban dificultades en la organización de los programas debido a la falta de personal especializado y a los pocos medios de comunicación con el pueblo; los obstáculos provenientes de la gran dispersión de la población de un gran número de pequeñas comunidades, aunada a la intrincada complejidad rural de la sociedad; dificultades culturales que provienen del peso de la tradición, la inercia de las parejas con un número elevado de hijos, producto del sistema familiar históricamente constituido; por la falta de educación popular, la subordinación de las mujeres y los matrimonios demasiado jóvenes; dificultades debido a características personales como son el bajo nivel de escolaridad, la necesidad de tener hijos como sustituto de la seguridad social, las presiones sociales sobre la paternidad, la sensibilidad y, a veces, el rechazo a la educación sexual y la visión de las personas de la lejanía en el tiempo de los beneficios que se podrían recibir. Por supuesto, éstos no son más que unos ejemplos de lo mucho que podría decirse sobre las situaciones que influyen en la realización de la planificación familiar por las parejas.

En el último decenio, se ha reunido en diversos países gran cantidad de evidencias sobre el interés y la motivación de las personas con relación a la planeación de sus familias. En este sentido, se ha dado un aumento en el conocimiento y práctica, aun entre los habitantes de bajos niveles educativos y con reducida información, aunque esto último se ha incrementado en forma notable. El conocimiento más preciso sobre el tema es escaso, pero las actitudes son significativamente favorables. Existe el deseo de las parejas de tener un menor número de hijos, y se inicia cierta conciencia sobre el espaciamiento de ellos, que es una forma más refinada de la planificación.

Se continúa, sin embargo, en que el número deseado de hijos es menor que en la realidad y también es claro que los que tienen mayor educación y bienestar, así como acceso a los bienes y servicios, se encuentran en disposición para la modernización. Es cierto también que la proporción de parejas que ya no desean más hijos se ha incrementado de manera notable. De esta forma puede decirse que se ha ampliado la demanda de la planificación familiar, si no de manera abrumadora, tampoco superficial.

En México se iniciaron las primeras investigaciones con base en encuestas desde el año 1963, encuestas que correspondían a un esfuerzo en la región de América Latina, para establecer comparaciones de niveles en la fecundidad, diferenciales según características socioeconómicas y actitudes y prácticas frente a la planificación familiar.

En la actualidad se acepta, cada vez más, que los programas de planificación familiar son esfuerzos deliberados, generalmente por parte de los gobiernos, para proporcionar información y servicios a la población que desea planear el número y espaciamiento de sus hijos, siempre sobre una base voluntaria. El objeto final de estos programas es contribuir a la disminución de la fecundidad, aumentar la salud materno-infantil y reducir la intensidad del aborto. Es relevante anotar que la tendencia de los programas de planificación familiar es insertarlos dentro del contexto del desarrollo social.

Esta situación es el caso de México, en que recientemente se ha establecido una política que contempla, entre otros, los objetivos enunciados anteriormente. De ahí la importancia de los estudios e investigaciones que se realicen para mejorar cada vez más el conocimiento del comportamiento de la población en su fecundidad y sobre la planificación familiar, como un concepto amplio, en su dimensión social.

El presente libro es un ejemplo dentro de la limitada producción de estudios en este campo, que toca un aspecto en que mucho depende el avance y extensión de la planificación familiar en nuestro medio. Sus aspectos sociales y psicológicos se convierten en los elementos conductores en los programas de planificación familiar; por tanto, su conocimiento proporciona criterios cada vez más realistas para la ejecución de los programas de esta índole que se están desarrollando actualmente en México.

El estudio de la doctora Susan Pick de Weiss establece una serie de relaciones entre variables de actitudes, creencias, intenciones y conductas en relación con la estructura familiar y el proceso de modernización de México.

Con base en los resultados empíricos obtenidos a través de una encuesta, la Dra. Weiss desarrolla un esquema hacia una teoría predictiva de la planificación familiar. Del estudio se desprende que los factores normativos y conyugales, conjuntamente con los relativos a la modernización, constituyen el andamiaje de la teoría que se propone.

En atención a la fuerza predictiva del modelo, la autora afirma que tanto las intenciones de usar la planificación familiar como la relación conyugal son determinantes en la predicción de la conducta. Asimismo, por lo que respecta al conocimiento y actitudes, se verifica que los mejores predictores son las variables motivacionales y de modernización.

El aspecto que se debe destacar es que el modelo tiene una sustentación empírica que resulta significativa, primero, porque muestra con claridad la forma en que influyen las distintas variables en los procesos que van desde los niveles de conocimiento y actitudes hasta los de intención y conducta; segundo, por su aplicación y avance en el campo de la psicología, y tercero, porque este modelo puede ser utilizado por los diseñadores de los programas de planificación familiar.

Finalmente, la autora recomienda que la generación de información a través de entrevistas se extienda al medio rural y, por otro lado, que se profundice aún más, incorporando variables de tipo económico, por ejemplo la distribución del ingreso, con el objeto de analizar cómo se relacionan éstas con las variables sociales y psicológicas.

LIC. GUSTAVO CABRERA A.

INTRODUCCIÓN

El objeto de la presente obra es proporcionar una visión detallada de los factores que influyen en la planificación familiar. En ella se da especial importancia al área social y psicológica basándose en los aspectos económicos y demográficos de relevancia en esta área.

El libro esta dividido en tres partes. Los capítulos que integran cada una de ellas llevan títulos semejantes y tratan temas similares pero con propósitos y enfoques diferentes. Las secciones que forman la primera parte de la obra presentan una revisión de la bibliografía referente a cada uno de los temas, mientras que en la segunda parte del libro se está tratando con los resultados obtenidos en un estudio llevado a cabo con una muestra representativa de mujeres de 15 a 45 años de edad en la ciudad de México.

Los temas que abarcan las dos primeras partes del libro, y que se integran con base en un modelo predictivo de la planificación familiar en el último capítulo de la obra, son los siguientes: normas e influencia social, la estructura familiar, problemas de modernización y variables motivacionales. Además se presentan en el primer capítulo aspectos socioeconómicos y demográficos de la población mexicana así como la política poblacional de este país.

Se investiga el problema de la planificación familiar en detalle con el objeto de ver no sólo qué decisión toma la gente a este respecto (conductas) sino también por qué la toma (actitudes y creencias).

El libro va dirigido a tres grupos de personas: investigadores, diseñadores de políticas de planificación familiar e individuos relacionados con el diseño de campañas de planificación de la familia.

Para la realización de la investigación base de esta obra así como para su publicación se recibió el apoyo de varias personas e instituciones.

Por su respaldo para la publicación de este estudio se agradece al doctor Germán Bravo, de las Naciones Unidas; a los licenciados Enrique Brito y Gustavo Cabrera, del Consejo Nacional de Población, este último también del Consejo Nacional de Ciencia y Tecnología así como a la doctora Luz María Montaño, también del CONACYT; al ingeniero Luis de la Macorra y a la doctora Evelyn Folch, de PIACT de México; a la señora Esther Gally de Editorial Pax-México y a los doctores Héctor Manuel Capello y Raymundo Macías, de la Facultad de Psicología de la Universidad Nacional Autónoma de México.

El Consejo Nacional de Ciencia y Tecnología y la Fundación Ford, mediante su financiamiento permitieron la ejecución y publicación de este estudio. A ellos mi reconocimiento por su valiosa ayuda.

La presente obra se vio enriquecida con los comentarios y sugerencias de los siguientes investigadores: El licenciado Raúl Benítez Zenteno, del Instituto de Investigaciones Sociales de la Universidad Nacional Autónoma de México; el profesor Martin Fishbein y el doctor James Jaccard, de la Universidad de Illinois; el doctor Rogelio Díaz Guerrero y la maestra María Luisa Morales, del INCCAPAC; el maestro David Jones, la doctora Beryl Geber, el profesor David Glass, QEPD, el doctor Bram Oppenheim y de manera muy especial el doctor Phil Sealy, todos ellos de la London School of Economics en la Universidad de Londres. Asimismo resultaron de interés para la presente investigación las pláticas sostenidas con los señores Jaime Grabinsky, Ana Matilde Nagelschmidt, Lucy Reidl de Aguilar e Ian Reider.

Por la asistencia recibida en la formación y ejecución de los programas computacionales que se utilizaron en los análisis estadísticos de los datos, deseo agradecer al señor Richard O'Reilly de la London School of Economics en la Universidad de Londres y al ingeniero Romualdo Vitela del Instituto de Investigaciones Sociales de la Universidad Nacional Autónoma de México.

Quisiera dar las gracias por su cooperación a Ricardo, Lore y Silvia Pick, a Yolanda Sanguineti y a Jacobo y Carlos Wais, así como a los estudiantes que estuvieron relacionados con la aplicación y codificación de cuestionarios.

Finalmente, por su estímulo quisiera agradecer a mi esposo, el doctor Jaime Weiss.

CAPÍTULO 1

LA POBLACIÓN EN MÉXICO

El presente capítulo describe a grandes rasgos la situación socioeconómica de México, y contiene datos sobre algunos puntos fundamentales como distribución de la riqueza, crecimiento de la población, rangos de edades y recursos médicos y educacionales.

Una segunda parte se refiere principalmente a la situación demográfica del país, mostrando sus movimientos de migración, crecimiento y mortalidad.

Por último, se expone en una breve reseña la política sobre población que ha predominado en México durante los últimos 50 años.

1. LA SITUACIÓN SOCIOECONÓMICA

México se puede definir como un país capitalista en vías de desarrollo. Su modalidad de producción es capitalista pero se le considera como un país económicamente dependiente y, por lo tanto, su autonomía política es limitada. En términos de su historia, se podría decir que a partir del siglo XIX México empezó a formar parte, progresivamente, de la esfera de influencia económica y política de los países desarrollados, en particular de los Estados Unidos. Al mismo tiempo, el gobierno mexicano ha tratado de promover la captación de divisas e invertir en aquellos sectores que considera de interés primario para el desarrollo del país. El estado ha tratado de incrementar su intervención, en sociedad con la iniciativa privada y la inversión extranjera.

Es sabido que los factores socioeconómicos y demográficos de un país son esenciales para el estudio de la mayoría de los fenómenos psicológicos o sociales. Se estima que esto influye en el estilo de vida de sus habitantes, en su proceso de toma de decisiones, en sus actitudes, creencias y conductas, así como en sus motivaciones.

En 1910, al inicio de la revolución mexicana, el 72% de la población económicamente activa se dedicaba a la agricultura y el 11% a la industria. El resto de la población se dedicaba principalmente a actividades relacionadas con el comercio y los servicios. Para 1940, la primera cifra había bajado a 65%, estimándose que en 1978 el 35% de la población tenía ocupaciones relacionadas con el medio rural. Además, mientras que la población urbana se quintuplicó en 30 años, la rural aumentó sólo un 81% por la emigración que en esas zonas se origina.

Con respecto a la distribución del ingreso, se observa una gran concentración del mismo, ya que el 65% de las familias reciben tan sólo el 25% del ingreso familiar del país (Carrillo Flores, 1974).

De acuerdo con el censo de 1970, el 72% de la población tenía un ingreso mensual inferior a 1 000 pesos, el 21% un ingreso entre 1 000 y 2 500 pesos y sólo el 7% un ingreso superior a 2 500 pesos (Consejo Nacional de Población, 1975). En 1940 el 70.19% de la población se encontraba económicamente inactiva, lo que correspondía a 13.8 millones de habitantes. Para 1978 estas cifras eran de 72.88% (47.9 millones de habitantes) o sea que se calcula que para 1978 el 27.12% de la población estaba económicamente activa, lo que corresponde a 17.9 millones de personas.

2. ASPECTOS DE POBLACIÓN DE LA SOCIEDAD MEXICANA

La siguiente gráfica muestra los cambios en las tasas de natalidad, mortalidad y crecimiento de la población ocurridos en México desde 1940.

Dentro de las cifras generales para la población mundial existen ciertas diferencias en lo que se refiere a la distribución de edades. Esto es lo que se conoce como la "pirámide de edades". Las proyecciones del Consejo Nacional de Población (CONAPO, 1978*a*) eran que la población entre 0 y 14 años de edad sería de aproximadamente 29 millones o sea el 46% y según Loyo (1974), para 1980 este grupo estaría constituido por 33 millones en una población de 72 millones, manteniéndose el mismo porcentaje.

En cuanto a la edad de matrimonio, va de 18.2 años promedio, para mujeres que actualmente tienen de 40 a 44 años, a 18.6 años de edad para el grupo de 26 a 29 años. El porcentaje de solteras entre los 15 y los 19 años de edad ha aumentado de 61% en 1950 a 69.6% en 1970. Sólo un pequeño grupo de mujeres con un nivel de educación de preparatoria o más se casa en promedio a los 21 años (Benítez Zenteno, 1979).

La distribución urbano-rural de la población se puede apreciar en la figura 2.

FIGURA 1

TASAS DE NATALIDAD, MORTALIDAD Y CRECIMIENTO NATURAL POR CADA 1 000 HABITANTES

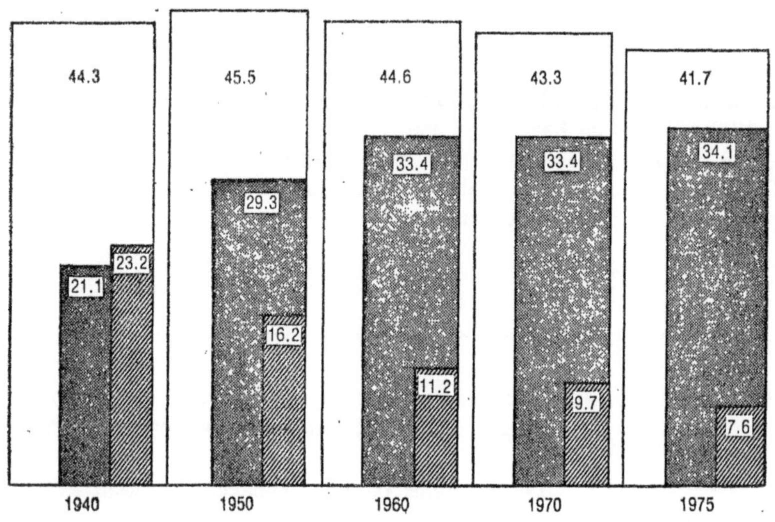

FUENTE: Consejo Nacional de Población, *México demográfico*, México, 1975, p. 12.

CUADRO 1:

POBLACIÓN DE MÉXICO POR EDADES Y SEXO (1978)

ABSOLUTOS

(en miles)

	Total	*Hombres*	*Mujeres*
Total del país	*65 863.8*	*33 265.7*	*32 598.1*
0-4	11 579.9	5 916.9	5 663.0
5-9	9 837.1	5 006.0	4 831.1
10-14	8 596.4	4 380.2	4 216.2
15-19	7 228.2	3 684.3	3 543.9
20-24	5 888.7	2 997.1	2 891.6
25-29	4 750.2	2 407.9	2 342.3
30-34	3 840.8	1 935.4	1 905.4
35-39	3 139.9	1 572.0	1 567.9
40-44	2 618.0	1 304.0	1 314.0
45-49	2 183.3	1 079.6	1 103.7
50-54	1 751.2	857.7	893.5
55-59	1 298.4	630.1	668.3
60-64	966.5	465.2	501.3
65-69	797.1	380.9	416.2
70-74	629.9	299.0	330.9
75-79	405.0	189.8	215.2
80-84	208.8	97.3	111.5
85 y más	144.4	62.3	82.1

RELATIVOS

Total	*100.0*	*100.0*	*100.0*
0-4	17.5	17.8	17.4
5-9	15.0	15.0	14.8
10-14	13.0	13.2	12.9
15-19	11.0	11.2	10.9
20-24	8.9	9.0	8.8
25-29	7.2	7.2	7.2
30-34	5.8	5.8	5.8
35-39	4.8	4.7	4.8
40-44	4.0	3.9	4.0
45-49	3.3	3.2	3.4
50-54	2.7	2.6	2.7
55-59	2.0	1.9	2.2
60-64	1.4	1.4	1.5
65-69	1.2	1.1	1.3
70-74	1.0	.9	1.0
75-79	.6	.6	.7
80-84	.3	.3	.3
85 y más	.2	.2	.3

FUENTE: Consejo Nacional de Población, *México demográfico*, México, 1978.

FIGURA 2

POBLACIÓN TOTAL URBANA Y RURAL

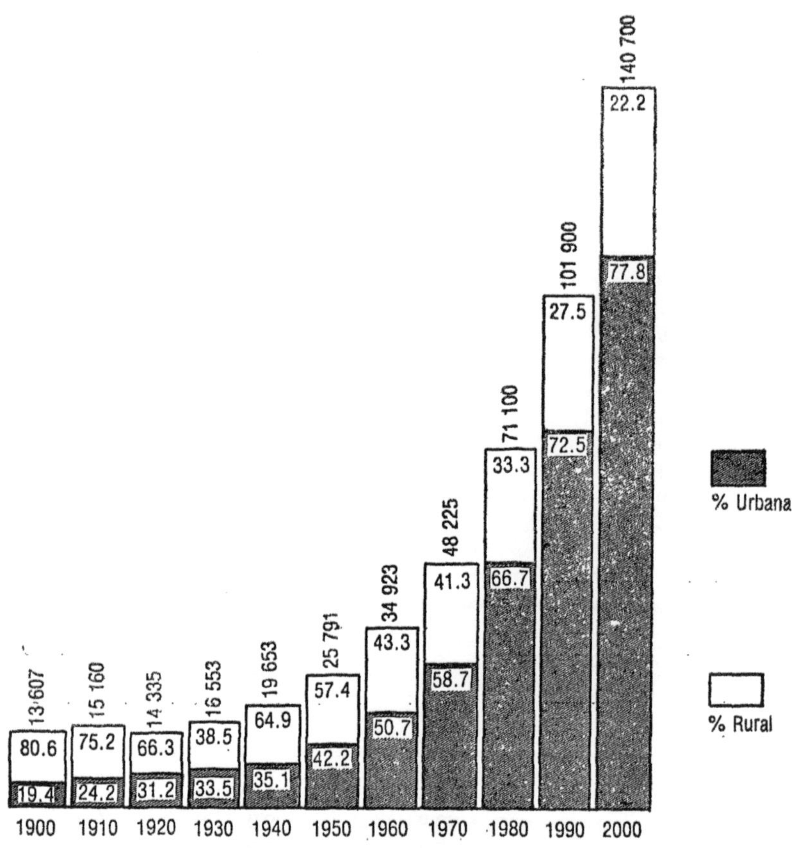

FUENTE: Consejo Nacional de Población, *México demográfico,* México, 1975, p. 11.

Observando la figura 2 es posible advertir que la población urbana ha aumentado en forma constante, mientras que la rural ha disminuido. Lo mismo se puede aplicar a las predicciones para 1980, 1990 y el año 2000.

La migración que existe del medio rural al urbano es selectiva y, como tal, es la causa de que las diferencias socioeconómicas y culturales entre las zonas rurales y urbanas se hagan cada vez más pronunciadas.

Las zonas de mayor expulsión en el medio rural se encuentran en el centro y sudeste del país y es a las áreas metropolitanas de la ciudad de México, Guadalajara y Monterrey a las que se dirige el 60% de la corriente migratoria rural (CONAPO, 1978b).

Otro de los problemas de importancia en este contexto es la falta de agua. Un plan de 10 años (1961-1971) para el abastecimiento de agua en las zonas rurales y urbanas de Latinoamérica estimó que, en 1961, en México, 8.3 millones de habitantes carecían de este servicio y que para 1971 esta cifra aumentaría a 18 millones, a pesar de las grandes inversiones y extraordinarios esfuerzos para abastecer de agua potable a la población. Una vez más se puede apreciar la desigual distribución de recursos al observar que en las entidades de mayor atracción más del 80% de los habitantes tienen energía eléctrica y servicios de agua entubada mientras que en las áreas de mayor expulsión este tipo de servicios beneficia sólo al 47% de la población.

Asimismo se puede ver que el problema de la desnutrición ha ido aumentando. En 1940, en la República Mexicana el 80% de la población sufría hambre y, de acuerdo con algunas investigaciones llevadas a cabo por el Instituto Nacional de Nutrición, entre 1958 y 1962 esta cifra permaneció casi estable (Arjona y colaboradores, 1975). Se calculó que en 1975 el 27% de la población consumía una cantidad menor a las 2 000 calorías diarias, nivel no satisfactorio que se traduce en problemas de desnutrición (Consejo Nacional de Población, 1975a).

El sistema educativo también muestra importantes deficiencias. Según el censo de 1970, 13.4 millones de habitantes en México no habían recibido ningún tipo de educación. En ese año el promedio de escolaridad del mexicano era de 2.8 años, y el número total de niños en edad escolar que se quedaron sin escuela por falta de instalaciones fue de 4 184 200. Observando las diferencias entre los estados a este respecto se aprecia que mientras que en las zonas de mayor expulsión el 40% de los mayores de 6 años no tienen instrucción alguna, esta cifra es del 24% en las áreas de mayor atracción.

González Cosío (1965) se refiere a la población técnicamente analfabeta (analfabetismo significa la incapacidad de leer o escribir a un nivel básico). En 1900, el 77.5% de la población se encontraba dentro de esta clasificación, mientras que en 1960 esta cifra se había reducido al 38.0%. Sin embargo, estos porcentajes no muestran el verdadero problema en números reales: en 1900 eran 8.7 millones de habitantes los que pertenecían a la categoría de "analfabetos", en tanto que en 1960 se calculaban en 10.4 millones y, de acuerdo con la Secretaría de Educación Pública (*Excélsior*, 9 de febrero de 1979), en 1978 aproximadamente el 20% de la población adulta de México no sabía leer ni escribir. De lo anterior se desprende que a pesar de los grandes progresos realizados en esta área, en términos de números absolutos el analfabetismo es un lastre que crece al parejo de la población.

Una muestra más de la desigual distribución de bienestar social, enconómico y cultural la proporciona la distribución de la inversión pública. Por ejemplo en el período 1971-1976 en las entidades de atracción en las que vivía el 31% de la población nacional fue percibido el 40% de la inversión total y el 65% de la inversión de bienestar social mientras que en las áreas de mayor expulsión de habitantes residía el 37% de las personas de este país y obtuvieron únicamente el 28% de la inversión total y el 21% de la destinada al bienestar social (CONAPO, 1978b).

3. SITUACIÓN DEMOGRÁFICA DE MÉXICO

La situación demográfica en México, es decir, los cambios en sus tasas de mortalidad, crecimiento y migración, es muy similar a la de la mayoría de los países en vías de desarrollo. Los problemas antes descritos están relacionados con el crecimiento de la población y los problemas sociales tienen una influencia recíproca en sus efectos.

Los avances en medicina han provocado una baja en las tasas de mortalidad. En 1940 había 23.2 fallecimientos por cada 1 000 habitantes, mientras que en 1975 esta tasa disminuyó a 7.6 por cada 1 000 habitantes. Este descenso se debe principalmente a la reducción de la tasa de mortalidad infantil, que en 1940 era de aproximadamente 125.7 fallecimientos por cada 1 000 nacimientos; en 1970 se calculaba en 68.5 y las estimaciones para 1975 señalaban 49.0 muertes por 1 000 nacimientos vivos (CONAPO, 1978a). De relevancia en este contexto es la observación de que la mortalidad decreciente es un elemento importante para crear un clima propicio al desarrollo de la limitación de la familia (Naciones Unidas, 1978).

El descenso en las tasas de mortalidad ha traído como consecuencia un incremento en la esperanza de vida de la población mexicana: en 1975 era de 66.6 años para la mujer y 62.8 años para el hombre, mientras que en 1940 las mujeres vivían un promedio de 42.5 años y los hombres 40.4 (CONAPO, 1978a).

Respecto a las tasas de fecundidad, se ha observado que de 1940 a 1970 entre las mujeres de 15 a 25 años de edad ha disminuido ligeramente y entre las de más de 30 años ha aumentado. Estas diferencias implican una mayor proporción de nacimientos entre las mujeres mayores y una menor proporción entre las más jóvenes.

La escasa cantidad de mujeres que limita en forma consciente el número de sus hijos se refleja en la insignificante disminución de la tasa de natalidad, de 44.3 nacimientos por cada 1 000 habitantes en 1940 a un estimado 41.7 en 1975 (Carrillo Flores, 1974).

La tasa de crecimiento que en 1930 era de 1.6% pasó a 3.5% anual en 1970 y actualmente se estima en un 2.9% (CONAPO, 1978b). En 1970 se calculó una población de aproximadamente 50 millones de habitantes y en 1976 de 62 millones; y si la tasa de crecimiento permanece al mismo ritmo, para 1980 habrá cerca de 74 millones de habitantes (Leñero, 1971). La población de México se duplica cada 20 años (Ohlin, 1970).

La meta actual del gobierno mexicano es alcanzar una tasa de crecimiento de 2.5% en 1982 o sea una población de 73.7 millones y del 1% anual para el año 2000 con una población de 100.2 millones.

En 1960 la población rural se calculó en 17.7 millones, en 1970 en 20.9 millones y para 1980 probablemente aumentará a 23.7 millones. Sin embargo, alcanzar esta cifra significará que la población ha disminuido del 49.2% del total de la población en 1960 al 32.8% en 1980. En cuanto a la población urbana, el problema se agudizará a medida que continúe aumentando, de 16.3 millones de habitantes que había en 1960, a los 48.6 millones calculados para 1980, debido no sólo al crecimiento natural de la población, sino también a la emigración de las zonas rurales a metropolitanas, especialmente a las grandes ciudades (Loyo, 1974).

Stycos (1968) opina que a largo plazo, la natalidad disminuirá a medida que la urbanización, la modernización y el alfabetismo aumenten. Empero, Miro, en un estudio sobre América Latina, encontró que "la fecundidad medida por el número promedio de nacimientos sobrepasa en muchas ciudades el nivel estimado, considerando el grado de urbanización" (Miro, 1966, p. 633).

Algunas de las relaciones entre el desarrollo económico y la fecundidad son negativas, es decir, que a través de diversos estudios se demostró que a medida que la educación, el ingreso y la participación en los servicios sociales y urbanos es mayor, la tasa de natalidad es menor (Carrillo Flores, 1974). Sin embargo, no existe un patrón totalmente claro acerca de la relación entre estas variables (Fabri, 1978).

Los cuadros 2 y 3 ejemplifican de manera clara una relación negativa entre educación y ocupación del marido con el número de hijos nacidos vivos.

CUADRO 2:

PROMEDIO DE HIJOS NACIDOS VIVOS DEL TOTAL DE MUJERES DE 20 A 49 AÑOS, SEGÚN NIVEL DE ESCOLARIDAD Y GRUPOS DE EDAD

	Nivel de escolaridad					
Grupos de edad (años)	*Ningún año*	*Primaria incompleta*	*Primaria completa*	*Secundaria incompleta*	*Secundaria completa*	*Preparatoria y más* *
20-24	2.1	1.8	1.2	0.9	0.7	0.3
	(165)	(637)	(300)	(121)	(229)	(175)
25-29	4.2	3.6	2.3	2.1	1.5	1.3
	(199)	(595)	(241)	(99)	(154)	(127)
30-34	5.9	5.1	3.8	3.0	2.6	1.6
	(234)	(524)	(187)	(62)	(86)	(55)
35-39	7.0	6.5	4.9	4.3	3.3	3.3
	(293)	(491)	(117)	(66)	(61)	(35)
40-44	7.5	7.0	5.0	4.9	3.4	3.3
	(265)	(387)	(71)	(40)	(38)	(18)
45-49	7.3	7.2	6.3	4.5	2.8	3.2
	(254)	(304)	(47)	(25)	(31)	(21)
Promedio total	6.0	4.8	2.8	2.7	1.7	1.3
	(1 400)	(2 938)	(1 043)	(413)	(599)	(431)
Promedio estandarizado **	5.1	4.5	3.4	2.9	2.1	1.8

* Incluye mujeres con preparatoria incompleta, completa, universidad y posgrado.

** Población estándar: total de mujeres de 20 a 49 años.

Berelson (1966), a través de un estudio KAP,[1] concluyó que el 64% de las mujeres que ya tenían tres hijos no deseaba tener más, y que esta cifra aumentaba al 75% entre aquellas que ya tenían 4 y al 86% entre las que tenían 5.

Loyo (1974) sugiere que la elevada tasa de natalidad de México es resultado de una "economía subdesarrollada, bajo nivel cultural, precario ingreso de las masas, paternidad irresponsable e ignorancia en la planificación familiar, lo cual se refleja en la creciente tasa de abortos y el uso ineficaz de métodos anticonceptivos". Asimismo, el investigador encontró que en México, tanto en las áreas rurales como

[1] Los "estudios KAP" (CAP) se refieren a las encuestas sobre conocimientos, actitudes y prácticas relacionadas con la fecundidad.

CUADRO 3:

PROMEDIO DE HIJOS NACIDOS VIVOS DE LAS MUJERES ALGUNA VEZ UNIDAS, SEGÚN LA ÚLTIMA OCUPACIÓN DEL MARIDO Y GRUPOS DE EDAD

	Ocupación del marido						
Grupos de edad (años)	*Profesionales, técnicos, funcionarios y propietarios*	*Personal administrativo*	*Obreros agrícolas no domésticos*	*Trabajadores en servicios*	*Comerciantes y vendedores*	*Agricultores, ejidatarios y ganaderos*	*Obreros especializados no agrícolas*
15-19	0.8	0.9	1.1	1.2	1.0	0.8	1.1
20-24	1.4	1.4	1.9	2.6	2.2	2.0	2.0
25-29	2.2	2.5	2.8	4.4	3.9	3.5	3.5
30-34	3.2	3.5	4.7	5.6	5.7	4.7	5.3
35-39	4.7	5.3	6.1	7.6	7.2	5.7	6.2
40-44	5.4	5.3	6.6	7.8	7.4	6.5	7.2
45-49	5.2	6.8	6.5	8.0	7.5	6.1	7.3
Promedio total	3.2 (693)	3.4 (297)	4.4 (425)	6.1 (1 060)	4.6 (1 296)	4.2 (746)	4.5 (1 579)
Promedio estandarizado *	3.2	4.3	4.2	5.3	5.0	4.2	4.6

* Población estándar: total de mujeres alguna vez unidas.

FUENTE: Secretaría de Programación y Presupuesto, *Encuesta mexicana de fecundidad, Primer informe nacional,* 1979, México, vol. I.

en las urbanas, los factores religiosos desempeñan un papel menos importante "del que generalmente se les atribuye" (Loyo, 1974, p. 187).

En lo que respecta a los movimientos migratorios del país, se ha podido observar que en los últimos 30 o 50 años éstos han experimentado un gran incremento. En 1940, 105 de cada 1 000 habitantes se trasladaron de un lugar a otro, mientras que en 1970 la cifra fue de 154 por cada 1 000. Pero el problema de la migración interna no sólo se refiere al constante incremento en su volumen, sino también al hecho de que las corrientes migratorias se dirigen únicamente hacia unas cuantas ciudades. En los últimos 10 años más del 50% se trasladó a la ciudad de México, cuya tasa anual de crecimiento es del 6%. Otros grupos importantes se establecieron en Guadalajara y Monterrey. Entre 1960 y 1970 las ciudades con industrias petroquímicas registraron un crecimiento de población de más de un 6%, al igual que las ciudades localizadas en la parte norte del país, principalmente las cercanas a la frontera con los Estados Unidos. Tales ciudades tuvieron un incremento anual de población del 11%.

En términos generales se puede decir que la alta tasa de crecimiento demográfico y el intenso flujo de personas que se trasladan de las áreas rurales a las urbanas, factores ambos del subdesarrollo, están afectando el bienestar de la población. Esto ha dado como resultado una mayor presión sobre los sistemas de empleo, vivienda y educación, difícil de manejar debido al gran déficit del país (Consejo Nacional de Población, 1975).

4. POLÍTICAS SOBRE POBLACIÓN EN MÉXICO

En la década posterior a la promulgación de la Constitución mexicana de 1917, el gobierno permitió la fundación de centros privados de planificación familiar. Sin embargo, a fines de los años veinte hubo un cambio de actitud y el "pronatalismo se convirtió en el fundamento de la política nacional" (McCoy, 1974, p. 378). En 1929, Gilberto Loyo, ex secretario de Economía y vocero de política demográfica del PRI (Partido Revolucionario Institucional), partido político en el poder desde hace más de 50 años, destacó que el crecimiento demográfico era necesario para el desarrollo económico del país "como un medio para defendernos de las potencias extranjeras expansionistas que amenazan con apoderarse o comprar algunos de nuestros estados del norte" (Loyo, 1974, p. 185).

En los años que precedieron a la segunda guerra mundial "el crecimiento demográfico estaba universalmente considerado como algo positivo para el desarrollo". Además, el nacionalismo alimentó el concepto de que México debía crecer para engrandecerse (McCoy, 1974, p. 378).

En 1947 se promulgó la Ley general de población, que abogaba por un crecimiento demográfico acelerado y contenía varias medidas para fomentar tal incremento. En el año 1960, Loyo reiteraba una vez más sus conceptos pronatalistas (Leñero, 1971).

A principios de la década de los setenta todavía no estaba permitido anunciar los anticonceptivos, ni tampoco se podían adquirir sin receta médica —un reglamento frecuentemente violado por los que tenían conocimiento y dinero para adquirirlos. Los sectores de la población más afectados por esta política eran las clases bajas que no podían comprar los anticonceptivos orales disponibles en el mercado.

En una encuesta llevada a cabo por Santos (1970), en la que se entrevistaron 300 líderes políticos nacionales y regionales, se encontró que el 62.5% de los nacionales y el 66% de los regionales estuvieron de acuerdo en la necesidad de limitar el crecimiento demográfico del país. Sin embargo, tan sólo un 20% de los dirigentes religiosos a nivel nacional, y el 30% a nivel regional, consideraron aceptable dicha medida.

Durante la campaña electoral y el primer año de gobierno (1971) del presidente Luis Echeverría, la política demográfica continuó apoyando las ideas pronatalistas, lo que se puede ejemplificar con lemas tales como "Poblar para gobernar" (Consejo Nacional de Población, 1975). El primer cambio se llevó a cabo a principios de 1972, cuando el presidente declaró que la planificación familiar era un derecho que debería ser asequible a todos los que lo solicitaran. Esto provocó cambios en actitudes y conductas a diferentes niveles, y se inició una campaña denominada "paternidad responsable". Hasta 1973, el tono general de las campañas era considerar la planificación familiar como un servicio de salubridad pública sin perseguir ninguna meta demográfica. Sin embargo en 1973 un nuevo cambio empezó a tomar lugar con el fin de usar la planificación familiar como un medio para reducir la explosión demográfica. Se llevaron a cabo ciertos cambios legales básicos y en febrero de 1974 se promulgó la Ley general de población. En ese mismo año Antonio Carrillo Flores, ex ministro de Hacienda y Relaciones Exteriores, fue electo secretario general de la Conferencia Mundial de Población.

Desde el punto de vista del científico político, McCoy (1974) explica lo que él llama "el cambiazo mexicano" sugiriendo que las altas esferas gubernamentales adoptaron finalmente el control demográfico como un medio eficaz para lograr su meta principal: perpetuar el régimen revolucionario institucional (McCoy, 1974, p. 339).

McCoy refuerza su punto de vista citando el descontento interno (por ejemplo los disturbios de 1968 y 1971), un crecimiento económico deficiente (por ejemplo, el año 1971) y, finalmente, las declaraciones del propio presidente en su discurso ante el Congreso de la Unión en 1972.

Las más recientes políticas poblacionales de México están siendo diseñadas con el propósito de orientar a los individuos hacia el desarrollo de actitudes y conocimientos de manera tal que se pueda llegar a cambios a nivel conductual tanto en el área de reproducción como de migración. Los esfuerzos están siendo dirigidos a áreas tales como planificación familiar, educación sexual, comunicación y salud materno-infantil en coordinación con la política de otros sectores tales como desarrollo urbano, empleo, desarrollo agropecuario e industrialización.

Los objetivos principales de la política demográfica presentada por el Consejo Nacional de Población en 1978 son: la reducción del crecimiento demográfico al 2.5% en 1982 y al 1% en el año 2000, lograr una disminución en las diferencias regionales tomando en cuenta las diferencias socioeconómicas en estas regiones y la intensificación de los programas de planificación familiar integrándolos a otros proyectos de desarrollo de manera tal que se logre contribuir a un mejoramiento del bienestar humano en general (CONAPO, 1978b).

Es importante mencionar los planes del gobierno mexicano en el sentido de modificar las tasas de natalidad a través de políticas directas tales como planificación familiar, comunicación y educación sexual; e indirectas que se refieren a cambios en los programas de educación, empleo y distribución del ingreso. En las zonas de mayor desarrollo a esos respectos, tales como el Distrito Federal y el estado de México, los esfuerzos se basarán en los programas directos mientras que en otras zonas menos desarrolladas será necesario comenzar por el mejoramiento de las condiciones de vida.

Esta política apoya estudios realizados en los que se ha visto la necesidad de una coordinación entre las áreas sociales, psicológicas, políticas y económicas para lograr una reducción en las tasas de crecimiento demográfico en México.

En este capítulo se han descrito los problemas demográficos de México en forma general destacando su relación con problemas sociales.

Se ha sugerido que el crecimiento de la población ha ido acompañado por una serie de problemas dentro de la sociedad, tales como la distribución de edades y cambios en la atención médica, social y educacional. Finalmente, se ha sugerido también que estas variables son interactivas por naturaleza.

Quisiera concluir este capítulo con una cita de Berelson (1978, p. 579): "...el crecimiento acelerado de la población en el mundo que se encuentra en proceso de desarrollo no sólo es indeseable para el desarrollo ('modernización') y todo lo que implica para el bienestar humano (educación y alfabetización, salud y nutrición, ingreso y distribución del ingreso, estatus de las mujeres, derechos humanos) sino que además es lo suficientemente indeseable como para que se requiera la intervención de políticas gubernamentales dentro de ciertos límites (queriendo decir inversión limitada y el uso de medidas aceptables)".

CAPÍTULO 2

PLANIFICACIÓN FAMILIAR

Este segundo capítulo trata sobre la planificación familiar en general.

En primer lugar, presenta algunas definiciones relacionadas con este campo. Luego se hace una breve descripción del caso del aborto en México y los diferentes métodos anticonceptivos que existen. Una cuarta parte expone las características de las mujeres que recurren a la planificación familiar y sus razones para hacerlo. El estudio de la relación entre la planificación familiar y las relaciones sexuales constituye la siguiente parte del capítulo. Finalmente, se analizan las razones por las cuales las personas tienen hijos.

1. DEFINICIÓN

Para referirse a la conducta y práctica relacionadas con la planificación familiar se emplean varios términos: planificación familiar, control de los nacimientos, paternidad responsable, planeación de los nacimientos y otros. Dentro de esta área general cada uno tiene una connotación especial, así que, para poder explicar las diferencias, se discutirá un concepto a la vez.

La expresión "planificación familiar" significa "que lo ideal sería que los padres planearan el desarrollo completo de su familia y no sólo los nacimientos" (Pohlman, 1969, p. 9).

El concepto "paternidad responsable" no considera la planeación de los nacimientos, sino que parece aludir exclusivamente a la responsabilidad de los padres hacia sus hijos en lo que respecta a cariño, educación, alimentación, etc. Este concepto ha sido mundialmente aclamado, ya que también la Iglesia católica lo acepta.

Por otro lado, la frase "control de los nacimientos" se refiere al nacimiento de los hijos y no a su concepción; entre otras medidas de control incluye el aborto. Se trata simplemente de evitar que ocurra el nacimiento.

"El término planeación de los nacimientos se refiere al hecho de planear el número, sexo y calidad de los hijos, así como el momento oportuno y el espaciamiento de sus nacimientos, tal como lo lleva a cabo cualquier unidad de vida humana, desde el individuo hasta la organización nacional o internacional" (Pohlman, 1969, pp. 15-16).

En este estudio, el concepto "planificación familiar" se manejará como la decisión de la pareja respecto al número de hijos que desea tener, y aproximadamente cuándo.

2. EL ABORTO EN MÉXICO

Antes de abordar los métodos de planificación familiar que evitan la concepción, discutiremos brevemente el aborto, método que se usa una vez que la concepción ha tenido lugar.

Mateos Fournier y colaboradores (1968) encontraron que entre 1963 y 1967 hubo en la ciudad de México un promedio anual de 5 096 casos de aborto, mismos que, aunque no fueron practicados por los servicios médicos del Instituto Mexicano del Seguro Social (IMSS), fueron atendidos por éste; 2 250 por el Hospital General; 2 001 por el Hospital de la Mujer; 1 057 por las clínicas del Instituto de Seguridad y Servicios Sociales de los Trabajadores del Estado (ISSSTE) y más de 800 atendidos por otras cuatro instituciones gubernamentales. El 96.5% de los casos se ha clasificado como aborto provocado, sin justificación médica o legal. Claro que estas cifras no son muy exactas, en virtud de que el aborto está considerado como un crimen legalmente penalizado, excepto en aquellos casos en que peligra la vida de la madre.

Además de los abortos practicados en las instituciones gubernamentales, se deben tomar en cuenta los llevados a cabo por instituciones privadas o por particulares.

Keller (1973), en un estudio basado en los registros de la FEPAC, una organización privada afiliada a la Federación Internacional de la Paternidad Planeada, encontró que el 9% de las 5 381 pacientes que ingresaron entre 1966 y 1969 a las cinco clínicas más importantes de la ciudad de México, admitió haberse sometido a uno o más abortos provocados.

Existen pocos datos disponibles en relación con el número de abortos practicados en instituciones privadas o en forma particular por individuos calificados o no calificados. Y en caso de poder obtener tal información tampoco estaríamos seguros de su utilidad, debido principalmente al sesgo que encontraríamos dada la ilegalidad que este acto implica.

En lo que se refiere a las actitudes respecto al aborto, Leñero (1973) encontró, a través de un estudio realizado con 5 500 personas en México, que el hombre acepta el aborto provocado con más frecuencia que la mujer. El único caso en que el resultado mostró lo contrario fue cuando existía cierto peligro de que el niño fuera anormal debido a algún padecimiento o a alguna medicina ingerida por la madre durante el embarazo.

Leñero también encontró que si a estas personas se les planteaba el aborto únicamente como un método anticonceptivo, por lo regular la respuesta era de completo rechazo. En cambio, cuando la posibilidad del aborto se enfocaba a otras situaciones tales como el riesgo de la madre de perder la vida, casos de violación, dificultades económicas, posibilidades de tener un hijo anormal o deseo de no tener más hijos, hubo una mayor inclinación por parte del hombre a aceptar los abortos provocados. El único caso en que las mujeres lo aceptaron en mayor proporción fue cuando existía la posibilidad de que el bebé resultara anormal.

3. MÉTODOS QUE EVITAN LA CONCEPCIÓN

Los métodos existentes para evitar la concepción se pueden clasificar de la siguiente manera:

Mecánicos: Condón o preservativo, diafragma, dispositivos intrauterinos (DIUS).

Químicos: Espumas, jaleas, píldoras, supositorios, cremas, inyecciones.

Quirúrgicos: Vasectomía en el hombre, ligadura de trompas en la mujer.

Físicos: Ritmo, coito interrumpido, abstinencia.

La Iglesia católica ha preferido una división en términos de métodos naturales y artificiales. La primera se refiere al ritmo, el coito interrumpido y la abstinencia. Los restantes pertenecen al "grupo artificial".

Otros (v. gr. Gough, 1973a) han clasificado los métodos anticonceptivos de diferente manera:

a] Dependientes del coito: condón o preservativo, diafragama, espumas y jaleas vaginales.

b] Quirúrgicos: vasectomía y ligadura de trompas.

c] Inhibidores del coito: abstinencia, ritmo y coito interrumpido.

d] Independientes del coito: DIU y anticonceptivos orales.

Berelson (1964) hace una división más simple en términos de la motivación: métodos "difíciles", que son aquellos que requieren esfuerzo sostenido y constancia, generalmente antes del acto sexual (por ejemplo los preservativos), y métodos "fáciles", que son aquellos en los cuales el problema del esfuerzo sostenido y la constancia antes del acto es secundario (por ejemplo DIU).

Esta clasificación es útil si se consideran los hallazgos en el sentido de que mientras más fácil sea obtener y usar los métodos efectivos de anticoncepción, menor será la motivación requerida (Berelson, 1964). Y a la inversa, mientras mayor sea la motivación requerida para el uso de los métodos anticonceptivos, menor será su eficacia en la práctica.

La última clasificación que trata el presente estudio está basada en términos de la seguridad de los métodos (véase cuadro 4).

CUADRO 4:

EFICACIA DE ALGUNOS MÉTODOS

Método	*Eficacia (número de embarazos posibles por cada 100 mujeres que utilizan este método en un período de un año)*	
Esterilización	0.003	
Píldora	0.3	
Dispositivos intrauterinos	5	
Diafragma	12	
Condón	14	(su eficacia aumenta cuando se usa con un anticonceptivo químico)
Coito interrumpido	18	
Anticonceptivos químicos	20	(la espuma es más efectiva que las jaleas, cremas o supositorios)
Ritmo	24	(cuando se usa un termómetro aumenta su eficacia)
Duchas	31	

FUENTE: "Control de la natalidad", en *Life*, septiembre de 1967, p. 59.

Aunque las prácticas anticonceptivas son tan antiguas como el hombre mismo (Tietze, 1965, citado por Gough, 1973), los métodos relativamente seguros y efectivos se hicieron asequibles en los últimos 100 años.

Los anovulatorios orales se introdujeron al mercado en las postrimerías de la década de los cincuenta. Por otra parte, a pesar de que en los primeros años de este siglo el dispositivo intrauterino o DIU era ampliamente conocido en la práctica médica, no tuvo mucha aceptación hasta fines de la década de los cincuenta y principios de los sesenta.

El descubrimiento más reciente, las prostaglandinas abortifacientes, se está apenas dando a conocer (Gough, 1973).

A continuación se describen algunos de los métodos más comúnmente usados:

El DIU o dispositivo intrauterino

Se inserta en el útero para evitar la concepción. No se ha encontrado una explicación satisfactoria sobre su forma de actuar. La más convincente es que acelera la transportación del óvulo a través de las trompas de Falopio, donde permanece por lo menos tres días, y de esta forma pasa rápidamente por el lugar donde la fecundación sería probable (Ohlin, 1970).

El DIU fue la primera técnica confiable aceptada en los países subdesarrollados y continúa siendo uno de los métodos más usados en estos países (Ohlin, 1970). Ofrece la ventaja de una rápida y fácil inserción, además de que puede permanecer en su lugar durante varios años.

En términos generales se considera (Ohlin, 1970) que un DIU evita, como promedio, un nacimiento en cinco años (2 de cada 5 dispositivos se expulsan o se retiran; cada una de las tres mujeres restantes que los soportan tendría como regla general un niño cada tres años, por lo que, considerándolas en conjunto, tendrían uno cada año; sin embargo, usando el DIU no tienen ninguno).

El DIU es el único sistema, con excepción de la esterilización, que no requiere constancia ni un esfuerzo sostenido. También es uno de los métodos más económicos.

Las desventajas que este método presenta son los posibles dolores durante las primeras menstruaciones, y el hecho de que la atención médica no se puede limitar a su inserción, sino que debe continuar debido al riesgo de complicaciones o a la falta de confianza (Ohlin, 1970).

La píldora

Es un producto químico que agrega progesterona y estrógeno sintéticos a las hormonas del cuerpo. El resultado es un equilibrio hormonal que sólo se presenta durante el embarazo, ya que cuando una mujer está embarazada, estas hormonas, que no permiten la liberación de ningún otro óvulo hasta después del nacimiento, continúan produciéndose.

Se ha encontrado que la píldora, tomada bajo vigilancia médica, es uno de los métodos anticonceptivos más eficaces. También se ha podido observar que en México es el método más conocido por las mujeres (Leñero, 1971).

Zell y Crisp (1964, citado por Fawcett, 1970) realizaron en los Estados Unidos un estudio sobre los efectos de los anticonceptivos orales, para el cual se basaron en entrevistas con pacientes privadas. Examinaron algunos de los temores experimentados por pacientes que estaban usando la píldora, y llegaron a la conclusión de que una ventaja importante de los anticonceptivos orales era una mejora en las relaciones sexuales. Además, la píldora tiene la ventaja de no perturbar la espontaneidad del acto sexual.

Gough (1973) encontró que los esposos de las mujeres consideradas como usuarias regulares de los anticonceptivos orales estaban en una escala social significativamente más baja que la de los esposos de las mujeres que no los usan continuamente. Se observó que los primeros pertenecían a una escala de modernismo más alta.

Existen desventajas con este método. Entre las principales se cuentan el costo, los efectos secundarios y la necesidad de hacer un esfuerzo sostenido.

Ohlin (1970) encontró que el costo de una provisión anual de pastillas era de 15 a 20 dólares (aproximadamente 185 a 250 pesos mexicanos de esa época), pero los costos se han reducido desde entonces y probablemente continuarán bajando.

Los principales efectos secundarios que se han reportado son el aumento de peso y el nerviosismo. Pero generalmente el médico puede reducir o controlar estas molestias cambiando la dosis de progesterona y estrógenos. En el mercado se encuentran anticonceptivos orales con diversas variaciones en su contenido.

Los aspectos motivacionales se refieren principalmente al problema que significa recordar que es necesario tomar la píldora 21 días al mes (pueden existir ligeras variaciones dependiendo del producto). Barker y Dightman (1964, citado por Fawcett, 1970) aplicaron el MMPI y la escala de preferencias personales de Edwards a mujeres que empezaban a tomar la píldora y a sus esposos, y encontraron que el olvido de la píldora se presentaba entre mujeres inmaduras que trataban de evitar cualquier responsabilidad. Este problema era más pronunciado cuando existían actitudes conflictivas en torno al sexo y discordia entre marido y mujer. Empero Fawcett concluye que estos resultados son meramente hipotéticos, pues las bases estadísticas del estudio son débiles, aunque no explica en qué radica la debilidad.

En los países subdesarrollados se ha encontrado una falta de habilidad para mantener una motivación constante. Ohlin (1970), en un estudio llevado a cabo en Puerto Rico, observó que sólo el 43% de las mujeres que en varias clínicas habían elegido la píldora como método anticonceptivo la seguían tomando después de dos años, y sólo el 22% después de tres años y medio. Este resultado puede también explicarse en términos de los problemas por efectos secundarios, o del deseo de tener hijos.

Tanto la píldora como el DIU dependen de la cooperación de la pareja en menor grado que los métodos anticonceptivos tradicionales, y por lo tanto requieren un tipo de motivación diferente a la necesaria en los tradicionales, a saber, la esterilización y el aborto. Se ha visto que los usuarios de métodos anticonceptivos confiables como el DIU y la píldora tienen una actitud más positiva en relación con las consecuencias del control de la natalidad que los usuarios de métodos no confiables y que los no usuarios de métodos anticonceptivos (Crawford, 1971).

La esterilización

Consiste en la ligadura de las trompas de Falopio en la mujer y de los conductos seminales en el hombre. Este método requiere una intervención quirúrgica y es generalmente irreversible, lo que explica por qué la motivación necesaria es completamente diferente a la que impera en el caso de las píldoras o el dispositivo intrauterino.

Stycos (1968) observó que era más fácil hablar de esterilización con las personas que entrevistó en Puerto Rico y Jamaica que de cualquier otro método, aunque su explicación es bastante débil, pues dice que al opinar sobre esterilización no es necesario referirse al acto sexual o a los órganos sexuales.

Rodgers, Ziegler y Levi (1967, citado por Fawcett, 1970) encontraron en un estudio basado en parejas en las que el hombre se había sometido a la vasectomía, o la mujer tomaba píldoras, que las parejas del primer caso eran percibidas por observadores como más negativas que aquellas donde la mujer hacía uso de los anticonceptivos orales. Sin embargo, no hubo acuerdo acerca de la naturaleza de la reacción negativa; es decir, no se encontró un estereotipo claramente definido.

El diafragma

Se le considera como un método relativamente efectivo (véase el cuadro 4), y es usado sobre todo entre la clase media (Pohlman, 1969). Se han reportado casos de mujeres que a pesar de tener el diafragma no lo usan, porque les parece desagradable cualquier contacto con sus genitales (Ellis, 1959, citado por Pohlman, 1969). Aquí vemos una vez más que el tipo de motivación necesaria para la inserción personal del diafragma es diferente, ya que está estrechamente relacionada con el problema de vencer los tabúes sexuales existentes en muchas culturas. El mismo problema se presenta en el uso de jaleas, cremas, espumas y supositorios. Tal como dice Pohlman (1969), estos métodos tienen la desventaja adicional de que su aplicación no es muy "agradable".

El condón o preservativo

El condón o preservativo fue uno de los primeros métodos disponibles en el mercado, ya que no solamente tiene una función anticonceptiva, sino que también sirve de protección contra las enfermedades venéreas. Leñero (1971) encontró que es el método más ampliamente conocido por el hombre en México. Y como el condón es un método masculino, presenta la ventaja de permitir que las mujeres con marcados tabúes sexuales "se aíslen del sexo y la intimidad del acto y desempeñen un papel tan pasivo como sea posible" (Pohlman, 1969, p. 382).

Su principal desventaja, además de su tasa de efectividad relativamente baja (véase el cuadro 4), es que muchas parejas consideran que afecta la satisfacción del acto sexual.

El coito interrumpido

El coito interrumpido ha sido el método anticonceptivo más ampliamente usado en el hemisferio occidental (Ohlin, 1970). Se encontró que en Inglaterra, a finales de la década de los cuarenta, era el único método usado por el 43% de las parejas recién casadas (61% entre la clase trabajadora) (Lewis-Faning, 1949).

Según Freud (1893, 1894, 1898, citado por Fawcett, 1970), este método es determinante en el desarrollo de la neurastenia y la neurosis de ansiedad. Coghill (1941, citado por Pohlman, 1969) trae a colación la opinión de un médico que confirma la sugerencia de Freud. Sin embargo, ésta es una hipótesis muy difícil de verificar.

El ritmo

Junto con el coito interrumpido, el ritmo es obviamente de los métodos anticonceptivos más económicos, pero a la vez menos efectivos que se conocen (véase cuadro 4). Es ampliamente usado por los católicos, ya que está considerado como un método natural aceptado por la Iglesia.

Se ha sugerido (Pohlman, 1969) que ciertos factores biológicos hacen que las relaciones sexuales sean particularmente deseables y satisfactorias durante el período en que este método no las permite, lo cual es una importante desventaja. Cabe señalar que la confirmación de esta hipótesis traería como consecuencia que a este método se le considerara contrario a la naturaleza (Pohlman, 1969), ¿qué argumentos esgrimiría entonces la Iglesia católica?

4. ¿QUIÉNES SON LAS MUJERES INTERESADAS EN LA PLANIFICACIÓN FAMILIAR?

Desde 1960 se han llevado a cabo en muchos países estudios de conocimiento, actitudes y conductas (KAP) relacionados con la planificación familiar. Dichos estudios contienen datos sobre los antecedentes personales de los entrevistados, sus actitudes hacia el tamaño de la familia y la planificación familiar, su conocimiento sobre los métodos anticonceptivos, la fisiología de la reproducción y los cambios recientes en las tasas de mortalidad, así como sus intenciones y conductas acerca de la planificación familiar.

Como ya es sabido, los estudios KAP tienen generalmente fuertes bases metodológicas, por ejemplo en lo que respecta al muestreo, a los instrumentos de entrevista empleados y a la entrevista en sí (Berelson, 1966).

Los principales resultados obtenidos se pueden resumir de la siguiente manera:

1. "En conjunto, las parejas casadas de los países en vías de desarrollo desean menos hijos de los que tienen bajo las presentes condiciones de fecundidad" (Berelson, 1966, p. 657). Por ejemplo, en México, el tamaño total de las familias de las parejas entrevistadas fue de 5.0, mientras que para ellos el tamaño "ideal" sería un promedio de 4.2.

2. Un gran porcentaje de las parejas de estos países no desean tener más hijos. Las cifras varían de acuerdo con los países. Para citar unos cuantos ejemplos: el 66% en México, el 72% en Tailandia, el 61% en Colombia y el 44% en India.

3. Los residentes de las áreas urbanas están más avanzados con respecto a la anticoncepción efectiva que los de las áreas rurales.

4. En la mayoría de los países en los que se realizaron los estudios KAP se encontró que un número significativo de parejas aprueba la planificación familiar y desea que sus gobiernos implanten programas relacionados con esto.

5. En los países en vías de desarrollo se observó que el nivel de conocimientos sobre la fisiología de la reproducción y el uso de los métodos anticonceptivos es bajo.

6. Mientras más general sea la práctica de la planificación familiar más rápido tiende a iniciarse: antes del primer hijo en los países desarrollados; después del cuarto, si es que llega a efectuarse, en los países en vías de desarrollo.

7. En la mayoría de los países los hombres desean más hijos que las mujeres, aunque no es grande la diferencia.

8. Lo que influye principalmente en el deseo de tener más hijos es el número actual de la familia.

George (1973) ha encontrado que los resultados de más de 400 estudios KAP realizados en todo el mundo muestran, en contra de todas las expectativas, que la mayoría de las personas no desean familias numerosas. Blake (1969, citado por Hoffman, 1974) aduce que la anticoncepción, aunque sea perfecta y adoptada por todos, no reducirá suficientemente el número de nacimientos, porque las personas realmente desean tener muchos hijos (Hoffman, 1974, p. 102).

Benítez Zenteno (1979) cita datos respecto al hecho de que en 1974 en México la proporción de mujeres que no quería más hijos era de más del 50% a partir de que tenía 3 hijos y del 40% en aquellas con 2 hijos.

La encuesta mexicana de fecundidad (Secretaría de Programación y Presupuesto, 1979) señala que el deseo de no tener más hijos aumenta con el número de hijos vivos que tiene la mujer, con el nivel de escolaridad, conforme aumenta el tamaño de la localidad de residencia y con el nivel ocupacional del marido. En general las mujeres que trabajan son las que en mayor porcentaje desean menos hijos, mientras que las que nunca han trabajado se localizan en el extremo opuesto del continuo. Esta encuesta cita también datos que señalan que 9 de cada 10 mujeres alguna vez unidas conocen algún método anticonceptivo y dicen haber usado alguna vez la píldora, el coito interrumpido, el ritmo o dispositivos intrauterinos. Casí el 40% de las mujeres fértiles usan algún método anticonceptivo y de las otras 60, 50 nunca han usado y de éstas más de la mitad no tienen intenciones de usar en el futuro. Más del 66% se catalogó como asistentes improbables, ya que *a*] eran estériles, *b*] estaban empleando el control de la natalidad o *c*] ya habían asistido a la clínica. Considerando este hecho, se puede afirmar que la información pudo haber influido en la decisión de asistir a la clínica sólo en un 10% de los casos. Sin embargo, estos resultados no deben considerarse con demasiada seriedad debido a omisiones que presenta el estudio.

Simmons (1973) llevó a cabo un experimento a través del cual analizó el impacto sobre la asistencia a las clínicas por medio de:

a] una visita personal de un educador de planificación familiar;

b] la entrega de material escrito acerca de la planificación familiar.

Simmons encontró que sólo el 3% de las mujeres que recibieron la información asistió a la clínica.

Udry y colaboradores (1972) encontraron que una campaña de planificación familiar a través de los medios de comunicación masiva no era efectiva con respecto a cambios en conductas de asistencia a clínicas de planificación familiar ni de compra de anticonceptivos.

Fischman y colaboradores (1974) llevaron a cabo un programa de planificación familiar con 200 mujeres, y las compararon después con 100 mujeres que no habían asistido al curso. Sin embargo, no encontraron ninguna diferencia significativa que indicara que el conocimiento adquirido influyó en la conducta de las participantes en relación con los anticonceptivos durante el año subsiguiente.

Keller (1973) descubrió que, de cada 100 pacientes que ingresaban a la clínica FEPAC en la ciudad de México, se podía esperar que únicamente 72 continuaran usando métodos de planificación familiar después de seis meses, 60 al término de un año, 39 al finalizar el segundo año y 21 después de tres años.

De estas cifras se deduce que la deserción ocurre en mayores porcentajes en los primeros seis meses y después disminuye. Se puede especular y aun aventurar una explicación en el sentido de que las mujeres que experimentan la prevención del embarazo por un período de seis meses tienden a estar más convencidas de sus ventajas y están más deseosas de continuar asistiendo a la clínica.

Por lo tanto, se puede decir que si la mujer es capaz de mantener la motivación de no tener hijos por un período mínimo de seis a doce meses, incrementa la posibilidad de que ésta continúe. Tal aseveración debe considerarse como una hipótesis, y está probablemente relacionada con el número de hijos que la mujer tiene o desea tener, su edad y la influencia que ejerza la decisión del esposo.

Las razones más importantes de la deserción de las clínicas fueron: falta de tiempo, información insuficiente, personal descortés, olvido de las citas, efectos secundarios y el abandono del esposo (Keller, 1973). Las tasas de deserción mostraron diferencias según el método. Las usuarias del dispositivo intrauterino permanecieron más tiempo que las de los otros métodos.

Se debe destacar la importancia de enseñar a las usuarias de los anticonceptivos cómo funcionan los distintos métodos; sus ventajas y desventajas, etc. Esto probablemente incrementaría su uso continuo, sobre todo si se considera que una persona motivada por el conocimiento recién adquirido querría divulgarlo, y tendría conciencia del porqué, cómo, cuándo, etc., del uso de los anticonceptivos.

Algunas de las soluciones sugeridas (Stycos, 1973) para reducir la deserción de las clínicas son:

1] Aumentar la eficiencia interna en la clínica para reducir el tiempo de espera.

2] Mejor aprovechamiento de la capacidad del médico. Gran parte del trabajo médico de rutina podría ser manejado por una enfermera auxiliar eficiente.

3] Programas más efectivos en las comunidades.

4] Utilizar a las mujeres que van a la clínica y que usan regularmente los métodos anticonceptivos como agentes educacionales en planificación familiar entre sus amistades.

5] Una mayor divulgación de los medios de control de la natalidad.

Hasta este punto se han destacado las razones de la deserción y las formas para incrementar la asistencia. En nuestro estudio se destaca la importancia de la modernización, las motivaciones psicológicas y las razones familiares y normativas para el uso de los métodos de planificación familiar.

5. RAZONES PARA UTILIZAR MÉTODOS ANTICONCEPTIVOS

La ventaja más comúnmente citada del control de la natalidad es la económica (Pohlman, 1969; Ohlin, 1970; Mateos Cándano y colaboradores, 1968; Crawford, 1971; Leñero, 1971).

Otras razones importantes que se han puesto de manifiesto son: evitar embarazos no deseados (Crawford, 1971), problemas de salud (Leñero, 1973; Simmons, 1973; Kiser, 1967; Mateos Cándano y colaboradores, 1968), razones morales y religiosas (Simmons, 1973), motivos emocionales (Mateos Cándano y colaboradores, 1968), menor preocupación y mayor placer sexual (Crawford, 1971), mejor acoplamiento matrimonial (Bogue, 1967, citado por Fawcett, 1970). Con menos frecuencia se han mencionado los problemas de población (Crawford, 1971).

6. PLANIFICACIÓN FAMILIAR Y RELACIONES SEXUALES

Resulta digna de análisis la relación que existe entre las experiencias sexuales, la planificación familiar y la asimilación de otros papeles familiares.

Se ha encontrado que en el grupo que Rainwater ha denominado "la cultura de la pobreza", la gratificación sexual no es la razón principal para contraer matrimonio. A las niñas se les enseña a temerle al sexo y "nunca lo asocian con la gratificación erótica que les puede ofrecer" (Rainwater, 1971, p. 19). Los niños aprenden que pueden obtener experiencias sexuales más satisfactorias de otras personas menos respetables.

Siassi (1972), a través de un estudio que realizó en Irán, encontró que el placer sexual era considerado importante únicamente para el hombre.

Frecuentemente se ha observado que las parejas más unidas están menos inhibidas sexualmente (Pohlman, 1969) y tienen un mayor grado de satisfacción sexual (Back y Hass, 1973), lo que a su vez está relacionado con la clase social (Rainwater, 1971; Back y Hass, 1973).

Algunos de los métodos anticonceptivos representan, hasta cierto punto, una interrupción de las relaciones sexuales, algo que puede parecer muy importante durante los momentos de excitación, pero que perderá importancia ante la alternativa de un hijo no deseado.

Un método anticonceptivo eficaz contribuirá indirectamente a mejorar el ajuste sexual entre las parejas que le temen al embarazo. También podría eliminar la frigidez en las mujeres que tienen esta preocupación, y que no les permite disfrutar del sexo libremente.

Las normas sexuales en Latinoamérica y en los países subdesarrollados en general consideran las relaciones extramaritales del hombre comprensibles y hasta cierto punto naturales. Sin embargo, las desaprueban completamente cuando se trata de la mujer (Rainwater, 1971).

7. ¿POR QUÉ LAS PERSONAS DESEAN TENER HIJOS?

Blodd y Wolfe (1960, citado por Pohlman, 1969) preguntaron a las parejas cuántos hijos les gustaría tener si pudieran volver a empezar. Encontraron que sólo el 3% de las mujeres de la ciudad y el 1% en el campo manifestaron no desear ninguno. Pero, como Pohlman (1969) afirma, existen ciertos momentos en los que un hijo deseado parece ser no deseado.

No existe ninguna evidencia científica que explique satisfactoriamente por qué la gente desea tener hijos. Como se verá posteriormente, las personas han citado numerosas y diferentes razones, aunque en la mayoría de los casos no existe ninguna evidencia que nos indique que estos valores sean significativos para un grupo numeroso. No contamos con muchos datos para definir por qué algunos valores son importantes, o por qué los hijos satisfacen estos valores y en qué forma motivan a los padres para tener hijos.

Algunos han sugerido los factores innatos; de entre ellos, el instinto maternal es la razón principal (Deutsch, 1945, citado por Pohlman, 1969). Empero, como Pohlman afirma, gran parte de lo que se le atribuye al instinto es simplemente un aspecto del aprendizaje social. Pick de Weiss (1976) preguntó a 48 mujeres de la clase baja y a 35 alumnas o ex alumnas universitarias en la ciudad de México, que por lo menos tenían un hijo, la razón para haberlo tenido. Las respuestas de la mayoría de las mujeres de la clase baja estuvieron relacionadas con alguna cuestión normativa: es un acontecimiento socialmente deseable; o no dieron ninguna razón específica: "simplemente llegaron", "no podría decirlo" ,"Dios me los mandó", etc. Las 35 universitarias fueron clasificadas de una manera subjetiva, en dos grupos: las "verdaderamente interesadas en sus estudios" y las "intelectualoides", que realmente no son personas de vida académica sino que tan sólo pretenden serlo, ya que piensan que es lo que está de moda. De estas mujeres, 22 fueron clasificadas en el primer grupo y 13 en el segundo. Las que pertenecían al sector de las "verdaderamente interesadas" dieron respuestas concretas tales como "los hijos nos proporcionan felicidad", "mi esposo quería hijos", etc. Las otras 13 trataron de ridiculizar al entrevistador dando respuestas en el sentido de que no es posible explicar la razón por la cual se desean los hijos, aduciendo que es algo análogo a un sentimiento innato y que esa clase de pregunta sólo podía ser formulada por una "persona inmadura". La validez de estos resultados es cuestionable debido a la subjetividad e informalidad con que se llevó a cabo el estudio, pero sin embargo se le puede considerar como una hipótesis que merece mayor análisis en el futuro.

Rabin y Greene (1968, p. 40) encontraron cuatro razones principales para tener hijos:

1] Altruista: Se refiere a una motivación desinteresada por la paternidad y no al "simple anhelo de expresar afecto, preocupación o necesidad de amparar a los hijos".

2] Fatalista: "La predestinación expresa la creencia de que la misión del hombre (o de la mujer) en la tierra es el procrear y perpetuar la especie; es el orden natural de las cosas."

3] Narcisista: La motivación narcisista representa el concepto de que "el hijo reflejará su gloria sobre el padre, será una prueba de su virilidad (o femineidad) y la afirmación de su capacidad física, biológica o psicológica".

4] Instrumental: "El hijo es útil; se le usará como medio para conseguir un fin."

Así mismo, hallaron una correlación negativa entre el rechazo y la dedicación de los padres hacia los hijos y una visión altruista de la motivación hacia la paternidad. El rechazo y la dedicación a los hijos por parte de la madre estaban positivamente correlacionados con la orientación narcisista.

Además, aquellos que pensaban que sus padres los habían rechazado o eran demasiado dominantes, descartaron la motivación altruista y destacaron la narcisista.

Otro tipo de razones sería el anhelo de tener "algo" que amar (Miller, 1971), el afán de compartir la madurez con otro adulto (Miller, 1971), el deseo de jugar, divertirse y revivir su propia juventud (Hoffman y Hoffman, 1973; Pohlman, 1969), el ver a los hijos como un medio de satisfacer la necesidad de ser generosos y útiles (Pohlman, 1969) o simplemente el sentir cariño por los niños (Rainwater, 1965). Estas razones pueden considerarse como simple satisfacción emocional.

Este tipo de motivos es intrínseco, es decir, tanto su origen como sus consecuencias son internos, en forma de sentimientos, de emociones, que implican el deseo de dar o recibir un sentimiento que podría considerarse altruista en el sentido de que es puro, sin esperar recibir nada material o físico a cambio.

El segundo grupo de razones para tener hijos es extrínseco, e implica el deseo de dar esperando recibir, atribuyéndole al mismo tiempo un valor palpable y concreto a lo que se recibe, ya sea un sentimiento, un objeto material o una idea. Las razones agrupadas en esta categoría son el contar con ayuda económica, apoyo financiero, prestigio, seguridad económica en la edad madura (Fawcett, 1970; Rabin, 1965; Rabin y Greene, 1968; Pohlman, 1969; Ohlin, 1970).

El tercer grupo se refiere a las razones sistémicas, las cuales implican pensamientos y se definen en términos de ideas mentales concretas, por ejemplo: la continuidad de las generaciones (Fawcett, 1970), el considerar tener hijos como un deber que hay que cumplir (Hoffman y Hoffman, 1973; Pohlman, 1969) o como un signo de virilidad, una prueba de "machismo",[1] factores que incluyen el sexo del niño (exceptuando aquellos con motivos estrictamente financieros) y sus relaciones con otras instituciones (Freedman, 1962, citado por Fawcett, 1970).

[1] Este concepto se discutirá en el capítulo 4.

Se les llama "sistémicas" porque, de alguna forma, están relacionadas con el sistema de normas y reglas existentes, implícita o explícitamente, en el grupo social al cual el individuo piensa que pertenece y debe corresponder.

Las diferencias entre uno y otro sexo respecto a los motivos para tener hijos pueden clasificarse en cualquiera de estos grupos o en una combinación de ellos (Hoffman y Hoffman, 1973; Leñero, 1973). La mujer cita el amor (intrínseco), el afecto (intrínseco) y la compañía (intrínseco-extrínseco, dependiendo del tipo de compañía y la razón para buscarla) con mayor frecuencia que el hombre (Gurin y colaboradores, 1960, y Meade, 1971, citados por Hoffman y Hoffman, 1973).

Hoffman y Hoffman mencionan la posibilidad de que los hijos ofrezcan una de las pocas relaciones en las cuales el hombre puede expresar sentimientos de cariño y ternura (intrínsecos).

Leñero (1973) encontró que, cuando se les preguntaba si sus familias eran más numerosas de lo que hubieran deseado, las mujeres contestaban afirmativamente con mayor frecuencia que los hombres. Las investigaciones de Hall (1970) en Chile no concuerdan con esta idea, ya que observó que en este país los hombres están más a favor del control de la natalidad que sus esposas. También menciona algunos estudios que sugieren que, en la pareja, el hombre tiene una mayor influencia en las decisiones relacionadas con la planeación de los nacimientos (Waisanen y Durlak, 1966; González Quiroga, 1968), pues piensa más en el futuro (Mendoza-Hoyos, 1968) y podría sentirse amenazado por el hecho de que su mujer tuviera un mayor conocimiento de las prácticas anticonceptivas, por considerar que esto podría alentar la promiscuidad (Hill, Stycos y Back, 1959; Smith, 1968; Chan, 1968).

Rainwater (1965), Hoffman (1974) y Rabin (1965) encontraron que la imagen de la mujer que deliberadamente no tiene hijos es negativa. Este hallazgo se puede explicar en términos de la influencia de lo sistémico en lo intrínseco o de lo sistémico en lo sistémico. El primer caso lo podría representar una persona que piensa que tener un hijo constituye una fuente importante de placer, y esta idea la lleva a tener un concepto mental negativo de las mujeres que deliberadamente evitan este sentimiento. La influencia de lo sistémico en lo sistémico se refiere a una situación donde el individuo ha aprendido a atribuirle un valor importante al hecho de tener hijos, ya que son socialmente deseables o, simplemente, se debe tener como norma. Esta persona entonces pensará que una mujer que no desea cumplir con este concepto aceptado por la sociedad no es "normal".

La preferencia por alguno de los sexos también se puede explicar con respecto al concepto extrínseco: "Si es varón, al crecer podrá trabajar y ayudar a sus padres" (Inkeles y Smith, 1974, p. 75). O en relación con el sistémico, la explicación es que en algunas culturas la preferencia por los varones es una prueba de virilidad o se les considera como un medio de perpetuar el apellido (Pohlman, 1969).

Las explicaciones psicoanalíticas de por qué se desean los hijos se pueden agrupar en cualquiera de estas categorías o en una combinación de ellas. El concepto clásico de que las parejas desean tener hijos como resultado de un complejo de castración es un ejemplo de un sentimiento intrínseco distorsionado. De acuerdo con la teoría psicoanalítica, la competencia con el padre del mismo sexo es un tipo de posición sistémica (Deutsch, 1945; Hoffman y Wyatt, 1960, citados por Pohlman, 1969).

Estos tres conceptos recién introducidos: intrínseco, sistémico y extrínseco (basándose en Hartman, 1967) se pueden agrupar de la siguiente manera:

Intrínseco y extrínseco se refieren principalmente a los motivos, mientras que el de sistémico se aplica generalmente a las normas. Estos términos se aplicarán posteriormente en otros capítulos; en éste sólo se usan para ejemplificar algunos casos donde su aplicación puede ser útil. Se ha observado que en numerosas ocasiones la aplicación de estos términos es difícil, ya que uno puede estar influyendo en el otro o ambos estar mutuamente relacionados. Sin embargo, con la práctica la mayoría de las personas serán capaces de clasificar cualquier cosa dentro de alguno de estos conceptos o una combinación de ellos.

De acuerdo con Hoffman y Hoffman (1973), éste podría ser el caso del ejemplo aquí citado acerca de las razones por las cuales se tienen hijos: el valor de un hijo es multidimensional y no implica ninguna relación uno a uno con alguna característica o situación individual. Existe una serie de variables que pueden influir en esta actitud en un momento determinado, y solamente algunas combinaciones de motivaciones, situaciones físicas y normas estimularán la conducta para concebir un niño. Las tendencias sociales (por ejemplo, la motivación, el fatalismo, la capacidad y el deseo de planear), la estructura familiar (tipo de relación familiar y patrones de toma de decisiones) y el ambiente (por ejemplo moderno vs. tradicional) determinarán las actitudes, creencias y conductas relacionadas con la decisión de concebir o no concebir un hijo.

CAPÍTULO 3

LAS NORMAS Y SU INFLUENCIA EN LA PLANIFICACIÓN FAMILIAR

En este capítulo se revisa el concepto norma y su relación con la planificación familiar, así como con el número ideal de hijos.

1. EL CONCEPTO "NORMA"

Uno de los objetivos de este trabajo de investigación es analizar en forma general el papel de las normas en el proceso de toma de decisiones de marido y mujer, sobre todo en lo que se refiere a las actitudes, creencias, intenciones y conductas relacionadas con la planificación familiar.

Una norma es aquella conducta, actitud, intención o creencia que un sujeto piensa que es considerada como correcta, usual o deseable por una persona o grupo de referencia importantes para él en un momento dado y que puede dirigir o determinar su percepción de las personas, objetos y acontecimientos.

Bott (1971) define la norma como "las ideas que tienen las personas en torno a la conducta reputada como usual y correcta por su círculo social" (Bott, 1971, p. 173). Esta definición tiene cuatro deficiencias: La primera es que hace caso únicamente a la conducta. Las personas tienen a menudo actitudes o creencias que han abrazado por lo menos parcialmente, pues consideran que cuentan con la aceptación de algún grupo que juzgan importante.

Una segunda inexactitud es que nos remite a un "círculo social" y no a un grupo de referencia general. El término círculo social está restringido a un grupo de personas con las que tenemos o deseamos tener una relación social. En cambio, al referirnos a "una persona o a un grupo de referencia determinado", términos seleccionados para este estudio, estamos hablando de cualquier grupo que en cierto período es importante para nosotros. Puede tratarse de un grupo imaginario o de un individuo cuya conducta, actitud o creencia, en un momento dado, es conceptuada sobresaliente por el sujeto en cuestión. Puede ser una persona o un grupo sobre el cual hemos leído algo en el periódico un domingo por la mañana. Es decir, se puede referir a cualquier persona o grupo sobre el cual hemos oído, leído, imaginado o realmente conocido.

El tercer error es que Bott adjudica permanencia a las normas. En este estudio se considera que las normas deben clasificarse de acuerdo con su alcance o relevancia según las distintas ocasiones. Aquellas normas que se presentan en más de un tipo de situación, y que se han aprendido a través de un agente relevante o "saliente", tenderán a adquirir más importancia, a internalizarse y a ser adoptadas por un sujeto. Las normas que sólo son aceptadas en un tipo de situación, y que se han aprendido a través de una persona o grupo no saliente, no trascendente, generalmente tendrán menos importancia para el individuo. Se usa la palabra "generalmente", ya que la norma puede seguir conservando su importancia, pero únicamente dentro de un contexto determinado.

El cuarto equívoco es que las normas no sólo le indican al sujeto cómo debe comportarse, sino también pueden determinar la forma en que se perciben ciertos objetos, personas o situaciones.

Se podría usar un ejemplo imaginario para aclarar estos puntos: un grupo de mujeres no instruidas, de nivel socioeconómico bajo, puede haber aprendido algunas normas acerca de cómo deben reaccionar ante asuntos tocantes al sexo frente a su esposo, miembros de mayor edad de su familia o personas extrañas. Esta reacción podría ser de timidez, ingenuidad, una actitud negativa hacia los temas sexuales, etc. Sin embargo, un día una de estas mujeres empieza a tener contacto con una persona comprometida en la profesión médica, que ve el sexo como un fenómeno natural, en forma abierta y positiva. Puede suceder que, después de algún tiempo, perciba que esas creencias y actitudes son completamente diferentes a lo que le enseñaron desde la niñez, y se dé cuenta de que si quiere ser aceptada dentro del "grupo influyente" —enfermeras, doctores, etc.— será conveniente que por lo menos pretenda ser una seguidora de esas creencias y actitudes. Comenzará entonces a actuar de acuerdo con ellas, aunque sólo sea cuando se encuentre con algún miembro de este grupo.

Las normas que durante la niñez y la adolescencia han sido fuertemente destacadas por figuras prominentes tenderán a internalizarse, pero pueden sufrir algún cambio si el individuo se relaciona con otros grupos que adquieren preponderancia para él. Un ejemplo sería el de aquellas normas que son significativas y parecieron ser permanentes durante largo tiempo, pero que en cierto momento sólo se usan con individuos o grupos que se sabe están de acuerdo con ellas. Otras normas serían las que adquieren trascendencia y se internalizan en el individuo.

La internalización de las normas significa la aceptación auténtica y verdadera de ciertas creencias, actitudes, intenciones y conductas. Existen otras normas que la persona ha aprendido a aplicar ante ciertas personas o circunstancias, pero que no necesariamente acepta como correctas dentro de sus propios estándares generales.

Esta posición presupone la presencia de una racionalidad en los individuos, que les permite distinguir entre las diferentes normas existentes según diversas situaciones, y les permite adaptarse. También se piensa que algún grado de educación, aunque sea mínimo, es necesario para que esta adaptación sea posible. Ese grado de educación abarca varios aspectos, que se definirán en términos de áreas de modernización y motivación en capítulos posteriores. Algunos ejemplos son la apertura al cambio, la capacidad de planeación, la importancia concedida a las normas actualmente internalizadas y la motivación para el progreso.

Con respecto a las relaciones entre las normas y las conductas, Bott (1971) opina que no existe una relación predecible de uno a uno entre ellas, particularmente en situaciones de cambio social. Como veremos posteriormente, las normas son sólo uno de los muchos factores que influyen en la determinación de la conducta.

2. LA PLANIFICACIÓN FAMILIAR Y LAS NORMAS

En un estudio llevado a cabo por Rainwater (1965), y analizado en el libro de Fawcett (1970), se encontró que en los Estados Unidos los individuos de la clase media tenían familias numerosas no tanto porque en realidad las desearan, sino por la presión social que sentían para hacerlo.

De hecho, al analizar el patrón de razones fundamentales en torno a la decisión de tener familias pequeñas o numerosas, descubrió una norma capital: "No se deben tener más hijos que aquellos que se pueda mantener, pero sí se deben tener todos los que se pueda mantener. El tener menos se considera como una expresión de egoísmo, de mala salud o neurosis; el tener más es un rasgo de irresponsabilidad o falta de disciplina" (Fawcett, 1970, p. 45).

Pohlman concluye que, "a menudo, se considera anormal el hecho de que un matrimonio no desee hijos, por lo que muchos los tienen simplemente para demostrar su normalidad y no porque 'realmente' los deseen" (Pohlman, 1969, p. 59).

Coale (1974) cita ejemplos de estudios que han encontrado que regiones cercanas entre sí con niveles semejantes de fertilidad eran diferentes en el grado de alfabetización, el tipo de ocupaciones y otras variables de tipo socioeconómico. Coale explica este resultado señalando la importancia de las normas y la influencia social en relación con la reducción de niveles de fertilidad.

Una revisión extensa de estudios en el área de demografía llevada a cabo por las Naciones Unidas (1978) señala que en lugares en los que los lazos de parentesco son muy importantes el número de nacimientos es alto, mientras que en aquellas localidades que tienen relaciones más fuertes con instituciones que con parientes se encuentran niveles de fecundidad mucho más reducidos.

Berelson (1964) encontró que las normas desempeñan un papel muy importante en la decisión de adoptar la planificación familiar, por lo que sugiere que a esta última se le debería dar más difusión en los medios de comunicación masiva, para que así se convirtiera en un tema de conversación común y corriente.

3. LAS NORMAS Y EL NÚMERO IDEAL DE HIJOS

Se han realizado en diferentes culturas diversos estudios sobre el número ideal de hijos deseados. El concepto "ideal" parece tener cierto carácter limitativo, pues está formado por los deseos expresados o adivinados por algunos grupos de personas en determinadas épocas.

En un estudio realizado en Haití por Stycos y colaboradores (1961, citado por George, 1973), se empleó un tipo de entrevista muy estructurado para medir las normas que influían en el tamaño de la familia. A la pregunta: "¿Cuál cree usted que es el número ideal de hijos para una persona en sus circunstancias?", el 70% respondió que eso se debería dejar a la voluntad de Dios. Aquellos que sí expresaron una preferencia mencionaron un número promedio de 2.4 hijos.

Myers y Roberts (1968), también citados por George (1973), encontraron que el número preferido de hijos era de 2, 4, 3 y 5 en ese orden. Sin embargo, cuando se consideraron las diferentes combinaciones en forma separada, se observó que la mayoría prefería la de 2 niños y 2 niñas seguida por la de una niña y un niño y la de dos niñas y un niño.

Leñero (1973) señala que la mujer mexicana piensa más en el tamaño ideal de la familia que el hombre. Esto se puede explicar atendiendo a las conclusiones de Leñero Otero (1971) sobre el hombre ideal. Si el "hombre ideal", tal como él lo sugiere, posee entre otras características la de ser muy "prolífero", se puede asumir que nunca se ha detenido a pensar en un número ideal y concreto de hijos. El número ideal sería "tantos como sea posible", y en este sentido habría menor capacidad de planeación en el hombre que en la mujer.

Mas como Fawcett (1971) advierte, el principal problema con este tipo de preguntas es que puede haber diferentes interpretaciones. El término "ideal" puede interpretarse como lo ideal para la felicidad de la familia, la sociedad, o en relación con el ingreso personal, los valores culturales, religiosos, etc. Sin embargo, cualquiera que sea la interpretación, siempre estará estrechamente ligada a una norma o grupo de normas prevalecientes. Keller (1973) encontró que el número ideal de hijos no proporcionaba un predictor satisfactorio de la conducta, especialmente en los países en vías de desarrollo.

Resulta obvia la importancia de este capítulo, sobre todo si se considera que las características psicológicas y las costumbres de un grupo de personas pueden no sólo influir en, sino posiblemente determinar, el desarrollo de las actitudes, creencias y conductas de numerosos aspectos de la vida de otras personas.

CAPÍTULO 4

LA ESTRUCTURA FAMILIAR

La estructura familiar es la unión de una serie de interrelaciones humanas que se pueden apreciar dentro del núcleo familiar, y que determinan su posición con respecto al resto de la familia, la sociedad o grupos importantes para la familia como una unidad, o para cualquiera de sus miembros por separado, quienes, a su vez, pueden afectar la estructura familiar (Leñero Otero, 1971).

Tres de las variables más importantes que afectan internamente la estructura familiar son la integración conyugal, las conductas frente a la planificación familiar y la comunicación entre padres e hijos. En esta investigación sólo se consideran las dos primeras, lo que no significa que se subestime la importancia de la tercera.

Quizá el factor determinante en una decisión conyugal, como podría ser el caso de las prácticas anticonceptivas, sea la relación existente entre los cónyuges. Las tres primeras partes de este capítulo estudian dicho tema, primero en términos generales, después en relación con la planificación familiar, y por último específicamente dentro del contexto mexicano.

Las dos siguientes secciones del capítulo tienen como propósito analizar el "machismo" y el papel de la mujer económicamente activa. En la última parte se comenta la importancia de los factores externos y su influencia en la planificación familiar.

1. LA RELACIÓN CONYUGAL

Respecto al tipo de relación conyugal, se puede pensar en una línea continua donde, en un extremo, se encuentran las parejas cuyos miembros realizan en conjunto la mayor parte de sus tareas —en la medida que les es posible—, toman juntos las decisiones que atañen al aspecto económico y a la educación de los hijos, tienen comunicación y la posibilidad de discutir abiertamente toda clase de temas, comparten sus ratos libres lo más posible y se consideran al mismo nivel humano uno y otro. En el otro extremo se encuentran las parejas en cuya relación existe una marcada división de obligaciones, no comparten sus momentos libres, el esposo es el responsable de las decisiones económicas y tiene la última palabra sobre cualquier otro asunto, la comunicación es muy pobre y la posibilidad de discusión inexistente, ya que uno u otro se considera superior, generalmente el hombre, cuya palabra debe aceptarse como dogma (basado en Bott, 1971).

Bott denominó al primer tipo de organización conyugal *conjunta,* y al segundo *independiente* o *segregada.* Encuentra además un tercer tipo de organización, que llamó *complementaria,* en donde las actividades de la pareja están completamente separadas y son diferentes, pero "se amoldan para formar un todo" (Bott, 1971, p. 53). Este tipo de relación puede considerarse como una derivación de la conjunta, mencionada anteriormente, ya que la palabra conjunta implica una serie de actividades y decisiones en común, sin que signifique específicamente que ambos miembros de la pareja deban realizar las mismas actividades y decisiones.

Uno de los puntos más importantes a los que Bott hace referencia es que en todas las familias se pueden encontrar *todos* los tipos de organización, pero es uno el que predomina, y éste puede encontrarse en cualquier punto del continuo. De esta suerte, el nombre asignado a una pareja puede aplicarse a la mayoría de las situaciones, más no a todas.

2. LA RELACIÓN CONYUGAL Y LA PLANIFICACIÓN FAMILIAR

La relación de la estructura familiar con la conducta sobre la planificación familiar se finca principalmente en los indicadores actitudinales o afectivos entre los cónyuges en los componentes normativos que intervienen entre las parejas y el resto de la sociedad y en las creencias que se aprenden con respcto a las conductas familiares y sobre la fecundidad adecuada.

Una vez más, estos cuatro componentes: actitudes, normas, creencias y conductas, se encuentran presentes en el análisis de la planificación familiar; en este caso, concretamente en lo que respecta a las relaciones del papel conyugal.

Existen resultados contradictorios en la correspondencia entre el tipo de organización conyugal y la anticoncepción, pero la mayoría de los estudios muestra que mientras menor sea el grado de segregación en la relación conyugal, mayor será el uso de métodos efectivos de contracepción, y más pronto se adoptarán estas prácticas en la vida matrimonial (véase Back y Hass, 1973; Hill y colaboradores, 1959).

Durante la revisión de algunos estudios llevados a cabo en Buenos

Aires, Back y Hass (1973), controlando educación de la mujer, edad a la que contrajo matrimonio y duración de éste, vio que la participación conjunta en la toma de decisiones estaba positivamente relacionada con el uso más amplio de las prácticas anticonceptivas.

Murkherjee (1975) pudo observar que en India existía una mayor comunicación entre las parejas en las cuales ambos cónyuges tenían cierta instrucción, y que ni la edad ni la duración del matrimonio mostraron alguna relación con la comunicación.

Rainwater (1965), en un estudio practicado en la población norteamericana de nivel socioeconómico bajo, advirtió una tendencia mayor hacia el uso ineficaz de métodos anticonceptivos entre las parejas con una relación segregada que entre las que tenían una relación conjunta. Esto podría explicarse tomando como base la idea tan difundida, especialmente en los países subdesarrollados (véase Stycos, 1968; Leñero, 1973), de que con bastante frecuencia la mujer practica la anticoncepción "a escondidas" del esposo.

Back y Hass (1973) citan estudios realizados por Bachi y Matras (1964) en Israel, Stycos (1968) en Perú y Stycos y Back (1964) en Jamaica, donde los resultados muestran que la práctica del control de la natalidad era más común entre las parejas que mantenían una comunicación efectiva.

Stycos (1968) informó haber notado que por lo regular, entre las parejas de la clase baja, existía la creencia de que la familia numerosa ayudaba a mantener la fidelidad o la lealtad de alguno de los cónyuges.

Murkherjee (1975) reparó en que: *a*] existía una relación positiva entre el nivel de conocimiento y adopción de la planificación familiar, y la frecuencia de la comunicación conyugal sobre el control de la natalidad; *b*] la comunicación estaba asociada a la preferencia por la familia pequeña, y a conductas de planificación familiar.

Después de examinar una serie de variables, el investigador encontró que el punto crítico de la práctica efectiva de la anticoncepción yacía en la relación conyugal en general, y en la comunicación de la pareja en particular.

Murkherjee (1975) encontró que la probabilidad de comunicación conyugal se maximizaba si el individuo recibía alguna información sobre la planificación familiar, ya fuera por medio de la lectura o a través de algún programa radiofónico. Empero, también encontró que esta comunicación y las conductas de planificación familiar no dependían del modernismo. Concluye destacando la inminente necesidad de preparar material de comunicación masiva sobre planificación familiar. Éste deberá explicar los beneficios psicológicos y sociales que acarrearía el incremento en el compañerismo conyugal, el intercambio de ideas y la participación conjunta en las actividades económicas y recreativas.

Cochrane y colaboradores (1975) mencionan unos estudios realizados por Hill (1967), Hill, Stycos y Back (1959) y Rainwater (1965), en los que se encontró que existe una relación negativa entre la dominación masculina, la restricción del papel de la esposa y una precaria comunicación diádica (entre dos), con la efectividad y ejecución de las prácticas anticonceptivas.

Una de las consecuencias de la falta de comunicación conyugal efectiva es "que no se comparten los conocimientos sobre la anticoncepción" (Back y Hass, 1973, p. 94). Otra consecuencia se traduce en la falta de entendimiento entre los cónyuges. Por ejemplo, De Hoyos y De Hoyos (1966, citado por Bott, 1971) mencionan un estudio realizado en Puerto Rico en el que se pudo observar que el esposo tiende a pensar que su pareja es más ingenua —un ideal cultural— de lo que realmente es y la esposa considera que su pareja es más viril y tiene un mayor deseo de procrear muchos hijos de lo que es en realidad (Hill y colaboradores, 1959).

La comunicación marital es indispensable para la existencia de un diálogo sobre el número de hijos deseado y las prácticas anticonceptivas a seguir. En algunos casos una plática ocasional puede indicar cierta inclinación por la familia numerosa, y las parejas pueden no considerar necesario discutir la planificación familiar hasta que tienen ya varios hijos. Sin embargo, en la mayoría de los casos una discusión casual o tardía refleja una motivación débil por una familia pequeña, o bien actitudes negativas o falta de conocimiento sobre los diferentes métodos de control de la natalidad (Back y Hass, 1963).

Se han utilizado dos planteamientos diferentes para explicar las correlaciones positivas que generalmente existen entre las decisiones compartidas, la comunicación, las relaciones conjuntas del papel conyugal, el uso de la anticoncepción y el número de hijos.

Green (1963) y Rainwater (1965), citados por Pohlman (1969), han sugerido la posibilidad de que algunos padres no deseen que los hijos, o el hecho de tener más, interfiera en la felicidad de su matrimonio. Por su parte, Back y Hass (1973) y Pohlman (1969) señalan la posibilidad de que las esposas a quienes se niega el derecho de participar en la vida del esposo, y de compartir sus emociones con él, presenten una mayor tendencia hacia la familia numerosa, en un intento por llenar ese vacío emocional.

Ahora bien, ambos planteamientos pueden ser de gran utilidad en diferentes contextos. El primero resulta aplicable a parejas con una relación conjunta, que se han segregado de las redes familiares, y que no permiten que ninguna clase de influencia externa desempeñe un papel determinante en sus procesos de toma de decisiones.

También se señala que las parejas que gozan de una relación conyugal conjunta están menos inhibidas sexualmente, lo que las conduce a una práctica anticonceptiva desprovista del sentimiento de culpa y que las parejas con una comunicación más efectiva están capacitadas para cooperar en todas las áreas, incluyendo la anticoncepción, y para limitar el grado de las influencias externas en sus relaciones.

Las parejas que llevan vidas separadas o segregadas, que sólo comparten un mínimo sus actividades o decisiones y cuya comunicación es casi nula, pueden inclinarse por una familia más numerosa por alguna de las siguientes razones: la falta de conocimiento compartido acerca de la anticoncepción y los hijos, o el deseo de llenar ese "vacío emocional" anteriormente mencionado.

3. LA RELACIÓN CONYUGAL EN MÉXICO

El uso extendido de la planificación familiar presenta muchas dificultades en México, pues la mayoría de las veces la pareja no cuenta con el menor grado de integración o el conocimiento requerido. Además, existe una fuerte resistencia cultural o derivada de las normas no sólo en lo que respecta a la estructura familiar sino también ante la mayoría de los cambios que amenazan con transformar el modo tradicional de vida.

La familia mexicana está basada en dos proposiciones fundamentales: *a*] la supremacía absoluta e incuestionable del padre y *b*] el autosacrificio absoluto y necesario de la madre (Díaz Guerrero, 1975).

La madre desempeña un papel cardinal en la estructura familiar. En un estudio realizado en una población cercana a la ciudad de México, Fromm y Maccoby (1970) encontraron una gran fijación y dependencia hacia la madre y pudieron observar que, en uno y otro sexo, esta relación era mucho más fuerte que la que se tenía con el padre.

Se puede afirmar que en México al padre se le teme, mas no se le respeta, y que a la madre se le quiere y respeta no como a un individuo *per se,* sino por tolerar silenciosamente todos los sufrimientos que el hombre impone tanto a ella como a sus hijos.

El que la madre sea el centro en las familias mexicanas se puede explicar con base en:

a] La falta de apoyo emocional por parte del padre.

b] La ausencia total o parcial del padre en muchos casos.

De este modo vemos que la madre se siente sola y con una gran responsabilidad sobre sus espaldas, y centra todas sus aspiraciones en conseguir el amor y la comprensión de sus hijos. Les crea así una fuerte dependencia, con la esperanza de que nunca la abandonen, o recurre al chantaje emocional destacando una y otra vez cuánto se ha sacrificado por ellos y cuánto le ha costado vencer todos los obstáculos impuestos, principalmente por el padre, para poder hacer de ellos lo que son.

La mayoría de las familias tienden a existir como unidades distintas. Sin embargo, encontramos variaciones en las probabilidades de resolver sus propios problemas con o sin la ayuda o interferencia de parientes (Leñero, 1971).

Paz (1959) sugiere que la sociedad mexicana confunde el amor con una unión destinada a procrear hijos. Al matrimonio, afirma, se le considera como un valor más importante que el amor; a la prostitución se la acepta culturalmente, aunque no en forma oficial, como un medio de separar el "amor necesario" para tener hijos, del placer sexual.

Leñero (1973) encontró que el 80% de las parejas entrevistadas admitió llevar una vida matrimonial llena de problemas, rutina y arduo trabajo, y advirtió que era la mujer la que sentía mayor insatisfacción. La mujer, agrega, siente que su opinión sólo es válida en lo que respecta al gasto mensual, siempre sujeto a la cantidad que el esposo le quiera dar, y en la elección de escuelas para los hijos o del tipo de castigos que deben imponer. En cambio el hombre piensa que él es el indicado para tomar todas las decisiones, tanto las relacionadas con el trabajo como con el hecho de que la mujer deba trabajar o no, o con la conveniencia de tener o no más hijos.

Mateos Cándano y colaboradores (1968), en un estudio realizado en el Hospital Infantil de la ciudad de México, descubrieron un promedio de 2.3 padres por madre, y encuentran la siguiente dinámica en sus relaciones: el deseo de hijos varones, el deseo de tener niñas, el deseo de no tener más hijos, actitudes negativas hacia la esposa embarazada, abandono durante el embarazo, incapacidad de la mujer para sostener económicamente a sus hijos, una nueva unión que resuelve la soledad y los problemas económicos, por lo menos durante algún tiempo.

Lewis (1951) expresó que las mujeres entrevistadas en su estudio no informaron compartir alguna actividad con sus esposos fuera del hogar. Y Leñero (1973) advirtió que en las familias tradicionales de la clase baja existe una marcada separación en las tareas hogareñas que la pareja debe desempeñar. Sin embargo, en entrevistas más profundas observó que la mujer afirma tener mayor grado de autoridad del que el esposo le atribuye.

4. EL HOMBRE Y EL MACHISMO

El machismo es el complejo de lo que se espera del papel masculino, e incluye los siguientes atributos:

A. Actitudes hacia el sexo: Relaciones sexuales premaritales y extramaritales a temprana edad para los hombres; manifestación de fecundidad mediante la rápida procreación de hijos, especialmente varones, y actitudes negativas ante las técnicas de contracepción masculina dentro de la relación marital (Back y Hass, 1973).

B. Actitudes hacia el trabajo: Poca importancia y subestimación de cualquier tipo de responsabilidad doméstica.

C. Actitudes hacia la autoridad: Uso de la fuerza física y la rudeza para solucionar desavenencias y para tratar al débil y a sus subordinados, incluyendo a la mujer (Back y Hass, 1973).

Ramos (1963) opina que este complejo de inferioridad se puede apreciar claramente en los individuos que manifiestan una preocupación exagerada por reafirmar su personalidad, y que se interesan en todo lo que implica poder, afirmando que estas características sobresalen en el pueblo mexicano.

El hombre ideal nunca se "raja" (un término popular que significa no arrepentirse o nunca retractarse de lo que se ha dicho o hecho). Para el mexicano, en contraposición con otros pueblos, el ser extrovertido representa la debilidad o el reflejo de la traición. El mundo exterior no tiene cabida en su intimidad. El que se "raja" (el hombre que se ha arrepentido o retractado de lo que hizo o dijo) es un hombre que no es digno de confianza. De esta suerte, las mujeres son seres inferiores porque aceptan al hombre en su vida íntima: "se entregan" a los hombres. Este hermetismo es un reflejo de la falta de confianza y de la sospecha.

Al mexicano también se le ha descrito como una persona triste, desconfiada, poco cooperadora, egoísta, fatalista y pesimista (Fromm y Maccoby, 1970); impulsiva, sin capacidad de posponer gratificaciones, hipersensible a la crítica, que busca pelea (Ramos, 1936); conservadora y rígida en sus costumbres y mentalidad (UNAM, 1973).

La característica de emotividad e impulsividad de la personalidad del mexicano se puede apreciar sobre todo en las fiestas, donde se desprende de las inhibiciones al grado de producir escenas de violencia debido a la embriaguez o los celos. Estas características también se manifiestan en la agresividad hacia las mujeres, su incapacidad para ahorrar, la ostentación de la abundancia, el desperdicio irresponsable de sus recursos, prestados, una vez que ha malgastado los propios (Paz, 1959). En suma, todo es un reflejo de su irresponsabilidad y falta de voluntad o capacidad para planear y culminar sus planes.

A los hombres se les permite, e incluso es de esperarse, que sostengan relaciones sexuales premaritales, mientras que a las mujeres se les exige que lleguen "puras y vírgenes" a su noche de bodas. Se da por hecho, así mismo, que los elementos del sexo masculino tienen relaciones extramaritales. Esto está íntimamente relacionado con el valor positivo que se atribuye a "su capacidad" para procrear muchos hijos o, como indica Leñero Otero (1971), a su habilidad de ser un "padre prolífico", y con las actitudes negativas hacia la contracepción masculina. Por consiguiente, con frecuencia vemos conviviendo juntos a 10 o 12 niños de la misma madre, pero de padres diferentes. Esto también se relaciona con el hecho de que el hombre, especialmente de las clases socioeconómicas bajas, tiende a menospreciar a la mujer que le "ha dado" muchos hijos, particularmente durante el embarazo, lo que le lleva a buscar otras mujeres. Las mujeres, por su parte, buscan a alguien que les proporcione alguna ayuda económica y, de ser posible, seguridad emocional; este hombre, a su vez, querrá hijos. Como se mencionó anteriormente, por lo regular los hombres no se ocupan de los niños ni realizan ninguna tarea considerada como propia de la mujer o el hogar, lo que explica por qué los hijos viven casi siempre con sus madres.

Tal psicología ha sufrido un cambio, aunque no muy acentuado, en los años recientes. Según palabras de un vendedor del mercado de la Merced en una entrevista: "No está bien tener escuincles regados por todas partes."

El esposo debe trabajar y proveer. Él no sabe nada o no desea saber nada de lo que sucede en el hogar. Lo único que exige es que se le obedezca y que su autoridad sea incuestionable. Generalmente, después de las horas de trabajo, se reúne con sus amigos y con ellos prosigue su vida en la misma forma que cuando era soltero (Díaz Guerrero, 1975).

Back y Hass (1973) piensan que las actitudes y la conducta del "macho" son reforzadas por el grupo de referencia masculino.

Las características atribuidas al hombre son la fuerza física, su habilidad para conquistar a las mujeres, energía, autoridad y carácter pendenciero (Leñero, 1973).

Leñero (1973) encontró que solamente el 20% de los hombres contribuyen a las tareas domésticas, y que en cambio tienden a realizar las compras y los pagos mensuales como el gas y la electricidad. Leñero interpreta esta conducta como una falta de confianza en la capacidad de la mujer para manejar el dinero.

Por lo que toca a la planificación familiar, Mateos Cándano y colaboradores (1968) observaron que los hombres, en efecto, desean tener más hijos que sus esposas. El 58.2% de las mujeres entrevistadas declaró que sus esposos aprobaban la planificación familiar; el 14% señaló que se pronunciaban contra esta práctica, y el 37% dijo nunca haber hablado a este respecto con sus cónyuges. Cuando se les preguntó si sus maridos aceptarían la planificación familiar en sus hogares, la cifra de 58.2% descendió a 50.2%.

5. MUJERES ECONÓMICAMENTE ACTIVAS

Muchos estudios han indicado una relación inversa entre el tamaño de la familia y la medida en la cual la mujer participa en la fuerza de trabajo y esta relación es más marcada en países industrializados y en zonas urbanas. Pero la interpretación de estos datos es dudosa ya que no se ha comprobado una relación causal. Puede ser que las mujeres que trabajan se abstengan de tener hijos más que las que no trabajan, con el fin de mantener un nivel de vida más alto o podría ser que a las mujeres con pocos o sin hijos les sea más fácil aceptar trabajos fuera de la casa.

Desde hace mucho tiempo (v. gr. Bott, 1971) se sabe que una de las razones por la que las mujeres no trabajan es que los maridos creen que esto restará méritos a su hombría, por supuesto mal entendida. Mukherjee (1975), en su estudio sobre la India, encontró entre las mujeres de áreas urbanas que tenían ocupaciones fuera del hogar un nivel de comunicación con los cónyuges más elevado que entre las mujeres que no trabajaban.

En muchos grupos indígenas de México la mujer desempeña las tareas agrícolas (Leñero, 1973), en una práctica aceptada por el resto de la comunidad y por los hombres. Mas dentro de estas sociedades prevalecen normas diferentes, debido a que la familia es la unidad principal de producción y no se pueden permitir el lujo de prohibir a las mujeres que contribuyan al bienestar económico, por la escasez de recursos que sufren.

Sin embargo, aun en estos grupos el hombre se siente superior en relación con la mujer, y ella lo acepta como parte de la vida misma (Leñero, 1973). También en las áreas rurales Leñero ha podido observar que el hecho de que las mujeres trabajen como meseras, sirvientas o lavanderas no es un factor que afecte su postura de sumisión ante el marido.

En lo que concierne a la planificación familiar, Dyckhoff y colaboradores (1976) encontraron que la mujer que trabaja fuera del hogar, o que participa en las actividades económicas familiares (por ejemplo realizando ventas telefónicamente o lavando ropa para los vecinos), desean tener menos hijos en comparación con las mujeres que no desempeñan este tipo de actividades.

Hoffman (1974) cita los estudios de Whelpton, Campbell, Patterson (1966), y los de Ryder y Westoff (1971), en donde se encontró que la mujer que trabaja por gusto desea menos hijos que las que tienen que hacerlo por necesidad.

Además, destacó que la mujer que trabaja obtendrá satisfacciones personales diversas, sus deseos de maternidad disminuirán y, por lo tanto, practicará la contracepción con mayor efectividad. La investigadora mencionada respalda esta idea en los hallazgos, tanto en Estados Unidos como en la mayoría de los países más industrializados, sobre la relación de hijos entre la mujer que trabaja y la que no lo hace; la primera tiene menos hijos que la segunda (véase Blake, 1965; Collver, 1968; Farley, 1970; Hoffman y Hoffman, 1974; Weller, 1971; citados por Hoffman, 1974).

Hoffman añade (1974) varios puntos fundamentales: La relación negativa entre el empleo de la madre y el número de hijos no es aplicable a todas las condiciones. No se ha establecido la relación en los países menos desarrollados, ni en donde los vínculos familiares son particularmente fuertes (Gindell, 1965; Stycos y Weller, 1967; Zárate, 1967) (Hoffman, 1974). La mayor parte de las ocupaciones no son alternativas totalmente satisfactorias para la maternidad, y el efecto podría ser procrear cuatro niños en lugar de cinco, tres en vez de cuatro, pero no es probable que la dicha de trabajar en cualquier tipo de ocupación, por aburrida que sea, origine una familia de dos hijos.

A largo plazo, este efecto podría ser consecuencia únicamente de un empleo intrínsecamente gratificante y que satisficiera las mismas necesidades que el tener hijos (Hoffman y Hoffman, 1973). Es mucho más probable que este trabajo satisfactorio lo encuentre la clase media y la clase con mejor educación, ya que serán trabajos que signifiquen un reto y mucho más apropiados para la capacidad de la mujer (Hoffman, 1974).

La tesis de Leñero (1971) contradice la hipótesis de que la mujer mexicana que trabaja tiende a tener menos hijos para facilitar sus actividades económicas. Leñero opina que esto ocurre solamente en los países desarrollados. En México la mujer trabaja porque necesita dinero para mantener a sus hijos y, de hecho, las mujeres que tienen más hijos son las que, con frecuencia, trabajan precisamente debido a que sus necesidades son mayores (Leñero, 1971).

En general se ha notado una tendencia de la mujer mexicana de separarse de sus tareas domésticas y del cuidado de sus hijos para dedicarse a actividades remuneradas (Benítez Zenteno, 1979).

Keller (1973) también observó que las mujeres que trabajan tienen más probabilidades de desertar de las clínicas de planificación familiar de la ciudad de México que las que no trabajan.

En consecuencia, existen dos deducciones principales que podrían parecer contradictorias: una relación directa y una opuesta entre el estatus laboral de la mujer y las prácticas anticonceptivas. A este respecto, muchos autores dirán que debido a la naturaleza contradictoria de estos resultados no se puede llegar a ninguna conclusión. Sin embargo, se puede sugerir que en los países menos desarrollados, en donde las mujeres todavía no han aprendido que las actividades con remuneración económica no sólo se realizan por sus beneficios financieros, sino también por placer, son las mujeres con más hijos quienes tienen mayores necesidades y, por consiguiente, son las económicamente activas, o también como ocurre en las sociedades agrarias, donde la participación de la mujer en dichas actividades es indispensable para la supervivencia de la familia, que constituye la principal unidad de producción.

En los países más desarrollados, donde la mujer por lo general tiene más educación y se interesa en el trabajo *per se*, no únicamente en sus beneficios económicos, la mujer planea su familia y tiene un menor número de hijos porque está consciente de los beneficios que esto aporta a su realización como ser humano independiente, no sólo en el aspecto laboral sino en otras esferas de su vida.

6. LAS REDES EXTERNAS Y SU INFLUENCIA EN LA PLANIFICACIÓN FAMILIAR

Cuando los miembros de la misma familia y/o los grupos de amigos se conocen e interactúan entre sí, es decir, cuando la red está íntimamente entretejida, los miembros de este grupo tienden a estar de acuerdo con las normas y a ejercer presión directa o indirecta entre sí. Bott (1971) considera que si la pareja que contrae matrimonio cuenta con esa red muy íntimamente entrelazada, esta última desempeñará un papel determinante en la relación recién establecida. Cada uno de los esposos realizará actividades fuera de su familia elemental y obtendrá sastifacciones emocionales de estas relaciones, lo que hará que su necesidad de comunicación y apoyo emocional de parte de su cónyuge disminuya. De esta forma es pues posible que ocurra una rígida segregación de los papeles conyugales, puesto que cada esposo encuentra apoyo en el exterior. Si la red externa no está entrelazada tan estrechamente como en el caso anterior, Bott piensa que los esposos buscarán la satisfacción emocional entre sí.

En estos casos es más necesaria la organización conjunta para el establecimiento y desarrollo de la familia como una unidad, y ésta adquiere más valor que en las parejas segregadas con un vínculo muy estrecho con relaciones externas.

Fawcett (1970) cita un estudio realizado en Taiwán donde se encontró que la tasa de aceptación de los métodos de planificación familiar era más alta entre las personas que pensaban que las prácticas anticonceptivas estaban aumentando entre sus amigos, vecinos y parientes, lo que indica la importancia otorgada al apoyo social y a la influencia de las normas.

Caldwell (1976) encontró que el factor más importante que distinguía al grupo que él llamó "innovadores demográficos" de otros grupos con niveles de fertilidad más elevados era la falta de interés de los primeros por sus antepasados, el tener una familia nuclear en vez de extendida, así como un importante interés en los éxitos futuros de sus hijos.

Back y Hass (1973) descubrieron una relación positiva entre una baja tasa de fecundidad y la familia nuclear como una estructura familiar predominante. Este hallazgo fue explicado en términos de que el valor económico y social de un gran número de hijos disminuye con la pérdida de la función familiar como una unidad económica, y con ésta su relativa independencia de una estructura familiar mayor. Al mismo tiempo, la posibilidad de controlar el embarazo ha hecho posible la existencia de la familia pequeña con núcleos socialmente móviles.

Por lo tanto, las investigadoras nos presentan una relación recíproca entre la fecundidad y las familias nucleares con redes familiares independientes. El problema de esta teoría, que se sustenta en motivos económicos, es que asume la planificación racional del número de hijos de acuerdo con las condiciones materiales. Y de ser éste el caso, el presente estudio y la mayor parte de la investigación sobre planificación familiar que se lleva a cabo en los países subdesarrollados no serían necesarios.

Sin embargo, tampoco podríamos afirmar que la organización familiar externa *sea* determinante en las tasas altas de fecundidad. Goode (1963, citado por Back y Hass, 1973) menciona que el nivel de fecundidad se decide de acuerdo con los intereses de la pareja y no en términos del grupo familiar más amplio. Lo que parece tener validez es que este grupo familiar ejerce una influencia considerable en las normas aceptadas por la pareja. Hipotéticamente esto sucede en los grupos de menor preparación, que no cuentan con puntos de referencia para cimentar sus normas, creencias y actitudes.

Respecto al papel que desempeñan las redes externas para proporcionar información sobre la planificación familiar, Mateos Cándano y colaboradores (1968) encontraron, entre las mujeres que estudiaron en la ciudad de México, que la madre y la partera eran las fuentes principales de este tipo de información.

Leñero (1971) señaló que la fuente primordial de información a este respecto la constituían los amigos y vecinos (46.8%), mientras que tan sólo el 3.5% atribuyó sus conocimientos iniciales al esposo. Leñero también observó que el apoyo proporcionado por amigos y vecinos fue tomado en consideración en primer término.

Como conclusión de esta sección, advertimos que cualesquiera avances tecnológicos o educacionales en torno a la planificación familiar, o a la mayoría de las prácticas diarias, no serán efectivos si no cuentan con el apoyo de patrones de relación interpersonal que hagan efectiva esa motivación (Inkeles y Smith, 1974).

CAPÍTULO 5

MODERNIZACIÓN

La educación, religión, política y medios de comunicación masiva influyen de manera importante en la percepción del mundo que un individuo tiene y, por lo tanto, en su proceso de toma de decisiones y conducta.

"...es el proceso de modernización aquel que logra llevar a cabo una reducción en la fertilidad a través de cambios en las actitudes y a través de un cambio en el equilibrio de las ventajas y desventajas de una familia grande" (Coale, 1974, p. 69).

Este capítulo analiza la educación, el estatus socioeconómico y la ocupación, así como los medios de comunicación masiva y las actividades religiosas y políticas, tratando de observar el papel que estos procesos desempeñan en la planificación familiar.

1. DEFINICIÓN

"Literalmente, la palabra moderno es cualquier cosa que recientemente ha remplazado a algo considerado en el pasado como la manera correcta de hacer las cosas" (Inkeles y Smith, 1974, p. 15).

Inkeles y Smith (1974) afirmaron que la modernidad personal es un "síndrome" donde varias características modernas tienden a relacionarse y presentarse simultáneamente en el individuo. Encontraron además, que esto es una cualidad general que se refleja en las actitudes, creencias y conductas.

Las sociedades tradicionales y las modernas tienen distintas actitudes, creencias y conductas. En las sociedades tradicionales, "el trabajo está fusionado a la vida en forma tal que no se distingue como una actividad independiente que cuenta con sus propias normas. La vida adquiere carácter personal a través de los lazos con los parientes... el individuo adopta un concepto fatalista de su posición" (Kahl, 1968, p. 11).

En las sociedades modernas, el trabajo está separado del resto de la vida en el sentido de que es una actividad completamente independiente que se lleva a cabo en un lugar separado del seno familiar y con un grupo diferente de personas que aquel que implican los familiares importantes. Las ideas y técnicas nuevas se conceptúan como mejores, y los valores para el control de uno mismo y del medio ambiente son predominantes (Kahl, 1968).

Estas descripciones toman en cuenta tres variables importantes: el trabajo, la familia y el fatalismo, en contraposición con control interno. Empero, esto constituye una limitación importante de la teoría, ya que, como se ha observado (v. gr. Inkeles y Smith, 1974), la modernización debe ser considerada como una variable multidimensional. Es factible separar y diferenciar sus elementos para propósitos conceptuales, mas es improbable que sólo puedan ser clasificados dentro de las tres partes arriba mencionadas.

En su estudio, Kahl (1968) entrevistó a 627 hombres en Brasil y 740 en México, entre los que estaban representados tres segmentos con distintas características residenciales: provincianos, inmigrantes y metropolitanos, y con diferente nivel ocupacional —había desde peones hasta ejecutivos. El investigador encontró que las diferentes escalas que utilizó estaban estrechamente relacionadas, y las denominó el "núcleo" del modernismo. Éstas fueron: activismo, baja integración con los parientes, preferencia por la vida urbana, individualismo, baja estratificación de las comunidades, intensa participación de los medios de comunicación masiva y baja exposición a riesgo. Al igual que Inkeles y Smith (1974), Kahl encontró que existía un síndrome general de modernismo en el cual, a pesar de haber cierto grado de independencia en sus características, éstas guardaban una relación estrecha.

El hombre moderno adquiere más prestigio por su instrucción y capacidad técnica que por el estatus tradicional, cree que la movilidad social es posible (Inkeles y Smith, 1974), siente que controla su propia vida, es un triunfador, vive en las áreas urbanas y ha tenido más experiencia escolar (Kahl, 1968).

El hombre se convierte en moderno a través de ciertas experiencias particulares que lo exponen a "instituciones modernas". Y el hombre que presenta actitudes modernas también presenta una conducta moderna (Inkeles y Smith, 1974). Miller e Inkeles (1974) van más allá al sugerir que los contactos con instituciones modernas no están asociados con la aceptación del control de la natalidad, a menos que estén relacionados con actitudes "modernas".

Es importante señalar en el contexto de este trabajo una observación hecha en un estudio de las Naciones Unidas en la que se establece que "aunque por lo general se concuerda en que la fecundidad disminuye una vez que entran en juego las fuerzas de la modernización, cada autor concede un significado especial a distintos factores del proceso de desarrollo" (Naciones Unidas, 1978, p. 678).

Mientras que algunos (por ejemplo Blake, 1965) le dan menor importancia a aspectos económicos y de modernización que a variables motivaciones, otros (por ejemplo Kuznets, 1967) plantean que sin cambios importantes en las instituciones económicas de cada país no se podrán llevar a cabo los cambios que den lugar a un crecimiento más moderado de la población.

Berelson (1964) advirtió que la planificación familiar era más efectiva en el extremo moderno del continuo donde existe mayor flexibilidad, menor apego a las costumbres, más libertad, mayor contacto con nuevas ideas y más líderes innovadores como modelos. No obstante, agregó que ya que el deseo de limitar el número de hijos está muy acentuado entre las parejas de alta paridad, la implantación efectiva de la planificación familiar podría lograrse aun en las sociedades tradicionales mediante el uso de un método anticonceptivo simple y eficaz, y un sistema conveniente de información y servicio.

Se han utilizado dos clases de planteamiento para explicar estos hallazgos. El primero sigue un enfoque macroanalítico que correlaciona las variables del desarrollo económico con la fecundidad. El segundo está dirigido a un nivel individual, y considera los factores psicológicos y sociológicos relacionados con las variables intermedias. El punto de vista más adecuado será aquel que concilie los dos tipos de planteamiento y permita evaluar la importancia de cada una de las variables individuales tanto sociales como económicas.

"Para alcanzar cierto grado de éxito, las políticas, los programas y las medidas para el control de la fecundidad de un país se han de basar en la comprensión de las complejas correlaciones que existen entre las tendencias demográficas, de una parte, y, de otra, las condiciones económicas y sociales y el marco cultural" (Naciones Unidas, 1978, p. 677).

2. EDUCACIÓN

La instrucción es un factor importante que contribuye al cambio del papel tradicional de la mujer y a su vez está relacionado con la participación de la mujer en empleos remunerados, hecho que ofrece a las mujeres una posibilidad distinta de la de tener y criar hijos.

En 1970, el promedio nacional de escolaridad en México fue de 2.9 años. Para el Distrito Federal y el estado de Nuevo León esta cifra fue de 5 y 4.5 años respectivamente, mientras que en estados como

Chiapas, Guerrero y Oaxaca el promedio de escolaridad sólo alcanzó 1.6 años. También se observaron grandes diferencias regionales en lo que respecta al analfabetismo. Mientras que en el Distrito Federal (el área más desarrollada del país) se registró una tasa de analfabetismo del 10%, en las regiones menos desarrolladas esta cifra aumentó hasta el 45% (Censo Nacional, 1970).

Leñero (1971) encontró un progreso significativo en términos de organización escolar y cultura general. En tanto que el 24.4% de las madres de las mujeres que él entrevistó no sabía leer ni escribir, sólo el 3% de las entrevistadas carecía de tales conocimientos. Además, el 93% manifestó su pesar por no haber hecho más estudios antes del matrimonio, y el 91% su deseo de seguir estudiando aun después de casadas y de haber tenido varios hijos. Ésta es una revelación muy importante, sobre todo si consideramos el tan señalado estereotipo de la mujer mexicana que prefiere permanecer en su casa y no aprender nada más que lo necesario para ser una buena madre y ama de casa, esperando que el esposo sea quien resuelva todos los problemas hogareños.

Fromm y Maccoby (1970), en un estudio realizado en una población cercana a la ciudad de México, encontraron que los hombres contaban con mayor grado de instrucción que las mujeres, pero que las diferencias no eras significativas. Leñero (1973) no percibió diferencias entre uno y otro sexo por lo que toca al nivel de educación primaria.

El análisis correlacional ha mostrado que la educación es un buen predictor de la ocupación durante la entrevista (Kahl, 1968). En el mismo estudio se observó que la mejor forma de predecir la educación de un informante era conocer el estatus socioeconómico de su padre.

Se ha descubierto que la relación entre las variables educacionales y la modernización es muy importante. Fromm y Maccoby (1970) advirtieron que los provincianos con mayor instrucción dieron la espalda a las costumbres tradicionales, y prefirieron la cultura moderna de las zonas urbanas. No obstante, como expresaron Inkeles y Smith (1974), el mero contacto con un medio ambiente urbano no es suficiente para modernizar al hombre. La educación es en este sentido una influencia mucho más poderosa.

Caldwell (1976) sugiere que la educación es la variable más importante dentro del grupo de variables relacionadas con la modernización con respecto a una disminución de la fertilidad.

Leñero Otero (1971) sugiere que, en México, una persona con mayor grado de escolaridad está capacitada para percibir el mundo que la rodea más objetivamente que un individuo con menor educación.

También se ha observado, como resultado de la educación, una mayor confianza en los tratamientos médicos modernos, y la abstención de los métodos tradicionales de curación (Fromm y Maccoby, 1970).

Kahl (1969) opinó que, tanto en Brasil como en México, una vez que se llegaba a la escuela secundaria se adquiría lo que él llamó "perspectiva moderna". Entre las personas que vivían en zonas urbanas existía una mayor diferencia entre los que habían completado su educación primaria y los que la habían suspendido, que entre los primeros y los que habían terminado la secundaria. En el caso del medio rural sucedió lo opuesto, lo que indica que las primarias rurales no son tan eficientes como las urbanas respecto a los procesos de socialización.

Lo anterior apoya la teoría de Fromm y Maccoby (1970) de que la educación en los campesinos no desempeña un papel tan importante como entre los habitantes de las ciudades.

A este respecto se ha visto que en los niveles de educación más bajos no hay diferencias importantes en los niveles de fecundidad, pero que en los grados más altos de instrucción sí son muy pronunciadas estas diferencias entre personas con diferentes niveles educacionales (Naciones Unidas, 1979).

En la relación entre educación, satisfacción conyugal y planificación familiar, Leñero (1971) encontró un posible vínculo entre la educación y la disminución de los problemas conyugales, aunque esto podía deberse a una correspondencia positiva entre la educación y el deseo de encarar el problema conyugal.

Mundingo (1973), en Tegucigalpa, Honduras, halló diferencias de escolaridad entre los seguidores de programas de planificación familiar y los desertores. El promedio de embarazos y de hijos vivos fue casi el doble en mujeres sin escolaridad que en aquellas con un mayor nivel de escolaridad que la escuela primaria.

Fawcett y Bornstein (1973) citan a Freedman (1963) que señala una relación inversa entre los niveles de educación y fecundidad, y señaló que con un mayor nivel de educación, la población se compromete más con las ideas e instituciones de una cultura moderna más amplia. Si el individuo es, o cree ser, parte de un sistema en el que las relaciones con la familia extendida no son el centro de un sistema social, empieza a encontrar recompensas en tipos de relaciones interpersonales en las que una familia numerosa puede ser un inconveniente (Fawcett y Bornstein, 1973). A este respecto existe una pregunta que no ha sido contestada satisfactoriamente y es qué nivel de instrucción se necesita como base para la aplicación de programas de reducción de la fertilidad: educación formal a niveles altos o meramente en grados elementales, cambios culturales a nivel informal, educación sexual básica, etcétera.

3. ESTATUS SOCIOECONÓMICO Y OCUPACIÓN

El estatus socioeconómico de un individuo refleja su posición en un sistema de estratificación social; educación, ocupación, ingreso, círculo de interacción entre amigos que comparten su patrón de consumo, son características "objetivas" que influyen en el hombre y moldean su conducta.

Estas características "objetivas" se combinan para producir dos características "subjetivas" cruciales. La primera es la posición que la comunidad impone al hombre, la evaluación de su situación económica, lo que conocemos como su "estatus social" o el prestigio que tiene ante los ojos de los demás. La segunda se refiere a un sentido de autoidentificación, de conciencia de clase del individuo (Kahl, 1968).

Kahl apuntó que existía una estrecha relación entre los valores de logro y el estatus ocupacional. Sin embargo, no pudo establecer si el hombre, al lograr el éxito, se asociaba con personas que apoyaran tales actitudes y creencias.

En el presente estudio se utilizan tres de las características "objetivas" consideradas por Kahl para determinar el estatus socioeconómico. Éstas son el ingreso, la ocupación y la educación de ambos cónyuges.

En general se ha visto que existe una relación sistemática y negativa entre diferenciales de crecimiento de la población y de ingreso (Kuznets, 1967) así como una relación positiva entre la modernización y el estatus socioeconómico (Inkeles y Smith, 1974; Kahl, 1968).

En cuanto a las relaciones conyugales y las conductas en torno a la fecundidad, Bott (1971) encontró en una muestra tomada en Inglaterra que había una relación negativa entre clase socioeconómica y grado de integración conyugal.

Bott también encontró una mayor solidaridad entre la clase obrera que entre los grupos socioeconómicos más elevados, y observó que la tendencia a que la misma persona fuera amigo, vecino, pariente y colega, era más acentuada entre los primeros. La investigadora afirma que la opulencia, por sí misma, no basta para quebrantar esta solidaridad, sino que debe estar acompañada por cambios en la estructura familiar, los procesos familiares de toma de decisiones, los medios de comunicación masiva y las tendencias demográficas, y por ciertos adelantos en la organización industrial.

Chilman (1968, citado por Fawcett, 1970) analizó en los Estados Unidos las relaciones entre fecundidad y pobreza, concentrando su investigación principalmente en las variables familiares. Así, observó que el matrimonio temprano, el pronto arribo del primer hijo, un espaciamiento cercano entre los hijos, y la familia numerosa, eran características asociadas con la pobreza, y que estos factores podían considerarse como la causa y permanencia de la misma.

Una de las variables que pueden llevar a este tipo de relación es la segregación de los papeles conyugales en la pareja.

Keller (1973) encontró que las mujeres que acudían a las clínicas FEPAC (de las que se habló anteriormente) en la ciudad de México, pertenecían a familias que se encontraban dentro del grupo del 70% inferior en cuanto a ingresos, lo que significa que estos grupos tienden a asistir a ellas con mayor frecuencia. Es menester advertir que las clínicas FEPAC no tienen las mismas instalaciones, ni ofrecen la misma atención que otras clínicas privadas, por lo que no cuentan con la asistencia del 30% de la población de la clase socioeconómica más alta que puede pagar otro tipo de institución.

Pohlman (1969) sostiene que los pobres tienen más hijos no porque así lo deseen, sino porque hacen uso tardío de las prácticas anticonceptivas, si es que alguna vez las emplean. Por consiguiente, rechaza la aseveración de que las personas de nivel socioeconómico inferior realmente desean tener muchos hijos y la sociedad les niega el derecho de hacerlo. Ellos quieren limitar sus familias, pero debido a una serie de razones que se analizan a lo largo del presente estudio no siempre se comportan de acuerdo con las actitudes expresadas.

4. MEDIOS DE COMUNICACIÓN MASIVA

"Al igual que el hecho de usar un reloj es a menudo el primer signo dramático del compromiso del hombre hacia el mundo moderno, la adquisición de una radio puede ser lo que realmente lo incorpora a ese mundo" (Inkeles y Smith, 1974, p. 29).

Lerner (1958) consideró a los medios de comunicación masiva como uno de los elementos claves del progreso real de un país desarrollado.

El estudio clásico de Lerner sobre la modernización en los países del Medio Oriente ha sido fuente donde investigadores posteriores, como Kahl (1968) e Inkeles y Smith (1974), han basado sus investigaciones sobre la influencia de la participación de los medios de comunicación masiva en la modernización. Por ejemplo, Kahl (1968) planteó la hipótesis de que el hombre tradicionalista dará más importancia a los rumores locales, mientras que el modernista prestará más atención a la radio y la televisión y tendrá mayor interés en los acontecimientos nacionales e internacionales. Berelson (1966) indicó que los medios de comunicación tienen dos funciones principales: primero, generar interés, dar información, modificar actitudes y estimular la acción, y segundo, conseguir que una idea nueva se vuelva familiar, aceptable y legítima (Berelson, 1966).

Simmons (1973) opina que el proceso de adopción de prácticas nuevas en general, no sólo en lo que respecta a la planificación familiar, sigue una determinada secuencia: conocimiento, información, evaluación por medio de pruebas, aceptación y uso efectivo. Por ello, las campañas en los medios de comunicación masiva han probado ser efectivas en las dos primeras etapas. Observó que en Colombia la radio era el medio de difusión más efectivo, pues llegaba a un mayor número de personas, razón por lo que se la utilizó para comunicar la localización de las clínicas de planificación familiar. Pronto pudo apreciarse un incremento en la asistencia. Sin embargo, la respuesta en las diferentes clínicas fue distinta, lo que sugiere una variación, cultural y/o de las clínicas, en las tasas de respuestas.

No obstante que el 54% de las mujeres admitió haber escuchado el anuncio, sólo el 5% atribuyó su conocimiento de la clínica a esa fuente; la mayoría afirmó haber sabido de su existencia a través de amigos y parientes.

La influencia de la campaña radiofónica fue, en términos generales, indirecta, ya que operó aumentando las discusiones interpersonales sobre la planificación familiar entre amigos y parientes. En Colombia, su principal efecto fue despertar la conciencia pública. Empero, no fue muy significativa en lo que se refiere a la práctica anticonceptiva.

Pohlman (1969) cita un estudio realizado por Bogue en donde los resultados mostraron que los individuos que recibieron la información tendían a transmitirla a sus amigos y parientes.

Estos hallazgos corroboran la idea expuesta en el capítulo dedicado a las normas, donde se plantea que éstas desempeñan un papel importante en la aceptación de la práctica anticonceptiva. Como se recordará, en ese capítulo se dijo que algunas veces las normas son establecidas por personas que ejercen gran influencia en un determinado grupo de referencia. Si estas personas transmiten la información recibida a través de la radio, la televisión y otros medios de comunicación, y logran establecer nuevas normas en sus grupos, puede entonces afirmarse que los medios de comunicación masiva pueden desempeñar un papel importante en la difusión de las conductas que determinan la planificación familiar.

5. LA INFLUENCIA DE LA RELIGIÓN Y LA ACTIVIDAD POLÍTICA EN LA PLANIFICACIÓN FAMILIAR

Keller (1973), en un estudio realizado en la ciudad de México, observó que, a pesar de que el 98% de los pacientes de las clínicas FEPAC era católico, sólo la mitad asistía a la iglesia todos los domingos, y el 25% menos de cuatro veces al año. Por otro lado, las dos terceras partes raramente comulgaba.

Mateos Cándano y colaboradores (1968) pudieron percatarse de que la razón principal para que la planificación familiar no fuera completamente aceptada era religiosa.

Fromm y Maccoby (1970) encontraron que los provincianos más instruidos asistían con mayor frecuencia a la iglesia. Esto podría parecer una contradicción a lo expuesto anteriormente, puesto que se ha afirmado que las personas con mayor grado de educación utilizan los métodos anticonceptivos con mayor frecuencia que las personas menos instruidas y más religiosas. De hecho, existen varios estudios en los que se puede advertir una relación inversa o, por lo menos, una relación no definitiva entre el uso de anticonceptivos y las prácticas religiosas (v. gr. Hill, Stycos y Back, 1959; Miró, 1966; Leñero Otero, 1971).

Es pues muy difícil establecer una conclusión clara, pero creemos que el presente estudio puede ayudar a esclarecer dichas relaciones.

CAPÍTULO 6

VARIABLES MOTIVACIONALES

El presente capítulo analiza una serie de variables reunidas bajo el título general de variables motivacionales. Éstas comprenden las aspiraciones, causalidad personal, fatalismo, planeación, apertura al cambio y empatía.

1. ALGUNOS ESTUDIOS SOBRE LAS ASPIRACIONES

Las aspiraciones implican un alto grado de motivación hacia el éxito, y generalmente están dirigidas a una meta o deseo concreto. Existen numerosos estudios donde se ha analizado este tipo específico de motivación. Aquí sólo resumiremos brevemente algunos de los resultados más significativos, para utilizarlos como ejemplo.

Bott (1971), en su estudio llevado a cabo en Inglaterra, encontró escaso interés de parte de los padres por el desempeño escolar de sus hijos. Algunos deseaban para éstos exactamente la misma clase de vida que ellos llevaron. Si la familia se había mudado para mejorar socioeconómicamente, se les tachaba de presumidos y se perdía todo contacto (Bott, 1971).

Aquí se plantea la hipótesis de que lo opuesto sería aplicable a una muestra en México, ya que los padres son extremadamente ambiciosos en lo que respecta a sus hijos; tienen grandes aspiraciones tanto para ellos como para sus familias. El hecho de que un amigo o pariente se "mude para mejorar" puede ser visto con algo de envidia, sin embargo tratarán de mantener el contacto aunque sea por conveniencia política, social o económica.

En un estudio realizado por Jackson (1973) con madres negras en los Estados Unidos, se encontró que la mayoría de las mujeres de su muestra tenían aspiraciones positivas para sus hijos, y que este resultado se acentuaba aún más entre las entrevistadas con niveles económicos y escolares superiores.

Los sueños de las mujeres se caracterizan por un sentimiento de hastío y agotamiento por las cargas impuestas, la crianza de los hijos y el trabajo arduo y constante que tiene que desarrollar la mujer mexicana (Fromm y Maccoby, 1970).

Los resultados de estos estudios, practicados en los Estados Unidos y México respectivamente, sirven para ejemplificar el tipo de aspiraciones que tiene la mujer, mismas que se pueden explicar en función de la educación diferencial que reciben niños y niñas con respecto a las metas que se deben fijar y alcanzar en la vida.

A la mujer mexicana se le ha educado para ser sumisa y aceptar las órdenes del hombre, especialmente las del esposo, ya que éstos consideran que su misión es servirlos a ellos y a sus hijos. Les es difícil conocer las ventajas de tener la aspiración de estudiar o de trabajar fuera del hogar, apartadas de la rutina de "esposa-madre sumisa y abnegada".

Dentro del marco de referencia moderno-tradicional, se ha encontrado que los padres modernos "impulsan más a sus hijos" que los tradicionalistas (Kahl, 1968), y que dan mayor valor a la instrucción formal o escolar (Inkeles y Smith, 1974).

Ahora bien, como es fácil advertir, en la mayoría de estos estudios se toman en cuenta las variables —ya sean estructurales, motivacionales o normativas—, pero no se intenta combinarlas para descubrir la importancia relativa que cada una de ellas tiene en la determinación de las intenciones y conductas de planificación familiar.

2. LA CAUSALIDAD PERSONAL Y EL FATALISMO

La causalidad personal es "el conocimiento de uno mismo como una persona causal y motivada, y constituye la base sobre la cual el hombre aprende a atribuir motivos a otras personas y, finalmente, a atribuir causas al mundo físico" (de Charms, 1968, p. 10) "... la causalidad personal no es un motivo específico, ya que no encierra una meta determinada, sino que se puede aplicar a los medios para lograr cualquier objetivo" (de Charms, 1968, p. 217).

El concepto causalidad personal es similar al de *locus* de control desarrollado por Rotter (1966), es decir, se refiere al grado en que un individuo considera el control sobre su conducta como autoprovocado e interno, o regulado por causas externas.

Los conceptos de "origen o fuente" y "peón" se utilizan para describir los *locus* de causalidad. Una "fuente" es una persona que considera que su conducta está determinada motu proprio; en cambio, un "peón" es aquella que estima que su conducta la determinan fuerzas externas fuera de su control (de Charms, 1968).

De Charms habla de un continuo, en el que una persona se considera en algunas ocasiones "fuente" y en otras "peón".

Una persona que se conceptúa a sí misma como el *locus* de causalidad o de control de su propia conducta está motivada intrínseca o interiormente. En el caso de un "peón" las fuerzas son externas, y las causas de sus actitudes, creencias, intenciones y conductas son extrínsecas al individuo; por consiguiente, no es una motivación lo que las origina. Esta concepción implica un sentimiento intrínseco. Si las fuerzas que provocan una actitud, una creencia, una intención o una conducta son externas o sistémicas, pueden influir o estimular una motivación, como en el caso de las normas, pero *no* son en sí mismas una motivación (de Charms, 1968).

Este concepto está reforzado por la opinión de Smith (1973) de que las "fuentes", es decir, quienes sienten que pueden controlar los resultados importantes, tratan de incrementar la probabilidad de alcanzar esas metas, mientras que los "peones" se comportan como si estuvieran "a merced" de las fuerzas externas. En tanto que los primeros se encuentran intrínsecamente motivados y realmente sienten deseos de lograr un objetivo determinado, los últimos no; éstos están convencidos de que será el mundo externo el que realice, o por lo menos influya en gran manera, en sus tareas por realizar.

Generalmente los individuos que bajo ciertas circunstancias se consideran "peones" sólo actúan si las condiciones externas son favorables, de tal manera que su esfuerzo interno será mínimo o completamente nulo. En cambio las personas que se consideran "fuentes u orígenes" moldearán las circunstancias de modo que eleven el valor de las metas importantes para ellos. Y como están intrínsecamente motivadas modelarán *la situación,* no sólo se amoldarán a ella.

El concepto de fatalismo está íntimamente relacionado con aquellos de "fuente-peón" y control interno-externo. También encierra una actitud pasiva hacia los diferentes sistemas y modos de vida (Leñero, 1973). Otros (v. gr. Inkeles y Smith, 1974) han recurrido a los conceptos de optimismo y eficacia. Definieron el optimismo como un sentimiento acerca del destino y la inevitabilidad de las cosas (Inkeles y Smith, 1974), y la eficacia como el aprender la forma de ejercer control sobre el medio ambiente, organizar su vida y así vencer los retos que se le presentan, ya sea a nivel personal, interpersonal, comunal, nacional y aun internacional (Inkeles y Smith, 1974).

Fromm Maccoby (1970), empleando un tipo de estructura diferente, hablaron de orientación productiva, que se refiere a una persona que no desea depender de otra.

Se han llevado a cabo un sinnúmero de estudios usando estas variables. Mac Donald (1970) utilizó la escala de *locus* de control interno-externo de Rotter (1966), con la hipótesis de que los individuos con orientación externa y carentes de confianza en la eficacia del control personal serían los que menos intentarían controlar el embarazo, mientras que aquellos con una orientación interna pondrían en práctica con mayor frecuencia los métodos anticonceptivos. Los resultados de la investigación de Cochrane y colaboradores (1973) en Costa Rica también apoyan esta hipótesis.

Morris y Sison (1974) aplicaron una escala de ineficiencia a mujeres en edad de procrear. Los datos encontrados no apoyan la sugerencia de que la ineficiencia femenina se traduce en falta de eficacia en las prácticas anticonceptivas, pero sí descubrieron que la alta paridad generaba ineficiencia.

Kincaid (1974), llevó a cabo un estudio en la ciudad de México en el cual, por medio del análisis de trayectoria, encontró que el prestigio educacional y ocupacional tenía efectos directos sobre la notoriedad pública y en el prestigio profesional.

Estas tres variables de comunicación, junto con la edad y los años de residencia urbana, afectaron directamente el *locus* de control percibido, y era éste el que tenía efecto directo más poderoso sobre el conocimiento de la anticoncepción, seguido por la fuente de información y la educación.

Smith (1973) cita un estudio realizado por Keller, Sims, Henry y Crawford (1970), en el que empleando medidas proyectivas encontraron que la eficacia, la necesidad de logro y la capacidad de planear con anticipación eran variables que permitían diferenciar entre los "usuarios" y "no usuarios" de la planificación familiar.

Gough (1973) se refiere a un estudio realizado por Kutner y Duffy (1970), quienes encontraron en una muestra de mujeres norteamericanas, que el DIU (dispositivo intrauterino) lo preferían aquellas que deseaban eludir la responsabilidad de evitar el embarazo traspasándola a un agente externo (v. gr. el médico), mientras que aquellas que estaban lo suficientemente motivadas para aceptar esta responsabilidad preferían la píldora.

3. LA PLANIFICACIÓN FAMILIAR Y EL CONCEPTO DEL TIEMPO

Entre las variables motivacionales que merecen especial atención en el presente contexto está la forma en que la gente difiere al organizarse para llevar a cabo un plan.

Raynor (1974) ha señalado la importancia de la capacidad para elaborar programas para el logro de objetivos a corto y largo plazo.

La planeación es una variable íntimamente relacionada con la causalidad personal por un lado, y las intenciones y la predicción de la conducta por el otro.

La planeación y la orientación al futuro en el concepto personal del tiempo implican una capacidad de pensar anticipadamente. La capacidad para llevar a cabo los planes está influida por una motivación interna que nos impulsa a ejecutarlos con muy poca o ninguna dependencia de factores externos, es decir, comprende la actitud de moldear las situaciones externas de tal manera que podamos lograr un desarrollo fructífero de nuestros planes.

Las intenciones se refieren a una línea de acción preconcebida, por lo que las actitudes y las creencias de planificación familiar influirán directamente en la predicción de la conducta, que se encuentra en relación de uno a uno con las intenciones conductuales.

Se ha incluido el concepto planeación en este capítulo dedicado a las variables motivacionales por la estrecha conexión que se piensa tiene con ellas. La variable de orientación al futuro influirá para llevar a cabo una tarea tal como la planificación familiar.

Fawcett y Bornstein (1973) observaron que el hombre moderno está más consciente de la importancia de la puntualidad, y considera el tiempo como un bien valioso y útil. Encuentran que la capacidad de planear no es tan necesaria en un ambiente rural como en las áreas urbanas, ni tampoco es exigida dentro de los grupos socioeconómicos bajos (Hill y colaboradores, 1959).

A diferencia del campesino fatalista, que se deja llevar por una vida rutinaria y que considera que gran parte de lo que sucede está fuera de su control, el hombre moderno es activo; comprende la trascendencia de planear su vida, posee la seguridad de que casi siempre podrá llevar a cabo sus planes exitosamente (Kahl, 1968).

Keller, Sims, Henry y Crawford (1970, citados por Gough, 1973), encontraron que los sentimientos de eficacia y la tendencia a planear se encontraban con mayor frecuencia entre los usuarios de los métodos anticonceptivos que entre los no usuarios.

Ramos (1963), en una investigación llevada a cabo en México, observó que el mexicano desconfía de todos los que lo rodean, al igual que de su futuro. Trabaja para satisfacer sus necesidades inmediatas, sin pensar en el mañana y no es capaz de aventurarse en ninguna empresa que sólo ofrezca resultados a largo plazo.

La capacidad de planear con anticipación es importante en relación con la decisión del método anticonceptivo que se va a emplear durante toda la vida matrimonial. Esta decisión queda a menudo sujeta a diversos cambios, al reanudar la práctica anticonceptiva después de un embarazo o al elegir el momento oportuno para interrumpirla.

La medición de la capacidad de planeación será pues muy útil para identificar a los individuos que emplearían métodos que implican proceso cognoscitivo complejo.

4. APERTURA AL CAMBIO Y EMPATÍA

La apertura al cambio comprende la capacidad de aceptar los cambios ocurridos en la organización social, tales como una participación política más activa, mayor movilidad social y física, mayores oportunidades para la mujer, más libertad en las relaciones entre superiores y subordinados y entre jóvenes y adultos (Inkeles y Smith, 1974). Implica una falta de tolerancia del fatalismo, la pasividad y la orientación "peón" y, por lo tanto, es un concepto sistémico directamente relacionado con la motivación.

La empatía es la habilidad de colocarse en la posición de otra persona.

Lerner (1958) pudo advertir que, en el Medio Oriente, la habilidad de imaginarse en el puesto de primer ministro u otro líder político variaba entre los habitantes de los diferentes países o aun dentro del mismo país. Cuanto más educado era el sujeto mayor era su disposición para opinar a este respecto. El individuo empático es capaz de dar y aceptar diferentes opiniones, y de apreciar diferencias de opinión (Inkeles y Smith, 1974).

Fromm y Maccoby (1970) observaron que el campesino mexicano sólo estaba interesado en la significación de las experiencias concretas, y que tenía un fuerte sentido de intransferibilidad de vivencias.

En Oaxaca, México, Keller (1973a) encontró una relación positiva entre la práctica anticonceptiva, la eficacia y la necesidad de realizarse. Schuman y colaboradores (1967, citados por Fawcett y Bornstein, 1973) observaron que la alfabetización estaba relacionada con la voluntad de aceptar las innovaciones.

Por todo esto, se cree que la empatía y la apertura al cambio facilitan la adopción de la práctica anticonceptiva y de la planificación familiar en general.

CAPÍTULO 7

ACTITUDES, CREENCIAS, INTENCIONES Y CONDUCTAS

Este capítulo analiza cuatro conceptos importantes: las actitudes, creencias, intenciones y conductas y la relación que existe entre ellas.

Utilizando el análisis factorial, Kothandapani (1971) encontró que los sentimientos, las creencias y las intenciones son tres elementos diferentes. Además observó que la intención de actuar es un predictor mejor de la conducta real de anticoncepción que las medidas de las actitudes y las creencias.

El resultado puede servir para ilustrar lo que se describe en las siguientes secciones.

1. ACTITUDES

Una actitud se puede definir como la predisposición de una persona en favor o en contra de un objeto (George, 1973). Fishbein y Ajzen (1975) sugirieron una definición más completa: una actitud es "una predisposición aprendida que responde en una forma favorable o desfavorable respecto a un objeto determinado" (Fishbein y Ajzen, 1975, p. 6).

Esta definición se refiere a tres características básicas: las actitudes se aprenden, predisponen a ciertos actos y estos actos pueden ser favorables o desfavorables en relación con el objeto. En consecuencia una actitud es un concepto evaluativo, relacionado con un afecto. Utilizando los términos que se introdujeron en el capítulo sobre normas, se puede decir que una actitud es un concepto intrínseco que se refiere a un sentimiento, a algo interno que se puede o no expresar.

2. CREENCIAS

Las crencias representan la información sobre un objeto. Una creencia vincula un objeto con un atributo. El objeto y el atributo se refieren a cualquier aspecto del mundo de una persona (Fishbein y Ajzen, 1975).

Las creencias se refieren al conocimiento que un individuo tiene acerca de un objeto determinado. Son conceptos sistémicos, en cuanto a que no constituyen un afecto, ni tampoco se refieren a un grupo extrínseco o material. Las creencias son generalmente subjetivas, no se pueden observar a no ser que se expresen.

La medición sistémica es un tipo de concepto abstracto, objetivo e independiente (Hartman, 1967).

La fuerza de la creencia radica en la probabilidad de que exista cierta asociación objeto-atributo (Fishbein y Ajzen, 1975).

El que una creencia o conocimiento determinado prevalezca en un momento dado, depende de la fuerza de la creencia. Esto a su vez se relaciona con la situación bajo consideración.

Hay algunas creencias que en un momento dado tenderán a estar en orden jerárquico, dependiendo de factores tales como las influencias normativas, estructurales y motivacionales.

La creencia que prevalece en un momento dado es la que ocupa el primer lugar dentro de un orden jerárquico, en ese período.

3. INTENCIONES CONDUCTUALES

La intención que una persona pudiera tener para llevar a cabo cierta acción o conducta es un tipo de creencia. En este caso, el objeto es la persona misma y el atributo es la conducta (Fishbein y Ajzen, 1975).

Una intención conductual también pertenece al género sistémico, ya que forma parte de un proceso mental.

4. CONDUCTAS

Las respuestas verbales a cuestionarios, a escalas de actitud y a entrevistas, se pueden catalogar como un tipo de conducta abierta (Fishbein y Ajzen, 1975; Inkeles y Smith, 1974). Éstos son actos observables que pertenecen a la categoría extrínseca. El análisis de las respuestas a tales tipos de instrumentos nos permite conocer la conducta real del individuo.

La conducta se refiere a los actos observables que se estudian por sí mismos (Fishbein y Ajzen, 1975). En este estudio se intentó comprobar, siempre que fue posible, la veracidad de lo dicho por las entrevistadas por medio de la observación de conductas. Por ejemplo, si decían que sabían leer y escribir, se les pedía que lo hicieran.

Estudios anteriores (Fishbein y Ajzen, 1975; Inkeles y Smith, 1974) demostraron que existe una estrecha relación entre las actitudes, las creencias y las conductas, siempre y cuando éstas sean específicas y no vagas y generales.

Los pensamientos preceden a las acciones pero esto no significa que todos los pensamientos originen acciones. Como lo podremos ver posteriormente la relación entre las creencias y conductas es mucho más compleja de lo que sugiere esta frase.

En las entrevistas preliminares conducidas en el presente estudio con 48 mujeres de la ciudad de México se pudo observar que en más de un 90% de los casos las actitudes, creencias e intenciones expresadas eran verificables por medio de la observación real de las conductas.

Tanto en el estudio piloto, como en el final, donde no se estableció un contacto tan profundo con las entrevistadas, este tipo de verificación fue posible con un menor número de preguntas, sin embargo parece ser que la evidencia es suficiente como para permitir la elaboración de conclusiones directamente sobre las conductas y no sólo en relación con las variables intrínsecas y sistémicas.

5. RELACIÓN ENTRE ACTITUDES, CREENCIAS, INTENCIONES CONDUCTUALES Y CONDUCTAS

"... Las encuestas KAP realizadas en los países en vías de desarrollo muestran que una gran mayoría de mujeres en la etapa de procreación afirma no querer más hijos y estar interesadas en los métodos para prevenir el embarazo. Sin embargo, cuando se les proporcionan los servicios e información sobre la planificación familiar, tan sólo una pequeña minoría adopta estas prácticas dentro de un lapso de uno a dos años" (Fawcett, 1970, p. 98).

El problema con estudios como aquel al que se refiere esta cita es que no establecen una diferencia entre el afecto (actitudes), cognición (creencias) y conducta, y, de hecho, ven estas variables como tres componentes de las actitudes. En estos estudios se puede apreciar la ejemplificación de una asociación impredecible entre actitudes, intenciones y conductas, debido a la falta de especificidad en la medición.

La actitud de un individuo hacia un objeto o acontecimiento está correlacionada con sus creencias acerca de las consecuencias de éste para el logro de sus metas (Crawford, 1971). Crawford encontró que aquellos individuos que aprobaban el control de la natalidad tenían creencias más positivas sobre las consecuencias de este control que aquellos con actitudes menos favorables.

En general las entrevistadas que consideraban el control natal como un factor coadyuvante para el logro de sus metas presentaban una actitud mucho más favorable hacia este control y en más casos utilizaban un método anticonceptivo confiable (Crawford, 1971, p. 4).

"La totalidad de las creencias personales sirven como la base informativa que finalmente determina las actitudes, intenciones y conductas" (Fishbein y Ajzen, 1975, p. 14).

La actitud de una persona hacia un objeto se basa en la totalidad de sus creencias salientes con relación a ese objeto. Es importante destacar la palabra totalidad ya que una persona puede tener muchas creencias acerca de un objeto que se relaciona en varios puntos de un continuo positivo-negativo. La actitud es la suma de todos los afectos asociados con todas las creencias relevantes. En consecuencia no existe una relación uno a uno entre las creencias con respecto a un objeto y la actitud hacia éste.

Fishbein y Ajzen (1975) van más allá al sugerir que no existe una relación uno a uno entre una actitud y las intenciones conductuales. La actitud origina una serie de intenciones que, en su totalidad, concuerdan con la actitud.

Una conducta específica la determina la intención de la persona que va a adoptar esa conducta. La intención está en función de la actitud del individuo hacia la conducta y de la norma subjetiva, que se refiere a las presiones normativas.

Para Fishbein y Ajzen (1975) las intenciones preceden a la conducta. El mejor predictor de la conducta de una persona es su intención de llevar a cabo esa conducta. El nivel de especificidad en el cual se midan estos conceptos debe ser similar, con el objeto de lograr la predicción. Así que las medidas de las intenciones conductuales se deben referir exactamente a la misma conducta observable. Ambas mediciones se deben llevar a cabo en el mismo nivel de especificidad si se ha de lograr una adecuada predicción de las conductas.

"... a la actitud se la considera como una posición general que no predispone a la persona a adoptar ninguna conducta específica; más bien origina una serie de intenciones que indican cierto grado de afecto hacia el objeto en cuestión. Cada una de estas intenciones se relaciona con una conducta específica, y el afecto global expresado por el patrón de las acciones de una persona con respecto al objeto también corresponde a su actitud hacia este objeto. Una vez que se establece una actitud, ésta puede influir en la formación de nuevas creencias. En forma análoga, el observar una conducta determinada puede llevar a la creación de nuevas creencias acerca del objeto, que a su vez pueden influir en la actitud" (Fishbein y Ajzen, 1975, p. 15).

Fishbein y Ajzen (1975) ilustran estas ideas en la siguiente figura.

FIGURA 3

REPRESENTACIÓN ESQUEMÁTICA DEL MARCO CONCEPTUAL EN RELACIÓN CON LAS CREENCIAS, ACTITUDES, INTENCIONES Y CONDUCTAS HACIA UN OBJETO DETERMINADO

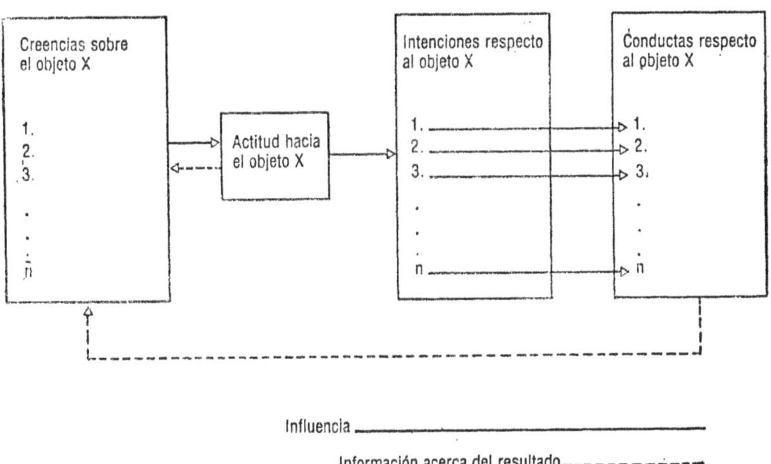

FUENTE: Fishbein, M. y Ajzen, I., *Attitude, belief, intention and behavior,* Reading, Mass., Addison-Wesley Press, 1975, p. 15.

En el presente estudio se sugiere que otras tres variables ejercen una influencia determinante en las creencias, las intenciones conductuales y las conductas. Éstas son las variables normativas conyugales, de modernización y de motivación.

Una norma, tal como se describió en el capítulo 3, se refiere a aquella conducta, actitud, intención o creencia que un sujeto piensa que es considerada como correcta, usual o deseable por una persona o grupo de referencia importante para él en un momento dado, y que puede dirigir o determinar su percepción de las personas, objetos y sucesos.

En este estudio las variables estructurales se refieren principalmente a las condiciones externas de una situación dada y se relacionan con las bases socioeconómicas fundamentales. Algunos ejemplos podrían ser el nivel de modernización que incluye el grado de educación y contacto con los medios masivos de comunicación y otro la estructura familiar y la toma de decisiones conyugales.

Algunos autores definen a las variables motivacionales como rasgos de personalidad, refiriéndose principalmente a las aspiraciones, control interno-externo, fatalismo, puntualidad, capacidad para planear y apertura al cambio.

Como se mencionó anteriormente y como se verá en capítulos posteriores, la intención de este estudio es proporcionar una visión más detallada de la relación que existe entre el conocimiento, las actitudes, intenciones y conductas en lo que respecta al campo normativo, conyugal, de modernización y socioeconómico.

CAPÍTULO 8

EL ESTUDIO

Este capítulo tiene el propósito de presentar los componentes de este estudio: la muestra, los entrevistadores, las variables, los instrumentos, la codificación y el análisis estadístico.

1. ENTREVISTAS PRELIMINARES

Inicialmente se estudiaron 48 casos entre los cuales la mayor parte de las mujeres entrevistadas (32) pertenecían a la clase baja y las restantes (16) a la clase media.

A estas mujeres se las entrevistó en varias ocasiones, visitando también sus hogares y el medio en que se desenvolvían.

El propósito principal de estas entrevistas preliminares a profundidad era conocer diferentes mujeres de la ciudad de México al igual que sus condiciones socioeconómicas, relaciones conyugales y forma de vida en general. Con muchas de ellas se pudo establecer una relación estrecha [1] que fue muy provechosa para la selección de las variables y el diseño del cuestionario.

2. ESTUDIO PILOTO

En la ciudad de México se aplicó una serie de 191 cuestionarios a mujeres con edades comprendidas entre los 15 y los 45 años. Su objetivo principal fue:

1] Ver qué tan bien formuladas estaban las preguntas.

2] Observar cualquier problema que se pudiera suscitar durante la aplicación del cuestionario para corregirlo en el estudio final.

3] Observar si era necesario calificar de diferente forma una misma pregunta o si la correlación entre las diferentes formas de calificación era lo suficientemente elevada como para suprimir algunas.

[1] Se recibieron frecuentes invitaciones a comer, cenar o participar en reuniones familiares.

4] Estudiar las ventajas y desventajas de utilizar el análisis factorial como un método estadístico para el análisis de los datos y observar qué otro tipo de análisis sería necesario.

3. DELIMITACIÓN DEL ÁREA DE ESTUDIO

La ciudad de México se encuentra localizada principalmente dentro del Distrito Federal pero comprende una pequeña parte del estado de México. Ya que los límites de esta ciudad no están perfectamente delimitados (existen variaciones entre los diferentes mapas) se decidió que sólo se utilizaría el Distrito Federal para la selección del muestreo que se iba a emplear en las entrevistas preliminares y en el estudio piloto y final.

4. LOS ENTREVISTADORES

Fue la autora quien condujo las entrevistas preliminares con el propósito de familiarizarse con el área y las personas con las que se iba a realizar esta investigación.

En el estudio piloto se emplearon cuatro entrevistadores y en la investigación final participaron 16 (incluyendo a la autora en ambos casos). Éstos fueron seleccionados después de un minucioso análisis de las 44 solicitudes presentadas por estudiantes de la Universidad Nacional Autónoma de México. Los requisitos eran:

1] Haber cursado por lo menos seis de los nueve semestres de la carrera de psicología. Se consideró que estos estudiantes tendrían una mayor experiencia en el contacto con las personas y que también ya habrían recibido un curso básico de técnicas de entrevista.

2] Que tuvieran por lo menos un promedio de calificaciones de 80/100 hasta esa etapa de sus estudios. Este punto se consideró importante ya que supone que los estudiantes que han obtenido esta calificación deben tener un cierto grado de disciplina y responsabilidad.

3] Que tuvieran un desempeño satisfactorio durante el curso de capacitación que se les impartió. En este curso se les enseñaba cómo seleccionar a los individuos en el muestreo, cómo presentarse a sí mismos, cómo plantear las preguntas, cómo codificar las respuestas, etcétera.

En el estudio piloto el grupo de entrevistadores estaba formado por tres mujeres y un hombre entre los 21 y los 30 años de edad. Para el estudio final se emplearon 14 mujeres y 2 hombres cuyas edades estaban comprendidas entre los 20 y los 35 años. Además dos supervisores colaboraron con la autora para verificar que los entrevistadores realmente llevaran a cabo las entrevistas y que lo hicieran correctamente.

También se les pidió a los entrevistadores que presentaran un informe detallado a los supervisores, mencionando las direcciones y situación particular de cada una de las entrevistas realizadas durante ese día.

Las entrevistas en el estudio piloto se llevaron a cabo en dos semanas, las correspondientes al estudio final se realizaron en un mes.

Se descartaron nueve entrevistas del estudio piloto ya que habían sido aplicadas a mujeres extranjeras, 98 se excluyeron del estudio final porque existía la sospecha de que uno de los entrevistadores en lugar de aplicar los cuestionarios había inventado las respuestas y otro realmente no había entendido las instrucciones por lo que se dudaba de la aplicación y codificación correcta de las entrevistas que habían estado a su cargo.

5. LA MUESTRA

a] *Entrevistas preliminares*

En las entrevistas preliminares no se utilizó ningún patrón definitivo para la selección de las entrevistadas. Las entrevistas se condujeron en una forma muy informal, abordando a cualquier persona que pareciera dispuesta o aceptara la visita de la autora en su casa.

b] *Estudio piloto* [2]

En el estudio piloto se entrevistaron 200 mujeres casadas pertenecientes a los grupos socioeconómicos bajo y medio. Se eligieron al azar varias áreas del Distrito Federal habitadas por estos grupos socioeconómicos de la población (BIMSA, 1976). A los entrevistadores se les indicó que aplicaran el cuestionario a mujeres entre los 15 y los 45 años de edad y que visitaran cada quinta casa, o departamento, cuando se tratara de un edificio. Si en ésta no habitaba ninguna mujer casada o de la

[2] Una copia del cuestionario utilizado en este estudio así como su codificación se puede encontrar en Pick de Weiss (1978).

edad requerida debían continuar a la siguiente casa o departamento, según fuera el caso. En el estudio piloto, los entrevistadores no fueron muy estrictos en lo que respecta al estado civil de la mujer.

c] El estudio final [3]

Los procedimientos empleados fueron mucho más estrictos que los de las técnicas anteriores de muestreo. Utilizando el mapa mercadológico BIMSA (Buró de Investigación de Mercados), basado en el Censo Nacional de 1970, se seleccionaron aquellas áreas del Distrito Federal habitadas por la población perteneciente a la clase baja y media, descartando las habitadas por la clase alta.

A cada manzana se le designó un número. La numeración se inició en el centro del mapa siguiendo hacia el exterior en forma espiral.

Tomando en cuenta los medios disponibles se seleccionó al azar una muestra de mil manzanas. A cada entrevistador se le asignaron de 50 a 100 manzanas dependiendo de las horas diarias que pensaba dedicar a este trabajo. Esta distribución también se hizo al azar por lo que cada uno de ellos trabajó en diferentes áreas o colonias del Distrito Federal.

Una vez que el entrevistador se encontraba en la manzana asignada, debía anotar la dirección exacta de cada casa, edificio o comercio empezando al norte y continuando según el movimiento de las manecillas de un reloj, designándoles un número mediante una tabla de números aleatorios.

Después, el entrevistador seleccionaría al azar las casas o departamentos donde se iban a efectuar las entrevistas escogiendo una serie de números en la tabla de números aleatorios.

Si se seleccionaba un comercio, se elegía otro número. En el caso de que la manzana asignada consistiera en una fábrica o una serie de comercios, se elegía otra manzana del mapa, una vez más, al azar.

Si se trataba de un edificio se elegiría cada apartamento al azar y se seguiría el mismo procedimiento. A los entrevistadores se les pidió un número mínimo de tres y máximo de cinco entrevistas en cada manzana.

Una vez que éste se encontraba en la casa, después de una breve introducción que se describirá posteriormente, se le preguntaba a la persona que abría la puerta cuántas mujeres casadas de 15 o más

[3] Una copia del cuestionario utilizado en el estudio final se encuentra en el apéndice del libro. Para el marco detallado de codificación del mismo véase Pick de Weiss (1978).

años de edad vivían ahí. A éstas se les identificaba de alguna forma (v. gr. la madre, la hija, la tía, la de mayor edad, la gorda, la rubia) enumerándolas en el orden mencionado por dicha persona, en el extremo izquierdo del cuadro, tal como se muestra a continuación:

Identificación					*Persona a entrevistar*					
Edad	1	2	3	4	5	6	7	8	9	10
1	1	1	1	1	1	1	1	1	1	1
2	2	1	2	1	2	1	2	1	2	1
3	3	2	1	3	2	1	3	2	1	3
4	4	3	2	1	4	3	2	1	4	3
5	5	4	3	2	1	5	4	3	2	1
6	6	5	4	3	2	1	6	5	4	3
7	7	6	5	4	3	2	1	7	6	5
8	8	7	6	5	4	3	2	1	8	7
9	9	8	7	6	5	4	3	2	1	9
10	10	9	8	7	6	5	4	3	2	1

No se le pedía a la persona que especificara las edades porque esto podría haberse considerado como una falta de cortesía o despertado sospechas acerca de los propósitos de la entrevista. Sólo se le preguntaba cuántas mujeres de 15 o más años de edad vivían ahí y cuál era su relación con ellas.

Se seleccionó al azar un número del 1 al número de mujeres mencionadas (es decir, si ahí vivían 4 mujeres, éste era del 1 al 4), el cual se registró en el primer renglón. El número de mujeres que ahí vivían se registró en la columna vertical del extremo izquierdo, y se identificó a cada mujer. Esta identificación se colocó a continuación de la primera columna de números. El punto de intersección, dentro del bloque de números, del número de mujeres (v. gr. 4) y el número seleccionado en el primer renglón del cuadro, es el número que se refiere a la mujer a entrevistar.

Esto se puede ilustrar con un ejemplo. Si en la misma casa vivieran 4 mujeres casadas de 15 o más años de edad, se les identificaría de la siguiente manera:

	Persona a entrevistar									
Identificación	1	2	3	4	5	6	7	8	9	10
1 Madre	1	1	1	1	1	1	1	1	1	1
2 Cuñada	2	1	2	1	2	1	2	1	2	1
3 Hija	3	2	1	3	2	1	3	2	1	3
4 Prima	4	3	2	1	4	3	2	1	4	3
5	5	4	3	2	1	5	4	3	2	1
6	6	5	4	3	2	1	6	5	4	3
7	7	6	5	4	3	2	1	7	6	5
8	8	7	6	5	4	3	2	1	8	7
9	9	8	7	6	5	4	3	2	1	9
10	10	9	8	7	6	5	4	3	2	1

El entrevistador seleccionó un número del 1 al 4, por ejemplo el 2. A continuación se refirió al bloque de números en el cuadro y observó en el renglón superior en qué punto el número 2 del primer renglón se cruzaba con el número 4 de la columna de la extrema izquierda (ya que había 4 mujeres que llenaban los requisitos), es decir el número 3. Por lo tanto, el entrevistador pidió ver a la hija e inició la entrevista.

Si la persona seleccionada no se encontraba en ese momento, el entrevistador tenía instrucciones de hacer otros 3 intentos de localizarla. Si en el tercero no tenía éxito, se entrevistaba a otra persona de la misma casa siguiendo el mismo procedimiento de selección.

Si el entrevistador se encontraba con el caso de que la mujer era mayor de los 45 años, era soltera o no tenía hijos debido a alguna enfermedad o esterilidad, interrumpía la entrevista y después de sostener una pequeña conversación para suavizar la situación, procedía a seleccionar una nueva entrevistada.

6. LAS ENTREVISTAS

a] El estudio preliminar

En la primera parte de la investigación las entrevistas siguieron un patrón bastante general, de hecho en la mayoría de los casos se convirtieron en simples conversaciones sobre diferentes temas que variaban de un individuo a otro. Se realizaron de manera muy informal y en muchas ocasiones participaban otros miembros de la familia o algunos amigos dando sus opiniones o comentarios sobre diferentes aspectos.

b] Los estudios piloto y final

En las primeras entrevistas del estudio piloto los entrevistadores se presentaban algunas veces a sí mismos diciendo que eran estudiantes de psicología y que estaban realizando una serie de entrevistas para conocer la opinión femenina sobre las condiciones sanitarias de la ciudad de México. Otros iniciaban la conversación afirmando que pertenecían a la Secretaría de Salubridad y que querían saber los puntos de vista de la mujer acerca de las mejoras a realizar en el área y la solución de los problemas sanitarios. Se observó que este último tipo de introducción era el que tenía mayor aceptación entre la población femenina por lo que se adoptó para el resto de las entrevistas, tanto en el estudio piloto como en el final.

Se presentaron las preguntas como abiertas y no se les leían las diferentes opciones, excepto en las preguntas relacionadas con la religión (véase el cuestionario en el apéndice) debido a la manera en que estaban formuladas. Para ilustrar lo anterior podemos tomar como ejemplo la pregunta 125 del estudio final: "Se considera usted una persona:

1] No sabe o no informa
2] Muy religiosa
3] Religiosa
4] Poco religiosa
5] Nada religiosa."

Una de las condiciones de la entrevista era que la mujer se debía encontrar sola. En el estudio final se puso especial cuidado en que esta condición se cumpliera al pie de la letra, ya que en el estudio piloto, donde no se fue tan estricto, se pudo observar que la presencia de otras personas tales como el esposo, los hijos, algunos amigos o vecinos, inhibían o alteraban la respuesta de la entrevistada.

Los supervisores verificaron que las entrevistas se llevaran a cabo a solas con las mujeres. Si los hijos, el esposo o los amigos se encontraban presentes durante la presentación del entrevistador, se les pedía que abandonaran el lugar. Nunca se encontró oposición. Cuando alguien interrumpía la entrevista se siguió el mismo procedimiento y con igual éxito.

Algunas veces las entrevistas se realizaban en la puerta del apartamento o de la casa, en otras ocasiones a los entrevistadores se les invitó a pasar, ofreciéndoles algo de tomar y en ciertos casos se les pidió que se quedaran a comer o a cenar. El nivel reportado de comunicación que se estableció con las entrevistadas fue considerablemente alto.

En el estudio piloto, los entrevistadores masculinos encontraron que si usaban una bata blanca obtenían más cooperación de las entrevistadas; por esta razón en el estudio final se adoptó tal procedimiento. Esto probablemente se deba a la naturaleza de alguna de las preguntas (v. gr. aquellas relacionadas con la planificación familiar y temas sobre sexo). La bata blanca parecía dotarlos de un "estatus médico" que aparentemente inspiraba el respeto de estas mujeres, particularmente entre el grupo socioeconómico bajo. Las entrevistadoras femeninas no tuvieron necesidad de recurrir a esta estrategia, la comunicación y confianza probablemente se establecieron con base en la identificación con el mismo sexo por lo que la presencia del "estatus médico" no fue necesaria en este caso.

En el estudio final, los supervisores visitaban a las entrevistadas uno o dos días después de la entrevista con el fin de escuchar sus comentarios sobre ésta así como el entrevistador y verificar si la entrevista realmente se había llevado a cabo y si se había conducido de la manera correcta.

7. LAS VARIABLES Y SUS INDICADORES

Las variables criterio de la presente investigación fueron: las actitudes, creencias, intenciones y conductas de planificación familiar. Se estudió la relación existente entre ellas así como su relación con los siguientes grupos de variables. Algunas se eliminaron durante los análisis factoriales, de varianza y de regresión múltiple, los cuales se llevaron a cabo después de haber analizado su distribución:

1] Datos generales y variables independientes
2] Conceptos con respecto a los hijos y a la planificación familiar
3] Normatividad
4] Relación conyugal
5] Modernización
6] Motivacionales

Los indicadores de cada una de ellas en el estudio final se enumeran a continuación. Los números se refieren al número de la pregunta en el cuestionario final (véase el apéndice).

Variables criterio: 13, 86-88b, 90-94, 108 y la suma de las preguntas 90 a 104.

Datos generales y variables independientes: 1-12, 14-22a, nivel socioeconómico de la mujer (ocupación de la mujer x2) más (educación de la mujer x3) y el nivel socioeconómico del hombre (ocupación del hombre x2) más (educación del hombre x3) (véase el cuadro de ocupaciones al final del apéndice).

Conceptos respecto a los hijos y la planificación familiar: 51, 72, 74-77, 79-85, 89 y 105.

Normatividad: 24, 49, 50, 63-69, 73, 78, 106-107 y la suma del aspecto de normatividad de las preguntas 24, 49 y 50.

Relaciones conyugales: 25-50, 52-54, 57, 62 y la suma de los aspectos de interrelación de las preguntas 49, 50 y 54.

Modernización: 23-24, 55, 109-129, la suma de las preguntas 120, 121 y 122.

Motivacional: 22b, 56, 70, 71, 130-152, la suma de las preguntas 42-52, 63-66, 71, 74-76, 144, 146, 147, 149, 150, 152 y aspectos de aspiraciones y fatalismo de las preguntas 24, 49 y 152 y aspectos de aspiraciones de las preguntas 50 y 51.

8. LOS INSTRUMENTOS

a] *Entrevistas preliminares*

En las primeras entrevistas preliminares se presentaron temas muy generales con el fin de obtener a grandes rasgos un panorma general de la situación de la mujer y de las variables pertinentes al estudio.

A medida que las entrevistas avanzaron, el programa se refinó. El propósito de estas conversaciones era obtener información general. Se condujeron de una manera muy informal, a menudo con el solo propósito de observar más que de preguntar.

Con base en estas entrevistas se desarrolló una escala de actitudes. Esta escala se piloteó con aproximadamente 20 mujeres. Se observó que este instrumento no era el adecuado para el propósito de la investigación, principalmente porque se encontró que las personas no piensan de forma graduada, en una escala de 7 puntos. Las entrevistadas con menos instrucción tendían a responder con un simple "sí" o "no", aquellas con mayor instrucción y mejor posición económica, podían responder como máximo en una escala de 5 puntos pero sólo si se les presionaba para hacerlo.

b] *Los cuestionarios*

El cuestionario piloto se diseñó con base en las entrevistas preliminares y en una revisión de la literatura existente sobre este campo.

El propósito principal de este cuestionario era determinar el modo adecuado de formular y presentar las preguntas, cuáles incluir en el cuestionario final y en qué orden.

Respecto al tamaño de los cuestionarios (174 preguntas en el piloto y 152 en el final) al principio se pensó que podría representar un problema y que quizá un alto porcentaje de mujeres darían la entrevista por terminada antes de la formulación de la última pregunta. Esto sólo sucedió en una ocasión en el estudio piloto.

Con base en los comentarios de los entrevistadores y en las experiencias de la autora con respecto a las entrevistas, se puede afirmar que durante la aplicación de los cuestionarios se logró mantener el interés de la mayoría de las mujeres y que casi en el 100% de los casos éstas se concluyeron exitosamente.

El tiempo promedio de aplicación fue de 40 a 45 minutos. A medida que se adquiría más experiencia, se ganaba velocidad. En las primeras aplicaciones, a algunos entrevistadores les tomaba de 60 a 70 minutos realizar una entrevista; pero en las últimas, el tiempo promedio disminuyó a aproximadamente 35 minutos.

Esta reducción se puede atribuir en parte al hecho de que al principio los entrevistadores no sabían cómo interrumpir al sujeto entrevistado cuando la conversación se desviaba a temas completamente diferentes, hablaba de problemas personales o se extendía demasiado en sus respuestas. Durante las últimas etapas ya habían adquirido la suficiente experiencia para vencer estas dificultades en forma muy cortés.

Se puede afirmar que, en términos generales, el cuestionario piloto fue más útil de lo que se esperaba y que sólo se tuvieron que realizar unos cuantos cambios para el cuestionario final.

9. LA CODIFICACIÓN

a] *El estudio preliminar*

Se llevó a cabo un análisis superficial del contenido de las respuestas para localizar los principales puntos de interés de las entrevistadas, y los que se pensó eran relevantes para el propósito de la presente investigación.

b] *El estudio piloto*

En la mayoría de las preguntas con respuestas de opción múltiple éstas no se encuentran dentro de un orden de escala. Esto se modificó en el marco de codificación que finalmente se utilizó.[4] Otro problema que se presentó durante la codificación del cuestionario piloto fue que las escalas no seguían el mismo orden, de tal forma que los números mayores de una pregunta se podían referir a un alto grado de fatalismo y a uno bajo en la siguiente pregunta. Debido a este problema el análisis de resultados fue mucho más complicado. Ambos problemas se corrigieron en el estudio final.

En el estudio piloto, las respuestas a las preguntas abiertas se analizaron, se calcularon sus frecuencias y se establecieron categorías para referirse a cada grupo.

Se usaron varios métodos de calificación en aquellas preguntas abiertas donde las aspiraciones, fatalismo, normatividad, obediencia e interrelación se puntuaron de forma indirecta, en el sentido de que a la entrevistada no se le preguntaba directamente qué tan altas o bajas eran sus aspiraciones, fatalismo etc. Basándose en las definiciones dadas a cada uno de estos aspectos (descritos en los capítulos dedicados a estos temas) se usaron cuatro calificaciones.

a] El entrevistador que aplicó cada cuestionario dio una puntuación a cada pregunta.

b] La suma total de las preguntas que se refieren a un solo tema y que fueron calificadas por el entrevistador. Por ejemplo, en las preguntas 32 y 174 el entrevistador que estuvo a cargo calificaría fatalismo y sumaría las dos puntuaciones.

c] Las preguntas de este tipo fueron calificadas por el entrevistador que llevó a cabo esa entrevista y por dos entrevistadores más. Esta puntuación se refiere al promedio de todas las preguntas relacionadas con un tema determinado calificadas por los tres entrevistadores. Por ejemplo los tres entrevistadores calificaron las preguntas 32 y 174 relacionadas con el grado de fatalismo presente. Posteriormente estas puntuaciones se promediaron.

d] La puntación dada a cada pregunta por la mayoría de los entrevistadores que la calificaron. Por ejemplo, si dos de los entrevistadores daban un punto y el otro dos, el número registrado sería uno.

[4] Véase Pick de Weiss (1978).

Considerando que existía un alto grado de correlación entre las puntuaciones y que este procedimiento tomaba mucho tiempo, en el estudio final sólo se tomó en cuenta la calificación dada por el entrevistador a cargo de esta entrevista.

c] *El estudio final*

La codificación que aparece en el cuestionario final se utilizó en los análisis estadísticos, con las siguientes excepciones:

Si había alguna discrepancia entre el marco de codificación y el cuestionario, el codificador recibía instrucciones de usar el primero.

La pregunta 8 relacionada con el sexo de los hijos se modificó de manera tal que el tener hijos varones tenía el número 0, mujeres el 1 y ambos sexos el 2.

La codificación de las preguntas 35 a 41 sobre quién ejecuta las faenas del hogar se redujo de tal manera que el esposo tenía el número 1 y todos los demás el 0.

En las preguntas 42 y 46 que se refieren a las personas con las que los entrevistados tienen la posibilidad de discutir diferentes temas, en lugar de tener una lista de personas, se les registró de tal manera que al esposo se le identificó con el número 1 y a todos los demás con el 0.

Las opciones de las preguntas 47 a 53, 66, 74 a 76, 83, 84, 111, 114, 115a B, 119 y 152 se refieren respectivamente a las siguientes preguntas: ventajas y desventajas del matrimonio, cómo debería ser la mujer, el hombre y el hijo ideales, las actividades que la esposa y el esposo prefieren realizar en su tiempo libre, a quién considera el entrevistado como la persona indicada para dar consejo, ventajas y desventajas de tener hijos, las razones para tener hijos, las razones por las cuales no está de acuerdo con la planificación familiar, dónde oyó por primera vez hablar de planificación familiar, qué programas de televisión o radio prefiere, qué clase de lecturas le interesan, qué temas políticos le interesan y en qué forma cambiaría su vida si tuviera la oportunidad.

Cada una de las opciones de estas preguntas se registraron de tal manera que se convirtieron en nuevas variables. La razón de hacer esto fue que se pudo observar que la escala ordinal que se les había dado originalmente no era muy útil. Como se podrá apreciar en el análisis de los resultados se presentó un problema muy importante en relación con las variables recién elaboradas. Sólo se registró la primera respuesta proporcionada por el sujeto entrevistado, por lo tanto estas nuevas variables no reflejan todas las respuestas obtenidas, sino tan sólo la primera. Además éstas cuentan con una distribución anormal ya que muchas de ellas sólo muestran un bajo porcentaje de sujetos que las señalaron como primera elección.

10. ANÁLISIS ESTADÍSTICOS

Una vez que se incluyeron las variables mal distribuidas, exceptuando aquellas elaboradas por la recodificación, se computaron en primer lugar las frecuencias de las respuestas a cada pregunta. Para el análisis estadístico se utilizó el SPSS (Paquete Social para las Ciencias Sociales) (Nie y colaboradores, 1970).

Basándose en esto, las preguntas mal distribuidas, incluyendo aquellas en donde un alto porcentaje de sujetos habían proporcionado una respuesta similar o idéntica, se descartaron para los análisis futuros. Como ya se explicó anteriormente, se hizo una excepción con aquellas preguntas mal distribuidas elaboradas en la recodificación.

El siguiente paso fue la aplicación del método de análisis factorial usando una rotación oblicua de los ejes. El análisis factorial es un procedimiento estadístico por medio del cual se forman grupos de variables y se le asigna un peso a cada uno de estos grupos. Este peso nos dice qué parte de la varianza es la que explica cada grupo de variables. A estos grupos se les conoce con el nombre de factores.

Con respecto a la rotación oblicua de los ejes, se ve que la configuración exacta de la estructura de los factores que se obtienen por medio del análisis factorial no es única. Una solución dada de los factores se puede transformar en otra sin que sean violadas las suposiciones básicas que dicha técnica implica. Es decir, existen varias formas equivalentes estadísticamente, por medio de las cuales se pueden definir los factores de un grupo de datos.

Con este fin se aplican diferentes métodos de rotación por medio de los cuales se puede llegar a una solución que vaya de acuerdo con las necesidades técnicas y prácticas de la investigación en cuestión.

La razón por la cual fue elegido el método de rotación oblicuo es que éste no supone independencia entre los factores, es decir éstos pueden estar correlacionados entre sí; a diferencia de los métodos de rotación ortogonales que sí requieren que se esté trabajando con factores que sean independientes unos de otros.

Se elaboraron seis análisis factoriales diferentes, uno para cada grupo de variables, a saber: las variables normativas, las de criterio, las de conceptos con respecto a los hijos y la planificación familiar, de modernización, motivacionales y conyugales.

Se utilizó el análisis factorial después de considerar algunas de las ventajas que ofrece sobre otras técnicas. Por ejemplo, no sólo muestra la presencia o ausencia de asociación entre las variables como en el caso del análisis de varianza (utilizado durante la tercera etapa del análisis de resultados, aunque con diferentes propósitos como se verá posteriormente), sino también suministra evidencia con respecto a la intensidad de estas asociaciones. En este análisis tampoco se requiere saber cuáles variables son dependientes y cuáles independientes (Cattell, 1952).

Va más allá que el análisis correlacional, en el cual está basado, en cuanto a que no sólo proporciona la intensidad de las asociaciones sino también agrupa las variables reduciendo de esta manera el número de totales con los que se tiene que trabajar.

El análisis factorial llevado a cabo en los coeficientes de correlación nos muestra cómo pueden agruparse algunas variables dado que se comportan de la misma manera y además delinea factores independientes que son responsables de estas agrupaciones (Cattell, 1952).

El análisis factorial es una técnica muy útil, tanto durante la etapa exploratoria como la final de una investigación. Durante las primeras etapas se puede utilizar como una guía para escoger las variables significativas y eliminar las redundantes. Posteriormente, en los estudios es de gran utilidad al guiar el marco teórico, mediante la agrupación de variables en conjuntos más pequeños. Se puede utilizar sin previa formulación de hipótesis.

Como ya se ha mencionado con anterioridad, la tercera etapa del análisis estadístico consistió en observar las relaciones existentes entre cada uno de los factores, las variables independientes y criterio. Para este propósito se aplicó el análisis de varianza, el cual es una prueba que nos permite estudiar las diferencias que existen entre más de dos muestras y observar la interacción existente entre las variables independientes y la variable dependiente. Las variables independientes que se utilizaron en el análisis de varianza fueron la edad, la ocupación y educación del esposo, la escolaridad de la entrevistada y si ésta había tenido o no experiencia laboral antes del matrimonio. Las dos variables criterio incluidas en el análisis de varianza fueron el tipo de métodos anticonceptivos que la entrevistada usaba cuando la entrevista se llevó a cabo y cuál tenía la intención de usar.

Finalmente, se utilizó un análisis de regresión múltiple usando la regresión paso a paso. El análisis de regresión múltiple es un método empleado para el estudio de los efectos y las magnitudes de éstos en la relación de más de una variable independiente sobre una variable dependiente. Para estos fines usa principios de correlación y regresión. La regresión paso a paso implica que las variables independientes que mejor predicen a la dependiente se toman una por una. La variable independiente que primero entra en la solución del problema es aquella que explica la mayor parte de la varianza de la variable dependiente; luego se tomará aquella que en conjunto con la primera explica la mayor parte de la varianza y así sucesivamente. Como se mencionó anteriormente, uno de los objetivos principales de la presente investigación fue la predicción. Los factores criterio y las variables criterio se incluyeron en el análisis de regresión múltiple como variables dependientes utilizando las puntuaciones de los factores. En todos los demás análisis, los factores, tales como los conceptos con respecto a los hijos y a la planificación familiar, normativos, conyugales, motivacionales y de modernización se usaron como variables independientes.

Los resultados obtenidos con respecto a estos cuatro procedimientos estadísticos se analizan en los capítulos siguientes. Éstos se han dividido de acuerdo con los diferentes grupos de factores. El último capítulo intenta presentar los primeros pasos de una teoría de planificación familiar basada en los resultados descritos en los capítulos 9 a 15.

CAPÍTULO 9

FACTORES RELACIONADOS CON LOS CONCEPTOS SOBRE LA PLANIFICACIÓN FAMILIAR Y LOS HIJOS

Este grupo de nueve factores independientes (véase cuadro D) se refiere a los conceptos y a las ideas de las entrevistadas con respecto a los valores sobre los hijos, las razones para tenerlos, la etapa en que debería usarse la planificación familiar y el lugar donde la mujer se enteró de esta práctica.

Creemos pertinente hacer referencia al hecho de que la mayoría de los reactivos empleados en este análisis factorial se volvieron a codificar tal como se describe en el último capítulo bajo la sección de codificación. Debido a esta recodificación sus distribuciones son sesgadas.

Por ejemplo, en la pregunta 74: "Para usted, ¿cuáles son las principales ventajas de tener hijos?", no se codificó originalmente en forma escalar. Con el fin de que estos números fueran significativos se tuvo que efectuar una recodificación de modo que cada una de las opciones tuviera una respuesta de "ausencia" (0) o de "presencia" (1). Tal como se puede apreciar en el cuestionario (véase apéndice) sólo se codificó la primera respuesta, lo que ocasionó la pérdida de muchas de las respuestas originales. En consecuencia existen muy pocas respuestas de "presencia" o "afirmativas" en la recodificación que crean nuevas variables (una para cada opción), en la mayoría con porcentajes muy bajos para las respuestas de "presencia" o "afirmativas" (véase cuadros 5 a 9). Por lo tanto es muy importante analizar cuidadosamente los siguientes resultados tomando en cuenta este hecho. (Para consulta de un resumen véase el cuadro C.)

Las variables criterio que se usaron en los análisis de varianza en relación con todos los factores, se refieren a la intención y a la conducta de contracepción.

Los métodos analizados se basaron en tres clasificaciones diferentes: el grado de seguridad de los métodos, el nivel de facilidad o dificultad y el tipo de método con base en si es dependiente del coito, inhibidor del coito, independiente del coito o quirúrgico.

Factor I. El número de hijos. Este factor explica el 10.9% de la varianza y podría considerarse como el único factor importante o por lo menos el más importante de los factores emergentes de este análisis. Se refiere a una relación positiva entre el número ideal de hijos (0.79), el número de hijos que desea el esposo (0.69) y el momento oportuno en que se deberían adoptar los métodos de planificación familiar (0.56) (véase cuadro c).

Entre menor sea el número ideal de hijos deseado por la esposa, menor es a su vez el número de hijos deseado por el marido, y más prematuramente en su vida reproductiva la mujer querrá emplear la planificación familiar. En el otro extremo se encuentran las mujeres que declaran que tanto ellas como sus esposos desean muchos hijos y que consideran que no se debería adoptar la planificación familiar.

Es importante notar que la información sobre el número ideal de hijos para el esposo no se obtuvo directamente de él sino fue la esposa quien la proporcionó. Se deberá tomar en cuenta este factor considerando la posibilidad de que ella pudiera haber tratado de hacer concordar sus deseos con los de su marido para parecer armoniosos o compatibles al entrevistador.

Al observar la distribución de las variables, en respuesta a: "¿Cuál sería el número ideal de hijos para una persona en sus circunstancias?", el 8.41% de las entrevistadas no sabían qué responder o querían 5 o más hijos, 47.1% respondió que uno o dos y el 0.46% contestó que "ninguno".

Cuando se les formuló ¿cuántos hijos le gustaría tener a su esposo? el 0.80% no proporcionó información, el 5.23% "los que vengan" o "los que Dios quiera mandarme", el 9.1% no había hablado con su marido de este tema, el 14.63% dijo que a sus esposos les gustaría tener 5 o más hijos, el 36.52% mencionó que 3 o 4, el 28.9% respondió que sus esposos desearían uno o dos y el 0.46% dijo que ninguno.

Es interesante observar que en promedio, las mujeres piensan que sus maridos desean más hijos que ellas.

En lo que respecta al momento oportuno para adoptar la planificación familiar solamente el 2.39% de las entrevistadas consideró que debería emplearse para planear el desarrollo de la familia y no sólo para limitar los nacimientos. El 9.56% pensó que se debería adoptar antes del matrimonio, el 20.71% dijo que al casarse, el 39.16% consideró que después de tener uno o dos hijos, el 20.25% sugirió que la planificación de la familia debería empezar una vez que se tuviera el número de hijos deseado, el 11.83% dijo que nunca (0.57%), que no sabía (10.53%) o que debería adoptarse en casos de enfermedad (0.91%).

Al observar la distribución de este factor en relación con las variables independientes y las dos criterio, se encuentran resultados significativos con respecto a la edad, a la ocupación del marido, al hecho de haber trabajado o no antes del matrimonio, al grado de escolaridad de la entrevistada y de su esposo, al método anticonceptivo utilizado en ese momento y al método que tiene la intención de usar.[1]

Las entrevistadas que pertenecen a los grupos de mujeres que fluctúan entre las más jóvenes y las de edades intermedias (15 a 30 años), cuyos maridos tienen niveles ocupacionales altos, que trabajaron antes del matrimonio, con grados de escolaridad altos tanto ellas como sus esposos, se clasifican dentro de las medias más altas, es decir, que desean el número menor de hijos y consideran que la planificación familiar debería emplearse en la etapa inicial del ciclo reproductivo.

Respecto a la variable criterio, las mujeres que usan actualmente un método tradicional local, anticonceptivos orales, inyecciones, ritmo, diafragma o dispositivos intrauterinos, son las que desean el número menor de hijos. Las mujeres con la intención de usar los métodos más seguros o un método local tradicional, el coito interrumpido (sólo una mujer), o el ritmo, son las que desean el número menor de hijos.

Por lo tanto, aparentemente, tanto en los niveles de intención como de conducta, las personas que apoyan los métodos con alta y baja efectividad son las que desean el número menor de hijos. No se pueden establecer resultados concluyentes en lo que toca al tipo de métodos o al grado de dificultad.

Tal como se ha mencionado anteriormente, los factores II al IX poseen menor importancia debido a lo reducido de las muestras que quedaron después de la recodificación, para cada una de las variables recién creadas. En los cuadros 5 a 9 se puede observar su distribución. Por esta razón sólo se presentará un breve resumen de estos factores.

Los hallazgos principales derivados de los nueve factores obtenidos en este análisis factorial son los siguientes:

Generalmente las entrevistadas creen que sus esposos desean más hijos que ellas y el menor número de hijos lo desean las mujeres que se encuentran en los grupos que fluctúan entre las más jóvenes y las de edades intermedias,[2] cuyos maridos están dentro de los niveles ocupacionales y educacionales altos y que trabajaron antes de casarse.

En lo que respecta a los métodos de contracepción, las entrevistadas que apoyan, tanto a nivel de conducta como de intención, los métodos con mayor y menor efectividad, desean el número más redu-

[1] Las variables de este factor se codificaron de tal manera que la decisión de tener un menor número de hijos y adoptar la planificación familiar en la primera etapa de la vida matrimonial, correspondió a los números mayores.

[2] A través de todo el estudio al hablarse de edades intermedias se debe considerar que las mujeres entrevistadas tenían edades entre los 15 y los 45 años, por lo que las jóvenes se refieren a las que tienen entre 15 y 24 años, las intermedias entre 25 y 34 y las mayores entre 35 y 45 años de edad.

cido de hijos y piensan que la planificación familiar debería iniciarse muy pronto dentro de la etapa reproductiva de la mujer. En relación con los demás factores, no se derivaron conclusiones claras por lo que respecta al método de contracepción ya fuera clasificándolo en grados de seguridad, de dificultad o por su tipo.

Las mujeres cuyos esposos pertenecían a niveles ocupacionales más bajos obtuvieron su primera información sobre la planificación familiar a través de la televisión, a diferencia de aquellas con esposos con niveles ocupacionales más altos quienes se enteraron de los métodos de contracepción a través de clínicas y médicos en general.

Los grupos socioeconómicos más bajos y de menor edad, sin experiencia laboral previa al matrimonio, tienden a considerar la seguridad emocional como la ventaja primordial de tener hijos más que el desarrollo personal. Para los grupos socioeconómicos más altos, de mayor edad y con experiencia laboral previa al matrimonio la realización personal fue la opción preferida.

Es el grupo más bajo socioeconómicamente el que considera los problemas económicos como la desventaja principal de tener hijos, y los tiene debido a las presiones sociales o para obtener seguridad emocional.

En conclusión, se observaron varios factores interesantes relacionados con los conceptos sobre la planificación familiar y los hijos; aunque estos factores deben ser analizados considerando el tipo de variables que forman sus componentes, la mayoría se han desarrollado como nuevas variables después de recodificar partes de los datos.

No se elaboraron conclusiones con respecto al tipo de anticonceptivo, su grado de seguridad o su grado de dificultad o facilidad, en relación con el número de hijos deseado, las razones de tenerlos y sus ventajas y desventajas.

Fawcett (1970) sugiere que aquellos métodos que requieren motivación solamente en una ocasión son los más prometedores. Ésta puede ser una sugerencia muy válida, posiblemente con relación a otro tipo de variables como rasgos de la personalidad o algunos estilos de vida pero no se puede sustentar en lo que concierne a los conceptos sobre los hijos y la planificación familiar que se analizan en este capítulo.

Los hallazgos de Hoffman (1974), que apoyan que la educación puede ser un freno a la fecundidad, pueden ampliarse incluyendo la educación, los niveles ocupacionales altos y la presencia de experiencia laboral antes del matrimonio.

El hecho de que las mujeres expongan su deseo por un número menor de hijos en comparación con su contraparte masculina se puede relacionar con los hallazgos de Leñero (1973) referentes a que la mujer antes que el hombre se interesa en el control natal.

Los hallazgos en relación con las razones por las que se tienen los hijos, sus ventajas y desventajas, parecen esclarecer las sugerencias y cuadros teóricos previos. Como se observó en el capítulo 2, se ha dado un gran número de explicaciones por las que la gente quiere tener hijos pero se han proporcionado muy pocas, si es que alguna, que se refieran a resultados claros empíricamente.

La seguridad emocional representa la ventaja principal y los problemas económicos la desventaja primordial de tener hijos para los grupos socioeconómicos más bajos. Las normas sociales y de nuevo la seguridad emocional son las razones de que los tengan. Por lo que parece que los grupos socioeconómicos más bajos tienen hijos por razones sistémicas o sistémicas-intrínsecas y ven las extrínsecas, específicamente las económicas, como el primer problema que trae consigo el tener hijos.

Las razones sistémicas en este caso, se refieren a las presiones sociales externas y normativas mientras que la seguridad emocional se clasifica como sistémica-intrínseca, ya que no es un sentimiento puramente altruista sino que está parcialmente relacionado con los niveles de utilidad o instrumentalidad que se perciben en los hijos.

En contraposición a este hallazgo se encuentra el grupo femenino socioeconómicamente más elevado, que no encuentra desventajas en tener hijos, que considera como su ventaja principal el desarrollo personal y que los tiene por amor. Estas mujeres están en posición de desarrollar los motivos intrínsecos y ven a los hijos como parte de su desarrollo personal, los tienen por razones altruistas, simplemente por el amor a los hijos y no encuentran desventajas al respecto.

Los individuos sin problemas económicos, que dan por hecho los valores sistémicos y extrínsecos, como una base sobre la cual desarrollan los valores intrínsecos y la motivación, son los que se pueden permitir esa perspectiva altruista.

Las personas con gran dependencia hacia los motivos extrínsecos: lo material, y hacia los sistémicos: las influencias externas, no comparten ese punto de vista intrínseco, orientado hacia sentimientos.

CAPÍTULO 10

FACTORES NORMATIVOS

Este análisis factorial se llevó a cabo usando doce variables relacionadas con la influencia que un grupo de referencia determinado o una persona ejerce sobre el sujeto entrevistado.

Algunas de las preguntas de tipo normativo, incluidas en este análisis, no se hacían directamente sino que las respuestas se codificaron después de la entrevista de acuerdo con las siguientes definiciones:

Las respuestas normativas altas se refieren a aquella actitud, creencia, intención o comportamiento relacionado con la familia o alguna otra persona o grupo externo de referencia que el individuo consideró importante y que determinó su percepción y/o conducta con respecto a algún(os) objeto(s), evento(s) y/o persona(s).

Una respuesta normativa media se definió en términos de una actitud, creencia, intención o conducta que dirige pero no determina la percepción o conducta en un momento dado.

Una respuesta normativa baja se dio cuando estas influencias fueron muy bajas.

Se codificó ausencia de respuesta normativa cuando estas influencias no tuvieron efecto en la percepción, actitudes o comportamiento del sujeto.

Se obtuvieron cuatro factores independientes que incluyeron el 56% de la varianza (véanse los cuadros E y F).

Factor I. Normativo. Se refiere a una relación positiva respecto al grado de normatividad de la respuesta a preguntas tales como: ¿Cómo cree usted que debe ser la mujer ideal? (0.85), ¿Cómo cree usted que debe ser el hombre ideal? (0.80), ¿Qué es lo que más le gusta hacer? (0.74) y a la suma de las puntuaciones obtenidas en las preguntas con las que se calificó la normatividad (0.78) (véase cuadro E).

Este factor que explica el 21% de la varianza refleja una dimensión normativa en la que en un extremo se encuentran sujetos con respuestas normativas altas a una serie de preguntas abiertas y, en el otro, mujeres en cuyas respuestas se puede apreciar una ausencia de normatividad.

Observando la distribución de estos reactivos, respecto a la pregunta de cómo debería ser la mujer ideal, el 43.23% de las entrevistadas dio una respuesta normativa alta, el 31.85% una respuesta normativa media y en el 15.24% de las respuestas prevaleció la ausencia de normatividad.

A la pregunta "¿Cómo cree usted que debe ser el hombre ideal?" el 36.63% de las entrevistadas fueron clasificadas dentro del grupo de respuestas normativas altas, el 39.25% dentro de las respuestas normativas medias, el 9.10% dentro del de respuestas normativas bajas y en el 14.68% se encontró ausencia total de este índice.

Con respecto a la pregunta sobre qué es lo que más les gusta hacer a las mujeres, el 37.54% de las respuestas correspondieron a la primera categoría, el 32.54% al grupo normativo medio, el 13.65% proporcionó una respuesta normativa baja y en el 16.04% se encontró ausencia de normatividad, tal como se describió anteriormente.

El cuarto componente del factor I fue la suma de las puntuaciones de normatividad de estas tres preguntas. En lo que respecta a la suma, el 30.15% corresponde al grupo normativo alto, el 34.36% al medio, el 21.61% al bajo y el 12.98% a la categoría de ausencia de normatividad.

Al observar los análisis de varianza, se encuentran resultados significativos en lo que respecta a la escolaridad de la entrevistada y a la presencia o ausencia de experiencia de trabajo antes de contraer matrimonio. (Los reactivos se codificaron de tal manera que los números mayores correspondieron a las respuestas normativas bajas.)

Las mujeres que tuvieron experiencia laboral antes del matrimonio proporcionaron respuestas normativas más bajas que aquellas que no la tuvieron. Con respecto a la escolaridad de la entrevistada se encontró que las diferencias no eran muy marcadas aunque se observó que el grupo normativo más bajo correspondía a las mujeres que habían cursado una carrera universitaria.

En lo concerniente a la intención o conducta no se encontraron diferencias significativas en relación con los métodos anticonceptivos.

Se puede afirmar que las mujeres que tuvieron cierta experiencia laboral antes del matrimonio y que tuvieron la oportunidad de cursar una carrera universitaria le dan menos importancia a las presiones e influencias externas que aquellas que nunca trabajaron o las que no completaron sus estudios superiores.

Factor II. La importancia del matrimonio y de los hijos. Explica el 15.4% de la varianza y se refiere a una relación positiva entre las opiniones de las entrevistadas acerca de los hombres que no están interesados en contraer matrimonio (0.89), las mujeres que no contraen matrimonio (0.89) y aquellas que no tienen hijos porque no los desean (0.42) (cuadro E).

Esto significa que las entrevistadas que tenían una opinión positiva acerca de los hombres y mujeres que no están interesados en contraer matrimonio también la tenían acerca de las mujeres que no desean tener hijos. En el otro extremo de esta dimensión o continuo encontramos a aquellas entrevistadas que expresaron una opinión negativa sobre estas personas.

Respecto a la opinión de las entrevistadas sobre los hombres que no están interesados en contraer matrimonio, el 12.51% no expresó ninguna opinión, en el 34.36% de los casos ésta fue negativa, en el 40.16% neutral y en el 12.16% fue positiva.

El 11.04% de los sujetos entrevistados no proporcionó ninguna respuesta a la pregunta relacionada con las mujeres que no están interesadas en contraer matrimonio, el 29.69% dio una opinión negativa, el 44.03% una neutral y el 14.22% una opinión positiva.

Es curioso observar que la mayoría de las entrevistadas tienen una opinión neutral acerca de los hombres y mujeres que no están interesados en contraer matrimonio, pero que el porcentaje de opiniones negativas es mayor cuando se trata de los hombres que de las mujeres que toman esta decisión.

En cuanto a la opinión acerca de las mujeres que deciden no tener hijos, sólo el 4.66% de las entrevistadas respondió con un "no sé", el 52.79% expresó una opinión negativa, el 29.69% una neutral y en el 12.29% restante ésta fue positiva. Esto parece indicar que se le da más importancia al hecho de tener hijos que al de contraer matrimonio ya que el porcentaje de mujeres que no proporcionaron respuesta o respondieron con un "no sé" fue menor (4.6%) en el primer caso que en el segundo (casi el 12%).

También el porcentaje de opiniones negativas es más alto (52.79%) en lo que se refiere a la primera pregunta que en el caso de los hombres (34.36%) y mujeres (29.69%) que no están interesados en contraer matrimonio.

En los análisis de varianza no se obtuvieron diferencias significativas en lo que respecta a la relación existente entre el factor II, las variables independientes y las dos variables criterio.

Factor III. La influencia de los padres, amigos y parientes. Explicó el 10.1% de la varianza e inquirió sobre una relación positiva entre el considerar que no es necesario obedecer en todo momento a los padres (0.75), el consentimiento de los amigos hacia la planificación familiar (0.51), el que las entrevistadas sientan indiferencia o no les afecte el hecho de que sus amigos o hermanos tengan muchos hijos y ella pocos o ninguno (0.47) y el estar dispuestas a emplear a alguna otra persona que no sea un familiar cuando se presente la oportunidad (0.39) (véase el cuadro E).

Este factor refleja una situación interesante en la que por un lado se encuentran los sujetos cuyos amigos están de acuerdo con la planificación familiar, que no creen en la obediencia incondicional hacia los padres, que no les afecta el hecho de que sus amigos o hermanos tengan muchos hijos mientras ellos tienen pocos o ninguno o quienes preferirían emplear a alguien que no sea un familiar; y, por el otro, las mujeres cuyos amigos no aprueban la planificación familiar, que están convencidas de que a los padres hay que obedecerles siempre, que están influidas por el número de hijos que sus amigos o hermanos tienen, y que preferirían dar empleo a algún familiar si tuvieran la oportunidad.

En lo que respecta a la pregunta sobre si es necesario obedecer en todo momento a los padres, el 1.7% no proporcionó ninguna respuesta o respondió que no sabía, el 36.41% declaró que a los padres siempre hay que obedecerlos, el 58.13% respondió que algunas veces o cuando tuvieran la razón y sólo el 2.96% opinó que a los padres no se les debe obedecer nunca.

El 75.77% de las mujeres consideraba que sus amigos tenían una actitud positiva hacia la planificación familiar, el 5.92% que eran indiferentes, el 2.5% afirmó que éstos tenían una opinión negativa al respecto y el 15.02% reconoció que no sabía cuál era la posición de sus amigos en lo que se refiere a la planificación familiar.

Con respecto a la pregunta de cómo les afectaría a las entrevistadas el hecho de que sus amigos o hermanos tuvieran muchos hijos si ellas tenían pocos o no tenían ninguno, el 3.52% no proporcionó información o respondió que no sabía cómo reaccionaría si estuviera en ese caso, el 39.25% reconoció que les afectaría considerablemente, el 16.50% que no les afectaría o les sería indiferente y el 34.13% admitió que influiría en ellas este hecho.

El último elemento de este factor se refiere a la preferencia de la entrevistada entre emplear a un familiar o a alguna otra persona. A esta pregunta el 8.99% respondió con un "no sé", el 40.27% prefería emplear a un familiar y el 50.40% a alguna otra persona.

Al analizar la relación entre el factor III y las variables independientes y criterio saltan a la vista resultados significativos en lo que respecta a la edad, ocupación del esposo, escolaridad de la entrevistada y del marido, el método anticonceptivo utilizado en ese momento y el que tenía la intención de usar.

Se pudo observar que las respuestas con menor grado de normatividad fueron proporcionadas por mujeres entre los 23 y 37 años de edad, particularmente por aquellas cuyas edades estaban comprendidas entre los 23 y 30 años. También se encontró que las entrevistadas que como mínimo habían cursado la secundaria y cuyos maridos tenían un nivel educacional y ocupacional más alto, estaban menos influidas por individuos o grupos externos que las que pertenecían a un estrato socioeconómico más bajo.

En lo que concierne al método anticonceptivo utilizado en la época de la entrevista, se observó que las respuestas con menor grado de normatividad fueron proporcionadas por las usuarias de jaleas, cremas vaginales, espumas, métodos locales tradicionales, diafragma, dispositivos intrauterinos y anovulatorios orales. Se encontró este mismo tipo de respuestas entre aquellas mujeres que afirmaron tener la intención de utilizar el coito interrumpido, el diafragma, algún dispositivo intrauterino, inyecciones o un método local tradicional. Esto parece indicar que las relaciones entre la normatividad y las conductas o intenciones hacia la contracepción no están muy bien definidas en lo que se refiere a la seguridad, dificultad y tipo de método. Con respecto a las variables independientes se puede concluir que mientras las mujeres de los grupos de edades intermedias, que cuentan con una mejor posición socioeconómica, no le dan mucha importancia a las presiones externas, aquellas más jóvenes y las de mayor edad y que pertenecen a grupos socioeconómicos bajos están muy influidas por la opinión de los padres, amigos y parientes.

Factor IV. Empleo de familiares, y la importancia que le concede la mujer a la edad apropiada para contraer matrimonio y al hecho de tener hijos. Este factor se refiere a la relación positiva entre el preferir, cuando se presenta la oportunidad, dar empleo a alguna otra persona y no a un familiar (0.69), la edad a la cual una mujer debe contraer matrimonio y la opinión que tiene la entrevistada acerca de las mujeres que no desean tener hijos (0.40) (véase el cuadro E).

En un extremo se encuentran las entrevistadas que preferirían dar empleo a un familiar, que consideran que la mujer debe casarse a temprana edad y que tienen una opinión negativa acerca de aquellas mujeres que deciden no tener hijos. En el otro lado están aquellas que emplearían a alguna otra persona en lugar de un pariente, que creen que la mujer no debe casarse a temprana edad y que tienen una opinión positiva acerca de las mujeres que no tienen hijos porque no los desean.

La distribución de la primera y última de estas variables se analizó anteriormente. En lo que respecta a la pregunta relacionada con la edad a la cual una mujer debe contraer matrimonio, el 1.25% respondió que entre los 15 y los 17 años, el 16.95% entre los 18 y los 20, el 29.58% entre los 21 y los 23, el 34.47% entre los 24 y los 26, el 5.8% a los 27 años o después, el 0.23% respondió que nunca, el 7.17% afirmó que no se puede establecer una edad específica para contraer matrimonio y el 1.37% expresó que "cuando llegue el momento".

En el análisis de varianza sólo se obtuvieron diferencias significativas en lo que respecta a la escolaridad de la entrevistada. Las mujeres con estudios universitarios preferían emplear a alguien que no fuera un pariente, pensaban que la mujer no debía casarse a temprana edad y tenían una opinión neutral o positiva acerca de las mujeres que no desean tener hijos. En lo que a esto se refiere, las entrevistadas con un menor grado de instrucción tenían mayor tendencia a adoptar una posición de orientación normativa.

Resumen. En el área normativa se obtuvieron cuatro factores virtualmente independientes. Éstos fueron: "Normatividad", "Importancia del matrimonio y los hijos", "Influencia de los padres, amigos y parientes" y finalmente "Dar empleo a familiares y la importancia que la mujer le concede a la edad apropiada para contraer matrimonio y al hecho de tener hijos".

En términos generales se puede afirmar que los resultados obtenidos muestran que las mujeres pertenecientes al grupo de edades intermedias, a una clase socioeconómica superior y que habían trabajado antes de contraer matrimonio estaban menos influidas por las presiones externas que aquellas que no habían tenido experiencia laboral previa al matrimonio y que pertenecían a un estrato socioeconómico más bajo.

No se encontraron diferencias significativas con respecto a las variables independientes relacionadas con la opinión acerca del matrimonio y los hijos; tampoco se obtuvieron resultados determinantes en lo que se refiere a las intenciones y conductas de planificación familiar.

Estos hallazgos refuerzan la explicación proporcionada en el capítulo anterior con respecto a los valores sistémicos. Son los grupos socioeconómicos más bajos los que le conceden mayor importancia o dependen en mayor grado de las reglas establecidas por la sociedad, es decir de los valores sistémicos que pueden actuar como presiones sociales.

Pohlman (1969) cita una serie de estudios en los que se puede observar que la decisión de tener hijos obedece a una norma social. La presente investigación además analiza los resultados de acuerdo con los distintos grupos socioeconómicos.

Con base en la proposición de Berelson (1964) de que los medios de comunicación masiva deberían dar mayor difusión a la planificación familiar para que ésta llegara a formar parte de las normas, y tomando en consideración los resultados de este estudio, se puede sugerir que este tipo de apoyo a través de los medios de comunicación escrita, oral o visual desempeñaría un papel más determinante entre los grupos con menos oportunidades socioeconómicas.

CAPÍTULO 11

FACTORES CONYUGALES

En este análisis factorial se introdujeron 49 variables relacionadas con la toma de decisiones en el hogar, en quién recaen las tareas domésticas, la interrelación entre los cónyuges, los conceptos sobre el hombre y la mujer ideal, con quién prefiere la esposa hablar y las ventajas y desventajas del matrimonio.

Se obtuvieron 16 factores virtualmente independientes (véanse los cuadros G y H).

El mismo problema, descrito en el capítulo donde se analizan los conceptos sobre los hijos y la planificación familiar, con respecto a las variables recién elaboradas dada una recodificación, se aplica a algunas de las variables de este capítulo, en especial a los conceptos sobre el hombre y la mujer ideal y a las ventajas y desventajas del matrimonio.

Tal como se ha mencionado anteriormente, los factores constituidos en forma parcial por estas variables y principalmente los derivados exclusivamente de ellas deben considerarse con base en su mala distribución.

Factor I. Toma de decisiones en el hogar. Este factor incluye el 10.6% de la varianza y trata la relación positiva entre las diferentes decisiones tomadas en el hogar: quién decide la adquisición de los artículos de mayor valor (0.76), dónde vivir (0.73), presupuesto mensual (0.67), si la esposa debería trabajar o no (0.47), y la suma de la puntuación de las preguntas referentes a la toma de decisiones en el hogar y quién realiza las tareas domésticas (0.38) (véase cuadro G).

Las respuestas a dichas preguntas se codificaron de tal forma que el número mayor corresponde a la decisión conjunta de la pareja y el número menor al marido que toma las decisiones por sí solo. En el punto intermedio se encuentra el grupo en donde la esposa es la que toma las decisiones.

Por lo tanto, en un extremo de la dimensión se encuentran las parejas que toman las decisiones conjuntamente y en el extremo opuesto las parejas en donde predomina la voluntad masculina, es decir, que el marido es el que toma estas decisiones.

La descripción de la distribución de estas variables no parece ser muy ilustrativa. El cuadro 11 es de mayor utilidad ya que es posible establecer en él una comparación de las respuestas proporcionadas para cada una de estas preguntas.

Al observar los análisis de varianza, realizados con respecto al factor conyugal I, en las variables independientes y criterio, se obtuvieron diferencias significativas en relación con la ocupación del esposo, el haber o no trabajado antes del matrimonio, la escolaridad de la entrevistada y de su cónyuge, el método anticonceptivo usado actualmente por la entrevistada y el que tienen intención de usar.

Se advirtió que las parejas en donde predominaba la voluntad masculina, es decir, en las que el marido toma las decisiones, pertenecían al grupo de entrevistadas de menor y mayor edad (de 15 a 18 y 34 a 45 años respectivamente), cuyos esposos se encuentran dentro de los niveles ocupacionales y de escolaridad inferiores, con un grado de preparación elemental o, en el mejor de los casos, con uno o dos años de educación secundaria y sin experiencia laboral previa al matrimonio.

En las parejas donde la mujer pertenece al grupo de mediana edad (19 a 33 años) con estatus socioeconómico más alto y experiencia laboral previa, las decisiones se toman generalmente en forma conjunta.

Una vez más, los resultados referentes a la intención y conducta con respecto al método anticonceptivo no son precisos en lo que respecta al grado de seguridad, de dificultad o al tipo de método.

Factor II. El desempeño de las tareas domésticas. Este factor incluye el 6.6% de la varianza y se refiere a la relación positiva entre la persona que desempeña las tareas domésticas, principalmente las compras diarias (0.75), quién decide lo que se deberá comer (0.74), quién juega con los niños (0.66), quién limpia la casa (0.61), quién viste a los niños (0.66), quién efectúa las compras mensuales, quincenales o semanales (0.60) y quién ayuda a los niños en sus tareas (0.56) (véase cuadro G).

Las respuestas a estos planteamientos se codificaron con la misma base que las relacionadas con las decisiones tomadas en el hogar; el número más alto para la actividad conjunta, es decir, cuando ambos cónyuges realizan las tareas domésticas, y el número más bajo cuando es la mujer quien desempeña estas actividades, en lugar del hombre como fue el caso en la pregunta sobre la toma de decisiones. Esto podría parecer contradictorio, pero tal como se señaló en el capítulo 4, es el hombre generalmente el que toma las decisiones y la mujer quien desempeña las tareas domésticas en aquellas familias donde predomina la voluntad masculina.

Este factor refleja la dimensión representada, en un extremo, por las parejas que desempeñan las tareas domésticas en conjunto y, en el opuesto, por las parejas en donde toda la responsabilidad de las tareas domésticas recae en la mujer.

De nuevo, es pertinente referir al lector al cuadro 12 para apreciar la distribución de las respuestas a estas variables en forma comparativa.

Respecto a las variables criterio, no se obtuvieron resultados significativos. Con referencia a las variables independientes, éstas presentaron aspectos significativos en relación con la ocupación del esposo y con el nivel de escolaridad de los cónyuges. Se pudo apreciar que entre los grupos socioeconómicos más bajos, las tareas domésticas siempre las realiza la mujer, mientras que en los estratos socioeconómicos más altos el marido coopera en estas tareas.

Factor III. Quién decide a qué médico llamar si alguien se enferma. Este factor explica el 5.7% de la varianza y se ocupa de la relación positiva entre quién toma la decisión sobre a qué médico llamar si la esposa se enferma (0.92), si el marido se enferma (0.89), si alguno de los hijos se enferma (0.57) y la suma de la puntuación relacionada con estos planteamientos de toma de decisiones en el hogar y quién desempeña las tareas domésticas (0.32) (véase cuadro G).

Estas preguntas forman parte del grupo de reactivos sobre la toma de decisiones y se codificaron de tal manera que los números altos se refieren a la toma de decisiones en conjunto y los números bajos cuando la decisión es por parte del marido, basándose en la misma idea comentada anteriormente a este respecto.

Este factor refleja una dimensión en cuyo extremo se encuentran las parejas en donde generalmente ambos toman las decisiones en conjunto, que desempeñan las tareas domésticas y, en forma específica, toman conjuntamente la decisión sobre a qué doctor llamar si alguien se enferma. En el extremo opuesto se encuentran aquellas parejas en donde el hombre toma generalmente las decisiones y específicamente sobre a qué doctor llamar si alguien se enferma y donde la mujer realiza todas las tareas domésticas.

Una vez más, se remite al lector al cuadro 11 para el análisis comparativo de la distribución de las respuestas a estas preguntas.

Al igual que en el factor II, se obtuvieron resultados significativos en el análisis de varianza con respecto a la ocupación del marido y su grado de escolaridad así como el de la entrevistada. Entre los grupos socioeconómicos más altos, clasificados de acuerdo con los niveles ocupacionales y de escolaridad, las decisiones se toman conjuntamente cuando se trata de a qué doctor llamar cuando alguien de la familia se enferma.

En las parejas con menor educación, en donde el nivel ocupacional del marido es más bajo, esta decisión recae en el hombre.

Factor IV. La esposa prefiere hablar con su cónyuge contra prefiere hablar con otras personas. Este factor, que explica el 4.5% de la varianza, alude a la relación positiva entre diferentes preguntas sobre con quién prefiere la entrevistada discutir diferentes temas.

Tal como se puede apreciar en el cuestionario (véase el apéndice), estas preguntas se codificaron originalmente usando una serie de personas diferentes como vecinos, hijos, amigos, etc. Posteriormente se consideró que para la finalidad de este análisis que radica en la relación conyugal, era de mayor utilidad recodificar estas preguntas de tal forma que reflejaran únicamente si las mujeres preferían dialogar con sus maridos o con otras personas. Esta recodificación no ocasionó variables mal distribuidas ya que no se crearon nuevas variables cuando las originales se fusionaron en una sola.

Se encontró que las siguientes variables tenían una relación positiva entre sí: con quién discute la entrevistada sobre el número de hijos (0.80), acerca de sus dificultades económicas (0.74), sobre la educación de los hijos (0.74), de los planes para el futuro (0.61) y sobre el sexo (0.60) (véase cuadro G).

En este caso, el factor se refiere a una dicotomía: las mujeres que prefieren discutir con sus esposos de varios temas vs. las mujeres que prefieren discutir esos temas con otras personas, como por ejemplo amigos, hijos, vecinos y otros parientes.

Para que el lector pueda apreciar comparativamente la distribución de estas preguntas, lo remitimos al cuadro 13.

Se obtuvieron diferencias significativas respecto a la edad, a la ocupación del marido, a la escolaridad de la entrevistada y de su cónyuge, al método anticonceptivo usado en ese momento y al que tenía la intención de utilizar.

Las mujeres que prefieren discutir con sus maridos y no con otras personas sobre el número de hijos, los problemas económicos, la educación de los hijos, los planes para el futuro y el sexo, se encuentran dentro de los grupos más jóvenes (15 a 33 años) y su tendencia es significativa en el grupo que fluctúa entre los 27 a 30 años. Estos grupos también se encuentran entre las personas que presentan mayores niveles de escolaridad y cuyos maridos tienen niveles ocupacionales y escolares altos.

Respecto a la intención y conducta real de contracepción, las esposas que prefieren discutir estos temas con sus maridos y no con otras personas, utilizan y tienen la intención de usar los métodos más seguros, los métodos tradicionales y el coito interrumpido. Una vez más el grado de seguridad, facilidad y el tipo de dispositivos para evitar la concepción no desempeñan papeles determinantes en las diferencias obtenidas.

Factor V. El hombre ideal: trabajador y responsable contra el hombre y la mujer ideales que se dedican al hogar, a los hijos y a su cónyuge. Este factor explica el 3.6% de la varianza y se refiere a una relación negativa entre el concepto del hombre (0.81) y la mujer (0.68) ideales, como personas dedicadas al hogar, a los hijos y a su cónyuge, con el que considera al hombre ideal como trabajador y responsable (0.53) (véase cuadro G).

Tal como se mencionó al inicio de este capítulo, se deben analizar cuidadosamente ciertos elementos que se refieren a las variables mal distribuidas, producidas como resultado de la recodificación. Las tres variables que constituyen este factor pertenecen a este caso. Las preguntas originales fueron las siguientes: ¿Cómo cree usted que debe ser el hombre ideal? y ¿cómo cree usted que debe ser la mujer ideal? Debido al hecho de que las opciones no se pudieron disponer en una forma escalar, éstas se codificaron de acuerdo con "ausencia" o "presencia" de las categorías. Sin embargo, ya que sólo se codificó la primera respuesta, la información que podría haber originado resultados diferentes si se hubieran registrado todas las respuestas, se perdió. Se remite al lector a los cuadros 14 y 15 para el análisis de la distribución de estas variables.

Este factor refleja una dimensión en la que, en un extremo, se encuentran las entrevistadas que consideraron que el hombre y la mujer ideales se dedican al hogar, a los hijos y a su cónyuge, y en el extremo opuesto aquellas que conceptuaron al hombre ideal como un individuo responsable y trabajador.

En los análisis de varianza que corresponden a este factor, se encontró que los hombres y mujeres trabajadores y responsables enmarcaban el ideal de las entrevistadas con estudios universitarios, que usaban lavados vaginales o preservativos, considerados como métodos "difíciles", dependientes del coito. Las entrevistadas con menos preparación y usuarias de otros métodos anticonceptivos consideraron que el hombre ideal es aquel que se dedica a la esposa, a sus hijos y al hogar.

Factor VI. El hombre ideal: trabajador y responsable contra el hombre y la mujer ideales amorosos y comprensivos. El factor VI explica el 3.5% de la varianza y muestra una relación negativa entre la imagen del hombre (0.81) y la mujer (0.68) ideales como personas esencialmente amorosas y comprensivas contra la idea de que el hombre ideal debería ser trabajador y responsable (−0.53) (véase el cuadro G).

Esto significa que las entrevistadas se pueden colocar en los dos extremos de un polo; en un extremo las mujeres que consideran (tomando en cuenta la distribución de las observaciones que se refieren a las variables recodificadas, como estas tres por ejemplo) que el prototipo del hombre y la mujer ideales es ser amoroso y comprensivo, y en el otro extremo las que dan una importancia primordial al hombre responsable y trabajador.

Es menester mencionar una vez más que muchas de las entrevistadas pudieron haber considerado la importancia de ambos aspectos de esta dicotomía, pero debido a la naturaleza de la codificación, esto no se registró.

La distribución de estas variables se podrá apreciar en los cuadros 14 y 15.

El hombre y la mujer ideales, amorosos y comprensivos, en contraposición con el hombre y la mujer ideales, responsables y trabajadores, fueron las respuestas proporcionadas por mujeres cuyos esposos se encontraban dentro de los niveles ocupacionales y educacionales más altos. No se obtuvieron diferencias significativas en relación con las dos variables criterio.

Si se analizan estos resultados en conjunción con los del factor V, se podrá observar que los grupos socioeconómicos más altos prefieren a un hombre trabajador y responsable en lugar del hombre cariñoso y comprensivo, pero que seleccionarán al hombre dedicado a la esposa y a los hijos en vez de cualquiera de las otras dos opciones. De hecho se podría afirmar que un hombre dedicado abarca la idea del hombre responsable, trabajador y cariñoso.

Las mujeres dentro de los grupos socioeconómicos menos privilegiados escogen al hombre dedicado sobre el trabajador y responsable; sin embargo, prefieren al trabajador que al esposo amoroso.

Por lo tanto, según parece, las mujeres de cualquier grupo socioeconómico desean un marido dedicado, responsable y trabajador. Las cualidades de amor y comprensión están implicadas dentro de la clasificación del esposo dedicado a la mujer, al hogar y a los hijos.

Factor VII. Grado de interrelación. Este factor explica el 3.2% de la varianza y se refiere a la relación positiva entre el grado de interrelación presente en una serie de respuestas a diferentes preguntas.

Algunas de estas preguntas, como fue el caso de algunas de las preguntas utilizadas en los factores normativos, no le pedían directamente a la mujer que mencionara el grado, alto o bajo, de interrelación existente con su esposo, sino que sus respuestas, después de la entrevista, se codificaron de acuerdo con las siguientes definiciones:

Alta interrelación en el caso de que los cónyuges realicen en forma conjunta diferentes actividades, si existe un alto grado de comprensión y comunicación entre sí, entendimiento e intereses comunes.

Interrelación media en el caso de que no se compartan muchas actividades en común, de que el grado de comunicación y comprensión sea bajo y que sólo exista el entendimiento cuando éste sea necesario para la sobrevivencia de la relación.

Baja interrelación si las parejas comparten únicamente las actividades estrictamente indispensables, donde no existe comunicación ni entendimiento con excepción de los aspectos básicos, como por ejemplo los económicos.

Ausencia de interrelación para referirse a las parejas que tratan de interactuar en el menor grado posible, en donde el marido no llega a dormir y que con frecuencia se alcoholiza. Casi lo único que tiene la pareja en común es un acta de matrimonio o una recámara.

Este factor está constituido por la relación positiva entre el tipo de actividades que lleva a cabo la pareja (0.84), si realizan actividades conjuntamente (0.81), la suma de la puntuación de las preguntas concernientes a la interrelación (0.60), el grado de interrelación presente en las respuestas a ¿Cómo cree usted que debe ser la mujer ideal? (0.39) y ¿Cómo cree usted que debe ser el hombre ideal? (0.37) (véase el cuadro G).

Esto significa que las parejas que comparten diversas actividades que implican una interrelación alta realizan juntos muchas de sus actividades y definen al hombre y a la mujer ideal como individuos que poseen una alta interrelación con sus cónyuges. En el extremo opuesto de la dimensión, se encuentran las parejas que no comparten sus actividades y que dan un concepto del hombre y la mujer ideal en el cual el grado de interrelación con el cónyuge no desempeña un papel importante.

Al examinar la distribución de estas variables se advierte lo siguiente:

En relación con el tipo de actividades desempeñadas por la pareja, en el 29.92% de las respuestas se encontró ausencia de interrelación, en el 27.76% interrelación baja, en el 25.71% media y en el 16.15% interrelación alta.

El 53.81% de las entrevistadas afirmó no compartir las actividades con sus esposos y el 45.39% declaró hacerlo.

Mediante la suma de la puntuación de las respuestas referentes a la interrelación, se encontró que el 24.34% de las respuestas pertenecían al grupo con interrelación ausente, el 35.61% al grupo de baja interrelación, el 24.24% de las respuestas de las entrevistadas se clasificó dentro del grupo con interrelación mediana y el 14.90% dentro de la alta. Estos resultados siguieron una tendencia similar a la que se puede apreciar respecto al tipo de actividades compartidas por la pareja.

Al analizar las respuestas respecto a la mujer y al hombre ideales desde el punto de vista de la interrelación, se advirtió que el 21.73 y el 20.48% respectivamente, proporcionaron una respuesta que podría clasificarse dentro de la interrelación inexistente, el 35.04 y el 32.88% de las respuestas, respectivamente, se agruparon dentro de la interrelación baja, el 28.67 y el 31.63% respectivamente dentro de la interrelación media y el 13.99 y el 14.68% respectivamente dentro de la interrelación alta. Se observa que el grado de interrelación esperado por las entrevistadas, en lo que respecta al hombre y a la mujer ideales, es casi el mismo.

Mediante el análisis de varianza en relación con el factor VII, se aprecian diferencias significativas respecto a la edad, a la ocupación del marido, al grado de escolaridad de la entrevistada y al del esposo, al tipo de anticonceptivo empleado actualmente y al que tiene la intención de usar.

Se encontró un alto grado de interrelación entre las parejas jóvenes, en las que la mujer tenía entre 19 y 26 años y en donde la ocupación del marido estaba catalogada dentro de los tres niveles más altos.

Con relación al método contraceptivo empleado y al que se tenía la intención de recurrir, se encontraron niveles más altos de interrelación entre las parejas usuarias de preservativos y aquellas con intención de usarlos, seguidas por las parejas usuarias de métodos tradicionales o coito interrumpido y por las que tenían la intención de usarlos.

También se encontraron altos niveles de interrelación en las mujeres que usaban y tenían la intención de adoptar uno de los tres métodos más seguros.

Una vez más saltó a la vista que las advocadoras de métodos anticonceptivos con tasa de seguridad alta y deficiente tenían una característica en común: en este caso una relación estrecha, de fuerte interrelación con sus esposos.

Factor VIII. No sabe cómo deberían ser el hombre y la mujer ideales y no es necesario que el hombre sea trabajador y responsable. Este factor se compone de tres variables mal distribuidas y creadas en la recodificación citada anteriormente en este estudio y se refiere a una relación positiva entre el hombre ideal como un individuo no necesariamente trabajador y responsable (0.63) y la carencia de prototipo con respecto al hombre (0.78) y a la mujer ideal (0.73) (véase el cuadro G). Este factor explica el 3.1% de la varianza.

Es decir que existe una relación en donde, en un extremo, se encuentran las mujeres que carecen de prototipo acerca del hombre y la mujer ideales y que simultáneamente opinan que el hombre no necesariamente tiene que ser trabajador y responsable; en el extremo opuesto se encuentran las entrevistadas que saben cuál es su prototipo de hombre y mujer ideales y que piensan que el hombre ideal no tiene que ser trabajador y responsable.

En los cuadros 14 y 15 se podrá apreciar la distribución de estas variables.

No se obtuvieron diferencias significativas con respecto al método anticonceptivo empleado y al que se tiene la intención de usar. Sin embargo se encontraron resultados determinantes con relación al factor VIII y la edad, la ocupación del marido y el nivel de escolaridad tanto de la entrevistada como de su cónyuge.

Las mujeres de mayor edad, con grados de escolaridad altos, cuyos maridos ocupan los niveles educacionales y ocupacionales más elevados, son las que opinan que el hombre y la mujer ideales deberían ser trabajadores y responsables. Estos resultados apoyan los que se obtuvieron respecto al factor V en donde se mencionó que las mujeres con mayor educación son las que seleccionaron estas características para el hombre y la mujer ideales.

Factor IX. El hombre toma las decisiones, la mujer desempeña las tareas domésticas. El factor IX que explica el 2.9% de la varianza, entraña una relación positiva entre la toma de decisiones relacionada con la escuela de los hijos (0.77), la conveniencia de castigar o no a los niños en caso de mala conducta (0.76), la selección del doctor si el marido se enferma (0.47), quién está a cargo de vestir a los niños (0.33) y la suma de la puntuación de las preguntas que se relacionan con la toma de decisiones en el hogar y quién realiza las tareas domésticas (0.53) (véase cuadro G).

Tal como se ha descrito anteriormente, las preguntas referentes a la toma de decisiones en el hogar y en quién recaen las tareas domésticas están representadas por un número alto si ambos cónyuges las realizan conjuntamente. A la primera respuesta se le asignó un número menor si era el marido el que tomaba las decisiones y un número también menor a la segunda si en la esposa recaían las obligaciones domésticas.

Este factor refleja una relación en la que, en un extremo, se incluyen las parejas que toman las decisiones en conjunto cuando se trata de la escuela de los hijos, la conveniencia de castigarlos o no en caso de mala conducta, la selección del doctor si el esposo se enferma, en donde ambos ayudan a vestir a los niños y ambos también toman las decisiones y comparten las tareas domésticas.

En el otro extremo está el grupo ilustrado por el título de este factor. En este caso, las decisiones sobre a qué doctor llamar si el marido se enferma, la escuela de los niños y los castigos, las toma el marido que nunca ayuda a la esposa a vestir a los niños, ni en ninguna otra tarea inherente al hogar.

Se remite al lector a los cuadros 11 y 12 para una visión comparativa de la distribución de estas variables.

Se obtuvieron resultados significativos en los análisis de varianza con respecto a la edad, al método anticonceptivo usado por la entrevistada y el método que tenía la intención de utilizar.

Dentro de los grupos más jóvenes se encuentran aquellas parejas en donde el hombre toma las decisiones y la mujer se responsabiliza de las labores domésticas.

Este tipo de relación conyugal también está presente entre las mujeres que practican y tienen la intención de usar el coito interrumpido, o el ritmo (es decir, métodos inhibidores del coito con un bajo grado de seguridad) o en las mujeres que no practican ningún método. De nuevo, se obtuvieron resultados similares con respecto a las prácticas e intenciones sobre la contracepción.

Factor X. Ventajas del matrimonio: seguridad emocional contra tener hijos. El factor x explica el 2.8% de la varianza y se refiere a la relación negativa entre la seguridad emocional como una ventaja del matrimonio (0.75) contra la procreación como ventaja esencial del matrimonio (−0.80) (véase el cuadro G).

Los dos elementos de este factor son variables mal distribuidas derivadas de la recodificación mencionada anteriormente.

Este factor parece ser contradictorio al factor VIII sobre los conceptos de planificación familiar y los hijos: "Ventajas de tener hijos: ninguna contra la seguridad emocional", si se considera el hecho de que una de las ventajas mencionadas de la procreación es la seguridad emocional. Se podría aducir que el tipo de seguridad emocional anhelado con el matrimonio es diferente del que proporcionan los hijos y que, de hecho, los hijos nulifican o evitan la aparición de este tipo de seguridad emocional que provee el matrimonio.

Este hecho podría atribuirse a los esfuerzos económicos y físicos que implican los hijos, originando la pérdida o evitando la seguridad emocional que podría presentar el matrimonio sin hijos. Esta explicación podría ser muy útil para entender la dicotomía presentada por este factor: la seguridad emocional como la ventaja principal del matrimonio contra la procreación como ventaja esencial. El 15.93% de las entrevistadas no veía ninguna ventaja inherente al matrimonio, el 5.12% consideró la seguridad económica como la ventaja principal, el 21.27% la seguridad emocional, el 13.65% combinó la seguridad emocional con la económica y el 21.27% opinó que la ventaja principal del matrimonio eran los hijos.

Únicamente se obtuvieron resultados significativos en los análisis de varianza con respecto al grado de escolaridad de la entrevistada. Se pudo apreciar que las mujeres con estudios universitarios o profesionales opinaron que la seguridad emocional es la ventaja primordial del matrimonio, mientras que los grupos con menor educación respondieron: "Tener hijos."

Factor XI. Grado de interrelación y machismo. Este factor representa el 2.6% de la varianza y presenta una relación positiva entre el grado de responsabilidad del marido (0.61), con quién prefiere el marido pasar su tiempo libre (0.50), qué tan a menudo se pelea (0.42), encontrar desventajas en el matrimonio sin especificarlas (0.37) y con quién prefiere pasar la mujer su tiempo libre (0.31) (véase el cuadro G).

El factor del "grado de interrelación y el machismo" forma una relación en la que en un extremo se encuentran esposos menos responsables que prefieren pasar su tiempo libre con sus amigos y no con sus esposas, quienes se han peleado con otros hombres en forma violenta, cuyas esposas le encuentran desventajas al matrimonio sin especificarlas y que prefieren pasar su tiempo libre con otras personas que con sus cónyuges.

En el otro extremo se encuentran los maridos responsables, que prefieren estar con sus esposas durante su tiempo libre, que nunca se han peleado con otros hombres en forma violenta, cuyas esposas no especificaron desventajas en el matrimonio y que prefieren pasar su tiempo libre con sus cónyuges.

Según la distribución de estas variables, solamente el 2.5% de las entrevistadas dice que sus esposos no fueran responsables con ellas o con sus hijos, el 3.64% opinó que "un poquito", el 22.3% afirmó que "más o menos", y el 70.88% declaró que sus esposos eran muy responsables.

El 2.06% de las entrevistadas no conocía las preferencias de su marido en cuanto al empleo de su tiempo libre, el 12.06% opinó que les gustaba salir sin ellas, el 19.34% afirmó que a sus esposos les agrada estar en la casa sin la compañía de la esposa o de los hijos, el 44.6% consideró que a sus maridos les gusta estar con su esposa y sus hijos en casa durante sus horas libres, el 13.54% de las entrevistadas explicó que sus maridos prefieren estar en compañía de sus hijos pero no con sus esposas y finalmente el 7.28% afirmó que sus maridos disfrutan de su compañía. De hecho, el 47.56% de las entrevistadas aceptó desconocer en qué emplean sus maridos el tiempo libre, o que prefieren estar en compañía de otras personas y no de sus esposas, ambas respuestas implican un nivel de interrelación bajo. Por otra parte, el 51.88% de las entrevistadas opinó que a sus maridos les interesa estar con ellas su tiempo libre.

En lo que respecta a la incidencia de las peleas violentas de los maridos con otros hombres, el 23.33% de las mujeres respondieron que "a menudo" (4.10%), "algunas veces" (9.67%), "una o dos veces" (9.56%) mientras que el 75.77% dijo que "nunca".

El 86.02% opinó que prefieren la compañía de otras personas a la de sus esposos y de éstas el 63.82% mencionó a sus hijos como las "otras personas", lo que muestra la importancia de los hijos como compañeros o quizás como apoyo moral. Solamente el 13.43% mencionó a sus esposos en este aspecto.

El considerar que el matrimonio presenta desventajas sin especificarlas, representa una de las variables mal distribuidas sustraídas de esta recodificación. El 37.09% de las entrevistadas no encontró desventajas en el hecho de estar casadas, el 12.4% no supo opinar al respecto y el 49.83% de las mujeres mencionó una serie de desventajas implicadas en el matrimonio.

En relación con el análisis de varianza sobre el factor conyugal XI y las variables independientes y criterio, se encontraron resultados significativos en lo que respecta a la ocupación del marido, a su grado de escolaridad y al método de contracepción que la mujer tenía intención de usar.

Interrelación conyugal baja y "machismo" fueron características de los grupos con niveles ocupacionales y educacionales bajos así como de las mujeres que no tenían la intención de usar ningún método anticonceptivo o con la intención de practicar el coito interrumpido (un método difícil, de baja efectividad e inhibidor del coito).

Estos hallazgos son de trascendencia ya que apoyan la idea presentada en el capítulo 4 sobre la relación de los niveles socioeconómicos bajos, la relación conyugal de dominación masculina, el machismo en los maridos y la ausencia de uso de métodos anticonceptivos.

Factor XII. Grado de acuerdo entre los cónyuges sobre el tamaño de la familia y la planificación de ésta, de sumisión e interrelación. Este factor explica el 2.4% de la varianza y se refiere a una relación positiva entre la actitud del marido hacia la planificación familiar (0.72), quién toma las decisiones en cuanto a tener o no más hijos (0.49), la suma de la puntuación de las preguntas sobre interrelación (0.35) y el punto de vista de la esposa sobre la obediencia incondicional al marido (0.33) (véase el cuadro G).

En uno de los extremos de esta dimensión se encuentran los maridos que están de acuerdo con la planificación familiar, las parejas que adoptan conjuntamente las decisiones referentes a tener más hijos o no, con un alto grado de interrelación en su matrimonio y en donde la mujer no considera que al marido se le debe obedecer siempre. En el otro extremo, se encuentran los maridos que desaprueban la planificación familiar, en donde son ellos mismos los que deciden el número de hijos, es decir, parejas con un bajo grado de interrelación en su matrimonio y en donde la mujer acepta la obediencia incondicional al marido.

Aquí parece existir un factor directo fácilmente explicable en el sentido de que, en un extremo, observamos a las mujeres sumisas que interactúan al mínimo con sus esposos y que les permiten tomar las decisiones sobre el número de los hijos, además del hecho adicional del desacuerdo de los maridos ante la planificación familiar. En el otro extremo, se incluyen a mujeres que no son sumisas, con un alto grado de interrelación con sus esposos, que toman las decisiones concernientes al número de hijos conjuntamente ya que estos últimos aprueban la planificación familiar.

En relación con la distribución de estas variables, el 76.22% de los maridos, según las esposas, aprueban la planificación familiar y el 22.18% está en contra. El 75.43% de las parejas deciden el número de hijos en forma conjunta, en el 12.74% de los casos la mujer lo decide sola y en el 8.53% esta decisión recae en el marido.

En el factor VII de este capítulo se analizó la distribución de la suma de la puntuación de las preguntas sobre la interrelación.

En la pregunta que enfoca la obediencia incondicional al marido, el 24.91% de las entrevistadas ofreció una respuesta afirmativa, el 69.28% consideró que sólo se le tendría que obedecer si el esposo tuviera la razón y el 3.07% dijo que nunca.

Al observar los análisis de varianza sobre el factor conyugal XII y las variables independientes y criterio, se aprecian resultados significativos en relación con la ocupación del marido, el grado de escolaridad de la entrevistada y del marido, el método anticonceptivo utilizado en ese momento y el que se tiene la intención de usar.

El grado de acuerdo en cuanto al número de hijos, el tamaño de la familia, la planificación familiar y el nivel de interrelación es alto mientras que el grado de sumisión por parte de la esposa hacia su marido es bajo entre las parejas en donde los niveles ocupacionales del marido y educacionales de ambos cónyuges son elevados.

Con respecto a las variables criterio: la concordancia en estos aspectos, la alta interrelación y la baja sumisión son características de aquellas entrevistadas que utilizan los métodos de contracepción más seguros y entre las que informaron su intención de usarlos.

Por lo tanto, según parece, cuando el marido aprueba la planificación familiar, se usan métodos más seguros. Este hallazgo puede ser un apoyo directo para los resultados obtenidos por Siassi (1972) con parejas iraníes, descritos anteriormente.

Factor XIII. La seguridad emocional y la económica se consideran las ventajas primordiales del matrimonio; no se especifican las desventajas. Este factor explica el 2.3% de la varianza y está constituido por dos variables mal distribuidas, originadas por la recodificación antes mencionada. Analiza una dicotomía en donde, en un extremo, se encuentran las mujeres que opinan que el matrimonio tiene desventajas, aunque no las especifican (0.36) y las que consideran como ventajas principales del mismo la seguridad económica y emocional (0.71) (véase el cuadro G).

En el extremo opuesto se clasifican las mujeres que no le encuentran desventajas al matrimonio y que no consideran la seguridad económica y emocional como la ventaja principal de éste.

Se obtuvieron resultados significativos al comparar este factor respecto a las diferentes edades y al grado de escolaridad de la entrevistada.

En los cuatro grupos más jóvenes que fluctúan entre los 15 y los 30 años, y especialmente el grupo de 27 a 30 años, y el de 19 a 22 años con experiencia escolar baja, se encontró la tendencia a considerar la seguridad emocional y la económica como las ventajas principales del matrimonio, y a afirmar que el matrimonio presenta desventajas, aunque no las especificaron.

Si se compara este resultado con el del factor X, en donde las mujeres con un mayor grado de educación eran las que consideraban la seguridad emocional como la ventaja principal del matrimonio, podríamos afirmar que, en este caso, la palabra clave es la seguridad económica. Los grupos a todos niveles de educación parecen buscar el apoyo moral, mientras que los grupos con mayores desventajas buscan además la seguridad económica en el matrimonio. Esto se puede explicar por el hecho de que el segundo grupo es el que enfrenta mayores dificultades socioeconómicas.

Factor XIV. Éste es un factor trivial y probablemente intrascendental al que no se le designó ningún título, que explica el 2.2% de la varianza y se refiere a la relación positiva entre la variable mal distribuida: "no conoce las ventajas del matrimonio" (0.69) y el marido no se pelea en forma violenta con otros hombres (0.41) (véase el cuadro G).

La distribución de ambas variables se ha descrito con anterioridad. Los resultados significativos en los análisis de varianza sobre este factor se refieren únicamente al aspecto de la edad. Sólo se puede decir que las mujeres más jóvenes y las de mayor edad representan los grupos que no supieron mencionar las ventajas del matrimonio y en donde el marido acostumbra pelearse poco con otros hombres. Dada la trivialidad de este factor, su mención en este estudio indica una mera formalidad aunque no merezca consideración para la conclusión de este análisis.

Factor XV. No se aprecian ventajas en el matrimonio. De nuevo nos encontramos ante un factor trivial, que explica el 2.1% de la varianza y que posee un solo componente: una variable mal distribuida derivada de la recodificación mencionada con anterioridad. Esta variable es el no encontrar ventajas en el matrimonio (0.72). Su distribución se describió anteriormente.

Con relación a las variables independientes, lo único que se puede afirmar es que los grupos ocupacionales 2 y 6 (véase apéndice) no encuentran ventajas en el matrimonio. Este factor se menciona sin pretender ninguna evidencia concluyente ya que cuenta con un solo elemento derivado de una variable mal distribuida.

Factor XVI. Hacia una relación igualitaria. Este factor representa un cambio alentador después de los últimos factores triviales. A pesar de que únicamente explica el 2.1% de la varianza, parece abarcar una dimensión interesante, en donde por una parte observamos los conceptos de la mujer que afirma que ni ella ni el esposo tienen derecho a la infidelidad (0.72) y que la obediencia al marido no debería ser incondicional (0.32) y por otra parte encontramos a las mujeres que piensan que el marido tiene derecho a ser infiel y que la obediencia es incondicional (véase el cuadro G).

El 26.9% de las entrevistadas compartieron la opinión de que el marido tiene mucho más derecho a ser infiel, el 8.65% expresó que ambos cuentan con el mismo derecho, el 3.30% mencionó que la mujer tiene mayor derecho y el 57.45% sugirió que a ninguno se le debería otorgar este privilegio. Podemos apreciar un reflejo del autoconcepto de la mujer y de su concepto hacia los hombres en relación con este punto, descrito en el capítulo 4.

El 24.91% de las entrevistadas dijo que la obediencia al marido debería ser incondicional, el 69.28% afirmó que así debería ser siempre y cuando ella considerara que él tenía la razón y el 3.70% sugirió que nunca se les debería obedecer a los esposos.

Al observar los análisis de varianza respecto al factor conyugal XVI, se encuentran diferencias significativas en relación con los niveles ocupacionales y educacionales del marido, con si la entrevistada había trabajado antes de casarse y con su nivel de escolaridad. Se encontró asimismo una relación significativa entre el método anticonceptivo utilizado en ese momento y el que se tenía la intención de usar.

Las parejas en proceso de una relación conyugal igualitaria pertenecen a los grupos con niveles ocupacionales y educacionales más altos, en donde la mujer cuenta con experiencia laboral, que utiliza o tiene la intención de utilizar ya sea un método tradicional local, el diafragma o un dispositivo intrauterino.

Resumen. Se encontraron 16 factores conyugales virtualmente independientes referentes al tipo de relación entre los cónyuges.

Los hallazgos generales indicaron que en el tipo de relación igualitaria, tanto el esposo como la esposa toman las decisiones y comparten las tareas domésticas, realizan diferentes actividades en forma conjunta, la esposa prefiere dialogar con su esposo que con otras personas y existe un nivel general alto de interrelación entre el hombre y la mujer, tanto en su concordancia sobre el tipo ideal como en su relación conyugal diaria.

En el otro extremo, encontramos las relaciones conyugales con predominancia masculina, en donde el hombre toma las decisiones, la mujer realiza las labores domésticas, pocas actividades se comparten, la mujer muestra una marcada preferencia por dialogar con otras personas y no con su esposo, y la presencia de un alto grado de machismo.

La presencia del machismo en estas situaciones concuerda con la definición del machismo (Back y Hass, 1973) que habla de la dominación de la mujer y de la subestimación de cualquier tarea doméstica.

Estos hallazgos también están de acuerdo con la opinión de Leñero (1973) respecto al hecho de que la mujer participa muy poco, comparativamente, en las decisiones sobre su vida propia; el hombre es el responsable de tomar las decisiones, ella hace el trabajo de la casa y cuida a los hijos.

La situación igualitaria parece prevalecer entre las parejas en un estrato socioeconómico más alto, en donde la esposa trabajó antes del matrimonio, y también entre los grupos de edad intermedia.

Bott (1971) citó estudios por Davis y Havighurst (1947) y por Mass (1951) que se relacionan directamente con los actuales. Observaron que la segregación conyugal era mucho más pronunciada en los grupos de la clase baja en Estados Unidos que en los grupos socioeconómicos más altos.

En muchos estudios se han encontrado resultados similares al presente respecto a las correlaciones positivas entre las relaciones conyugales conjuntas y el uso de la planificación familiar (v. gr. Hill y colaboradores, 1959; Back y Hass 1973; Cochrane y colaboradores, 1973), entre el nivel educacional y la comunicación entre cónyuges (v. gr. Mukherjee, 1975) y entre la comunicación y el nivel socioeconómico (v. gr. Rainwater, 1960).

La mujer, en cualquier grupo socioeconómico, prefiere al hombre dedicado, trabajador y responsable en contraposición con el esposo amoroso y comprensivo. Este hallazgo se explica al sugerir que este último concepto está implícito en el primero.

En todos los niveles socioeconómicos, las entrevistadas consideraron la seguridad emocional como la ventaja principal del matrimonio; sin embargo, miembros de grupos socioeconómicos más bajos, además buscan la seguridad económica en el matrimonio.

Respecto a la contracepción, los resultados no son tan precisos o directos como se hubiera esperado. En general, parece prevalecer la relación igualitaria entre las usuarias y entre las que intentan utilizar alguno de los métodos de mayor y menor efectividad. En algunos casos (v. gr. factores IX, XI y XII) los resultados mostraron una relación positiva entre la seguridad del tipo de contracepción utilizado y el que se tiene intención de usar en las relaciones conyugales igualitarias.

El tipo de método y el grado de dificultad contribuyeron en menor grado. Estas clasificaciones son aplicables a los factores V, IX y XI aunque no se llegó a conclusiones a este respecto.

CAPÍTULO 12

FACTORES DE MODERNIZACIÓN

En este análisis factorial se utilizó una serie de variables relacionadas con los conocimientos y conductas en torno a la política, contacto con los medios de comunicación masiva, el nivel de instrucción, religión y actividades de lectura de los sujetos entrevistados. Se obtuvieron 12 factores virtualmente independientes (véanse los cuadros I y J).

Cabe sin embargo señalar que en esta parte de la investigación se encuentran presentes algunas de las variables mal distribuidas, elaboradas durante la recodificación descrita en capítulos anteriores.

Factor I. El conocimiento político. Explicó el 16.7% de la varianza, e inquirió sobre una relación positiva en el conocimiento de las entrevistadas respecto a diferentes figuras políticas mexicanas, específicamente Gustavo Díaz Ordaz (0.76), Luis Echeverría (0.61), Miguel Hidalgo y Costilla (0.61) y Benito Juárez (0.56) (vase el cuadro I).

Esto significa que aquellas personas que sabían quién era Díaz Ordaz también sabían quiénes eran Echeverría, Hidalgo y Juárez.

Empero, se considera que el grado de dificultad de estas preguntas fue bajo, por lo que se consideró que en futuros estudios éste deberá aumentarse.

Lo anterior se puede apreciar en la distribución de las variables. El 74.52%, el 89.99%, el 71.56% y el 76% de las entrevistadas supieron quiénes eran Díaz Ordaz, Echeverría, Hidalgo y Juárez respectivamente.

Al observar los análisis de varianza que corresponden a este factor se encuentran resultados significativos en relación con la edad, nivel ocupacional y educacional del esposo, escolaridad de la esposa, método anticonceptivo utilizado y aquel que la entrevistada tenía la intención de usar.

Se pudo advertir que las entrevistadas que contaban con mayor conocimiento político se encontraban entre los 23 y los 30 años de edad, tenían un nivel de escolaridad alto, sus esposos habían alcanzado un nivel ocupacional y educacional elevado, y usaban como método anticonceptivo el ritmo, los preservativos, las jaleas, las cremas o las espumas vaginales, y tenían la intención de utilizar preservativos, coito interrumpido, supositorios vaginales, ritmo o un método local tradicional. Todas estas prácticas anticonceptivas están clasificadas dentro del grupo de los métodos "difíciles", dependientes o inhibidores del coito, considerando que requieren de una motivación durante períodos prolongados.

Se encontró que los niveles más bajos de conocimiento político correspondían a mujeres cuyo estatus socioeconómico era inferior, empleaban los métodos tradicionales y respondieron "ninguno" o "no sé" a la pregunta sobre qué método anticonceptivo estaban usando en este momento. También se pudo observar que aquellas que afirmaron tener la intención de usar las jaleas, espumas o cremas vaginales formaban parte de este grupo.

Es imposible en este momento establecer conclusiones definitivas respecto al tipo y grado de seguridad o dificultad de los métodos anticonceptivos.

Factor II. Interés en los temas políticos. Este factor se ocupa principalmente del grado de interés por los asuntos políticos internacionales, *versus* los asuntos nacionales, entre las entrevistadas y explica el 7.6% de la varianza.

Se refiere específicamente a la relación positiva entre el grado de preocupación por las cuestiones internacionales presente en el interés por los temas políticos (0.92), el interés por los asuntos políticos en general (0.84), el interés por discutir los problemas nacionales más que los de la ciudad o los locales (0.84), y la frecuencia con la que las entrevistadas comentan sobre política con sus amistades (0.76) (véase el cuadro I).

Esto significa que las mujeres a quienes les interesan más los temas internacionales están conscientes de los asuntos políticos en general, prefieren discutir los problemas nacionales más que los de la comunidad local y con frecuencia hablan de política con sus amistades.

En el otro extremo de esta dimensión local-internacional se encontrarían las mujeres que no están interesadas por los asuntos políticos, y que nunca discuten de política con sus amigos.

Al examinar la distribución de estas variables se advierte que el 5.46% de las entrevistadas no supo qué tema político le interesaba, el 52.79% respondió "ninguno", el 9.33% los problemas locales, el 7.62% los relacionados con la ciudad de México, el 21.16% los del país y el 2.84% los asuntos internacionales.

Respecto a la frecuencia con que las entrevistadas hablan de política con sus amistades, el 5.12% no proporcionó información, el 63.37% respondió que "nunca", el 15.36% "casi nunca", el 13.99% "algunas veces" y sólo el 1.82% "a menudo".

Estas cifras ejemplifican el hecho de que las entrevistadas muestran escaso interés por la política, y que a la mayoría no les interesa lo que suceda fuera de su país.

Se encontró interés en temas políticos internacionales entre mujeres comprendidas en el grupo de edades intermedias, que contaban con cierta experiencia de trabajo previa al matrimonio y cuyos esposos tenían un nivel ocupacional y educacional alto, y entre las que por lo menos habían cursado secundaria. Se encontró además que las usuarias de métodos anticonceptivos con tasas de efectividad media o alta pertenecían a este grupo de personas, mientras que las usuarias de métodos con tasas de efectividad baja, o mujeres que no empleaban ninguno, sentían mayor interés por los problemas locales y nunca hablaban de política con sus amistades. No se encontraron diferencias significativas en lo que se refiere a las intenciones en cuanto al método anticonceptivo a adoptar. También se encontró que las entrevistadas más jóvenes y las de mayor edad cuyo estatus socioeconómico era bajo pertenecían al grupo con menor interés hacia la política.

Factor III. Religión. Explica el 6.7% de la varianza y considera una relación positiva entre diferentes aspectos de religiosidad de la entrevistada, a saber: con qué frecuencia comulga (0.92), se confiesa (0.90), asiste a la iglesia (0.62) y qué tan creyente se piensa (véase el cuadro 1). En suma, esta dimensión de religiosidad incluye a las mujeres devotas que asisten a la iglesia, se confiesan y comulgan con mucha frecuencia, por un lado, y en el otro extremo se encuentran aquellas mujeres que no son religiosas, y rara vez o nunca asisten a la iglesia, se confiesan o comulgan.

Al estudiar la distribución de estas variables se advierte que la mayoría de las mujeres no practica su religión, ni tampoco se conceptúan a sí mismas como muy religiosas.

El 35.27% se consideró religiosa, el 6.71% muy religiosa, el 52.56% poco religiosa y el 3.3% no religiosa.

Con respecto a la práctica religiosa, el cuadro 16 muestra la frecuencia con que las mujeres asisten a la iglesia, se confiesan y comulgan. En términos generales, se observa que las mujeres asisten a menudo a la iglesia, pero no se confiesan o comulgan (el 35.61% asiste a la iglesia una vez a la semana, mientras que sólo el 3.19% y el 2.39% comulgan y se confiesan con la misma frecuencia respectivamente. El 3.87% nunca asiste a la iglesia, en comparación con el 39.82% y el 41.30% que nunca se confiesan o comulgan).

En este factor los reactivos se codificaron de tal manera que los números mayores corresponden a un nivel bajo de religiosidad.

Examinando los análisis de varianza significativos, se descubrieron diferencias en religiosidad según la edad, ocupación del esposo y escolaridad de la entrevistada.

Se encontró que las mujeres más devotas son las más jóvenes y las de mayor edad, las que no tienen escolaridad y, sorprendentemente, aquellas cuyos esposos tienen un nivel ocupacional más alto. Quizá esto se deba a que las mujeres que gozan de una posición socioeconómica más holgada cuentan con más tiempo libre para dedicarlo a las actividades religiosas que aquellas con problemas económicos. Por ende, este factor refleja más una práctica religiosa que una creencia. De hecho, sus tres componentes principales se refieren a la participación activa, mientras que sólo el cuarto implica algún grado de religiosidad (véase el cuadro 1).

Factor IV. La televisión. Este factor, que explica el 5.9% de la varianza, simplemente se refiere a la relación positiva entre el hecho de ver televisión (0.94) y con qué frecuencia (0.94) (véase cuadro 1). Es pues una dimensión donde en un extremo se encuentran las mujeres que ven televisión cuatro horas diarias y en el otro aquellas que nunca lo hacen.

Cuando se les preguntó si veían televisión, el 88.96% de las entrevistadas respondió que sí, mientras el 10.35% contestó que no. Sin embargo, cuando se les preguntó con qué frecuencia lo hacían sólo el 8.87% respondió que nunca, el 1.82% que cada tres meses (0.57%) o cada quince días (0.57%), el 3.87% una vez a la semana, el 9.78% más de una vez a la semana, el 36.75% de 30 minutos a dos horas diarias, el 24.51% de 3 a 4 horas diarias y el 13.31% más de cuatro horas diarias.

Esto significa que el 74.63% de las entrevistadas ve televisión por lo menos una hora y media todos los días, lo que indica que es uno de los medios de difusión más importantes entre la población femenina de la ciudad de México.

Además, se encontró que la audiencia menos numerosa de la televisión está constituida por mujeres muy jóvenes y de edad madura cuyos maridos tienen un nivel ocupacional y de escolaridad bajo, y utilizan y tienen la intención de usar un método anticonceptivo con una tasa de efectividad baja, y entre las que no están utilizando ni tienen la intención de usar ningún tipo de método.

Quienes ven televisión con mayor frecuencia son las mujeres de los grupos intermedios de edad con un estatus socioeconómico más alto, y que utilizan o tienen la intención de recurrir a alguno de los métodos anticonceptivos con tasas de efectividad más elevadas. Una vez más, esto podría atribuirse al hecho de que los grupos socioeconómicos superiores cuentan con recursos económicos y más tiempo disponible para dedicarse a esta actividad. También es importante hacer notar que la televisión influye de manera significativa en la adopción de la práctica anticonceptiva.

Factor V. Lectura de historietas y fotonovelas. Este factor bastante trivial explica el 4.9% de la varianza, y alude a una relación positiva entre dos variables elaboradas durante la recodificación, pero mal distribuidas: leer historietas y fotonovelas (0.90), y realizar otro tipo de lectura además del periódico (0.42) (véase el cuadro I).

El factor V simplemente comprende una dicotomía en donde en un extremo se encuentran las mujeres interesadas en otro tipo de lectura aparte del periódico, específicamente historietas y fotonovelas, y en el otro extremo se encuentran las entrevistadas que no realizan otro tipo de lectura además del periódico, pero debido a la forma en que estas variables fueron elaboradas es imposible saber si siquiera leen el periódico.

El 22.53% de las entrevistadas respondió que no leía historietas, fotonovelas, libros o revistas femeninas, y el 16.15% informó leer historictas y fotonovelas.

Como se ha advertido anteriormente, se aconseja al lector tener especial cuidado al examinar este tipo de factores constituidos exclusivamente por las variables mal distribuidas que se elaboraron durante la recodificación.

Los resultados de los análisis de varianza muestran que el grupo de lectoras de historietas y fotonovelas está formado por mujeres de edad madura, con un nivel de escolaridad bajo o nulo y por usuarias del coito interrumpido. En el otro extremo se encuentran las mujeres más jóvenes, con un mayor grado de escolaridad y que informaron utilizar preservativos.

Factor VI. Ver telenovelas contra ver historias policiacas. Este factor explica el 4.2% de la varianza y entraña una relación negativa entre el hecho de ver telenovelas (−0.78) y ver películas e historias policiacas (0.86), reflejando una dicotomía en la que en un extremo se encuentran las mujeres que siguen las telenovelas y en el otro aquellas que prefieren las películas e historias policiacas (véase el cuadro I).

También se puede decir que este factor establece una división entre los televidentes vespertinos y nocturnos, ya que la mayoría de las telenovelas se presentan por la tarde, mientras que las películas y en especial las series policiacas pasan durante la noche.

Al preguntárseles qué programas de televisión preferían, el 27.76% de las entrevistadas señaló como primera opción las "telenovelas", y el 24.53% las películas e historias policiacas.

Los análisis de varianza arrojaron resultados significativos respecto a la ocupación y educación del esposo, así como en relación con la escolaridad de la entrevistada.

Se pudo observar que los grupos socioeconómicos bajos (caracterizados por bajos niveles educacionales y ocupacionales) forman el principal auditorio de las telenovelas, mientras que las personas de un estrato socioeconómico superior prefieren las películas e historias policiacas.

Esto se puede atribuir a la programación de dichas series. Las telenovelas se presentan generalmente en la tarde, cuando las mujeres con un nivel socioeconómico bajo, quienes generalmente no cuentan con ayuda en lo que se refiere a las tareas domésticas y el cuidado de los hijos, se encuentran en casa y pueden ver estos programas mientras desempeñan sus labores.

Aquellas otras que gozan de mejor posición socioeconómica pueden salir durante la tarde y consideran la televisión como una actividad recreativa adicional que por lo regular se realiza durante la noche, cuando se transmiten la mayoría de los programas policiacos.

Factor VII. Intereses de lectura y niveles de instrucción. El factor VII explica el 4.1% de la varianza y se refiere a una relación positiva entre el hecho de que las entrevistadas lean "éxitos de librería" (0.90), la frecuencia con que leen el periódico (0.44), su velocidad de lectura (0.34) y el que cultiven otro tipo de lectura además del periódico (0.30), así como una relación negativa entre estas variables y el número de errores en la lectura (0.31) (véase el cuadro I).

Este factor comprende una dimensión donde en un extremo se encuentran las mujeres que leen a una velocidad normal, cometen pocos errores en su lectura, leen "éxitos de librería" y el periódico con frecuencia, además de otros libros o revistas. En el otro extremo están aquellas cuya capacidad de leer o escribir es muy pobre y les interesa muy poco o no les interesa la lectura, ya que leen muy despacio, cometen muchos errores o no saben leer, y no leen nada.

Al examinar la distribución de estas variables se encontró que el 61.32% de las entrevistadas tenía una velocidad de lectura normal, el 23.44% lenta, el 7.28% muy lenta y el 6.94% no sabía leer.

Respecto al número de errores cometidos durante un ejercicio de lectura —se les pidió que leyeran la frase "La primavera es una de las estaciones más bonitas del año, pues es cuando los árboles se llenan de flores"—, el 40.84% de las entrevistadas no cometió ningún error, el 17.06% tan sólo uno, el 13.88% dos errores y el 19.83% tres o más errores. Esta cifra es muy elevada si se considera que este ejercicio constaba sólo de 20 palabras.

De las personas que mencionaron otro tipo de lectura además del periódico, el 15.81% señaló como primera respuesta los "éxitos de librería" y el 2.5% "otras cosas", sin especificar si se trataba de revistas femeninas, "éxitos de librería", novelas, historietas o fotonovelas.

Con relación al periódico, el 42.21% de las entrevistadas reconoció que nunca lo leía, el 14.79% respondió que cada quince días, o una vez al mes, el 17.63% una vez a la semana y el 16.04% todos los días.

Al observar los resultados de los análisis de varianza practicados entre el factor VII de modernización y las variables independientes y criterio, surgieron diferencias significativas respecto al nivel educacional y ocupacional del esposo, el nivel de instrucción de la esposa y los métodos anticonceptivos que las entrevistadas informaron utilizar y los que tienen la intención de usar.

Se pudo advertir que las entrevistadas que tenían mayor interés por la lectura fueron aquellas que contaban con un grado más alto de escolaridad, cuyos esposos tenían un nivel ocupacional y educacional superior, y estaban utilizando o tenían la intención de usar alguno de los métodos anticonceptivos con tasas de efectividad alta. Como en el caso de los factores anteriores, resulta muy difícil establecer diferencias claras respecto a las conductas e intenciones en torno a la planificación familiar, lo mismo en términos del tipo que en grado de seguridad y dificultad de los diferentes métodos.

Factor VIII. El nivel de instrucción y contacto con la radio. El factor VIII, que abarca el 3.8% de la varianza, muestra una relación positiva entre la frecuencia con que la entrevistada escucha la radio (0.76), la cantidad de palabras que escribió cuando se le pidió narrara lo que más le gusta hacer (0.52), y su velocidad de lectura (0.45), así como una relación negativa con el número de errores cometidos (véase cuadro I).

Por consiguiente, esta relación implica una dimensión donde en un extremo se encuentran las mujeres que escuchan la radio con frecuencia, emplean muchas palabras para describir qué es lo que más les gusta hacer, leen a una velocidad normal y tienen pocos o ningún error de lectura. En el otro extremo se encontrarían aquellas que nunca escuchan la radio y no escribieron nada cuando se les pidió describieran lo que más les gustaba hacer, y las que no saben leer.

A continuación se muestra la frecuencia con que las entrevistadas respondieron a cada una de las opciones: el 8.3% contestó que nunca escucha la radio, el 4.1% entre menos de cada tres meses y una vez a la semana como promedio, el 5.8% más de una vez a la semana, el 29.01% todos los días de 30 minutos a 2 horas, el 20.93% entre 3 y 4 horas diarias, el 24.8% más de 4 horas diarias. Al igual que en el caso de la televisión que se vio en el factor IV, el escuchar la radio parece ser una actividad muy popular, lo que lo convierte en un excelente medio de difusión para la transmisión de mensajes dirigidos a la población femenina de la ciudad de México.

En cuanto al número de palabras empleadas por la entrevistada para describir qué es lo que más le gusta hacer, el 15.02% no escribió ninguna palabra, el 9.67% sólo una palabra, el 11.26% dos, el 17.29% tres, el 9.56% cuatro, el 8.3% cinco, el 4.55% seis, el 5.12% siete y el 19.11% ocho o más palabras. Estas cifras reflejan el hecho de que la mayoría de las entrevistadas no desarrollaron oraciones completas, sino que se limitaron a describir en unas cuantas palabras las actividades que más disfrutan.

En el factor VII se detallaron los porcentajes de la variable relacionada con la velocidad de lectura y el número de errores cometido.

En el análisis de varianza se obtuvieron resultados significativos en relación con la experiencia de trabajo previa al matrimonio o la ausencia de ésta, el nivel de escolaridad de la entrevistada, el nivel ocupacional del esposo, el método anticonceptivo que utilizaba y el que tenía la intención de utilizar.

Se encontró que el porcentaje más alto de asiduas radioescuchas con niveles de instrucción altos correspondía a mujeres con un estatus socioeconómico superior (medido por su nivel de escolaridad y los logros escolares y de trabajo del esposo), las cuales utilizaban o tenían la intención de usar preservativos como método anticonceptivo.

En el extremo opuesto se encontraban aquellas con un estatus socioeconómico más bajo, y que no empleaban prácticas anticonceptivas, y tenían la intención de utilizar jaleas, espumas, cremas o supositorios vaginales, es decir, métodos difíciles, dependientes del coito y con tasas de efectividad media y baja.

Factor IX. Interés en la lectura. Una vez más nos encontramos con un factor cuyos dos elementos principales son dos variables mal distribuidas, elaboradas durante la recodificación, por lo que simplemente refleja cuántas personas señalaron cada una de las opciones como primera elección.

Explica el 3.5% de la varianza, y señala una relación positiva entre la falta de interés por los libros culturales y educativos (0.91) y la nula lectura de otra clase de libros, revistas femeninas, historietas y fotonovelas (0.30) (véase el cuadro I).

El factor IX refleja una dimensión en la que en un extremo se encuentran las mujeres que no leen ninguna clase de libros, revistas, historietas o fotonovelas, y en el otro aquellas que leen libros culturales o educativos, lo mismo que otra clase de libros o revistas.

Se pudo observar que el 22.53% de las entrevistadas no leen libros, revistas y fotonovelas, el 6.83% leen novelas poco conocidas, el 17.86% "éxitos de librería", el 16.5% libros educativos y culturales, el 13.42% revistas femeninas y el 16.15% historietas y fotonovelas.

Al igual que los resultados anteriores, esto nos muestra que quienes están menos interesadas por la lectura son las mujeres con poca o ninguna preparación escolar y cuyos esposos también tienen un nivel educacional y ocupacional muy bajo.

Por otro lado se pudo advertir que en el extremo socioeconómico alto del continuo existe un gran interés por la lectura.

Respecto a las intenciones y conductas relacionadas con la anticoncepción, el menor interés por la lectura se encontró entre mujeres que respondían "no sé" o "ninguno" a la pregunta de qué método anticonceptivo tenían la intención de utilizar. Lo mismo ocurrió entre aquellas entrevistadas que informaron tener la intención de utilizar jaleas, cremas vaginales o espumas, es decir, métodos difíciles, dependientes del coito, con tasas de efectividad bajas o medias.

Factor X. Contar con los medios para satisfacer las necesidades económicas y la lectura de revistas femeninas. Explica el 3.4% de la varianza, y revela una relación positiva entre el interés por las revistas femeninas (0.94) y el contar con los medios necesarios para satisfacer las necesidades económicas de la familia (0.33) (véase el cuadro I).

Este factor cubre una dimensión en un extremo de la cual se encuentran las entrevistadas que cuentan con los medios necesarios para satisfacer las necesidades económicas de su familia y pueden permitirse comprar revistas femeninas, mientras que en el otro están aquellas cuya posición económica no les permite este tipo de lectura, ya que si no cuentan con los medios para satisfacer sus necesidades básicas, mucho menos tienen para adquirir revistas.

La distribución de estas variables se analizará posteriormente. Este factor puede sonar lógico, pero no es de importancia para el propósito del estudio.

Factor XI. Escuchar los programas cómicos y musicales en la radio, ir al cine y tener satisfechas las necesidades económicas. El factor XI, que explica el 3.3% de la varianza, encuentra una relación positiva entre el escuchar programas musicales y cómicos en la radio (0.70), ir al cine (0.56) y contar con los medios necesarios para satisfacer las necesidades económicas (0.33) (véase el cuadro I).

Se podría decir que, al igual que en el factor X, esta dimensión refleja la importancia de contar con los medios necesarios para satisfacer las necesidades económicas antes de poder disfrutar de los beneficios de los medios de comunicación masiva. En un extremo se encuentran las mujeres que no disponen de suficientes recursos para satisfacer sus necesidades económicas, las cuales no escuchan los programas musicales y cómicos en la radio ni van al cine. En el otro están las entrevistadas que gozan de una mejor posición económica, escuchan este tipo de programas y van con frecuencia al cine.

Al observar los porcentajes de estas variables se advierte que el 58.7% de las entrevistadas respondió "programas musicales y cómicos" cuando se les preguntó qué programas radiofónicos escuchaban.

El 29.96% nunca va al cine, el 14.9% menos de una vez al año, el 15.81% cada seis meses, el 11.15% cada dos meses, el 14.45% una vez al mes, el 11.6% cada quince días y el 7.51% una vez a la semana.

Cuando se las interrogó sobre si contaban con los medios necesarios para satisfacer las necesidades económicas de la familia, el 30.03% dio una respuesta negativa y el 69.06% una positiva.

Los análisis de varianza arrojaron resultados significativos en relación con la edad de la entrevistada, la experiencia laboral previa al matrimonio o la ausencia de ésta, la ocupación y escolaridad del esposo, el método anticonceptivo que utilizaba y el que tenía la intención de usar.

Se encontró que las mujeres que escuchan programas musicales y cómicos en la radio, van al cine con frecuencia y consideran tener los medios necesarios para satisfacer las necesidades económicas de la familia, pertenecen a los cuatro grupos de menor edad (de 15 a 30 años), a estratos socioeconómicos más altos (medidos por la escolaridad y ocupación del esposo) y al grupo de las que habían trabajado antes de contraer matrimonio.

Respecto a las intenciones y conductas en el terreno de anticoncepción, fueron las seguidoras de los métodos de contracepción con tasas de efectividad media o alta las que afirmaron escuchar este tipo de programas, acudir al cine con frecuencia y contar con los medios necesarios para satisfacer las necesidades económicas de la familia.

Factor XII. Grado de apertura a la información externa y votación en las elecciones pasadas. Este factor, que explica el 3.1% de la varianza, entraña una relación positiva entre el hecho de tener mayor confianza en la información recibida a través de un periódico que de un amigo (0.62), haber votado en las elecciones pasadas (0.66) y el número de veces que la entrevistada ha hablado con un extranjero (0.51) (véase el cuadro I).

En un extremo de la dimensión encontraríamos a la mujer que confía más en el periódico que en las noticias que le da un(a) amigo(a), votó en las últimas elecciones y ha tenido contacto con personas extranjeras en muchas ocasiones. En el extremo opuesto, a una persona que no acepta tan fácilmente información proveniente de fuentes extrañas, que nunca ha hablado con un extranjero, que confía más en la información proporcionada por un(a) amigo(a) que en lo que pueda leer en los periódicos, y que además no votó en las elecciones pasadas.

El 62.68% de las entrevistadas afirmó tener mayor confianza en la información del periódico que en la proporcionada por un(a) amigo(a), el 31.85% respondió que no se fiaría de ninguno de los dos y el 3.07% eligió al amigo.

El 85.55% de las mujeres admitió haber votado en las elecciones pasadas, mientras que el 13.31% reconoció no haberlo hecho. Este porcentaje tan elevado se puede atribuir al hecho de que los entrevistadores se presentaron como miembros de una dependencia gubernamental, lo que pudo haber provocado que las entrevistadas, temerosas de la autoridad, proporcionaran información falsa.

Respecto a la frecuencia con que las entrevistadas han tenido contacto con personas extranjeras, el 4.78% respondió que no sabía, el 62.57% que nunca, el 13.31% de una a cuatro veces en su vida, el 5.12% entre cinco y nueve ocasiones, el 7.62% diez o veinte veces, el 3.07% una vez al mes, el 1.82% una vez a la semana y el 1.37% todos los días.

Al observar el análisis de varianza se encuentran diferencias significativas respecto a la edad de la entrevistada, ocupación del esposo y el método anticonceptivo que tiene la intención de utilizar.

Se encontró que las mujeres abiertas a la información externa y que admitieron haber votado en las elecciones pasadas se encontraban entre los 27 y los 33 años de edad, que las ocupaciones de sus esposos correspondían a los grupos 4 y 7 y que tenían la intención de utilizar diafragmas o dispositivos intrauterinos (véase cuadro de ocupaciones p. 220).

Resumen. Se obtuvieron doce factores prácticamente independientes relacionados con la conducta y el conocimiento político, la preparación escolar, la religión, los medios de comunicación masiva y las actividades de lectura.

En concordancia con los hallazgos anteriores de esta investigación, los resultados generales mostraron que los grupos de mujeres de edades intermedias, con niveles ocupacionales y educacionales altos y con cierta experiencia de trabajo antes del matrimonio, mostraron mayor interés, conocimientos y conductas con relación a la política, un contacto más intensivo con los medios de comunicación masiva, un nivel superior de preparación y mayor inclinación por la lectura.

Sin embargo, encontramos un resultado sorprendente en el factor religiosidad, que muestra que las mujeres más religiosas son las que no cuentan con mucha preparación, pero cuyos esposos ocupan un nivel ocupacional alto. Esto se atribuye al hecho de que las mujeres que gozan de una posición económica desahogada disponen de más tiempo para las actividades religiosas que aquellas con problemas económicos, lo que en realidad refleja una mayor actividad religiosa, más que un auténtico sentimiento religioso.

Los resultados de las investigaciones realizadas por Leñero (1971) y Fromm y Maccoby (1970) también muestran una relación positiva entre los niveles de instrucción y religiosidad.

Respecto a las intenciones y al uso de los anticonceptivos, se vio una tendencia general que favorece los métodos más seguros entre los grupos altamente modernizados (v. gr. factores II, IV y IX). Empero, no se encontraron resultados concluyentes en los análisis de contracepción según el grado de seguridad, nivel de dificultad o tipo de método.

Los resultados de estos tres factores se pueden relacionar con hallazgos anteriores (v. gr. Fawcett y Bornstein, 1973; Gough, 1973; Kahl, 1968), que sugieren que los niveles de fecundidad bajos están positivamente correlacionados con la modernización. Otros autores han encontrado relaciones positivas entre el nivel educacional y la fecundidad (v. gr. Mundingo, 1973; Miro, 1966).

Estas conclusiones se pueden cimentar en el hecho de que las personas con más educación cuentan con una amplia gama de experiencias por estar en contacto con ideas nuevas, personas diferentes e instituciones diversas, y son capaces de realizarse como individuos o de encontrar la satisfacción emocional en otras fuentes, conductas o situaciones que no necesariamente impliquen el tener muchos hijos (Freedman, 1963, citado por Fawcett y Bornstein, 1973).

CAPÍTULO 13

FACTORES MOTIVACIONALES

Las variables que se presentan en esta sección pertenecen al campo motivacional; incluyen el concepto del tiempo, control interno-externo (*locus* de control), grado de fatalismo, aspiraciones, empatía, planeación, apertura al cambio y el ahorro (véase el cuadro K).

Se obtuvo una serie de 12 factores virtualmente independientes (véase el cuadro L) que explicó el 57.6% de la varianza.

Algunas de las preguntas codificadas sobre las aspiraciones (preguntas 24, 49, 50, 51 y 52) y el fatalismo (preguntas 24 y 152) (véase el apéndice) no se refieren a preguntas que trataran directamente con aspectos motivacionales, sino que las respuestas se codificaron después de la entrevista con base en las siguientes definiciones.

Alto grado de fatalismo: La persona siente que fuerzas extrañas a ella controlan su conducta. Lo que origina sus actitudes, creencias, intenciones y conducta es algo extrínseco, ajeno y por lo tanto no está motivada para luchar o esforzarse.

Bajo grado de fatalismo: La persona siente la influencia de un cierto grado de control externo, cree en el factor suerte y en fuerzas extrañas que dirigen su futuro pero duda de la veracidad de estas creencias y por lo menos afirma estar realizando ciertos esfuerzos propios.

Ausencia de fatalismo: La persona está convencida de que ella es el origen o fuente de control de su conducta, se siente intrínsecamente motivada, lucha, se esfuerza. No cree en el factor suerte o en el destino.

Alto nivel de aspiraciones: Se refiere a un alto grado de motivación para alcanzar el éxito con propósitos concretos y definidos. Se observa un alto grado de esfuerzo hacia la obtención de esa meta.

Bajo nivel de aspiraciones: Aspiraciones que no cuentan con una definición precisa, se realizan ciertos esfuerzos pero de hecho las metas no son concretas sino vagas.

Ausencia de aspiraciones: La persona se conforma con lo que el destino o la suerte le depare, no tiene aspiraciones para el futuro o éstas son muy escasas; no lucha por alcanzar algo mejor.

La variable 160 se refiere a la medición o evaluación de la empatía representada por las respuestas de "no sé", en donde la pregunta implicaba que la persona se imaginara dentro de una situación diferente a las vividas o se situara en la posición de otra persona. Esto implica tener un sentido de transferencia de las experiencias (preguntas 42-52, 63-66, 71, 74-76, 144-146, 147, 149, 150, 152).

Las respuestas a las preguntas de este análisis factorial se codificaron de tal forma que los números altos se refieren a un nivel alto de aspiraciones, un grado bajo de fatalismo, un nivel alto de planeación, un *locus* interno de control, un alto nivel de empatía y una gran predisposición al cambio y al ahorro.

Factor I. Planeación, autocontrol y fatalismo. El primer factor explica el 14% de la varianza y se refiere a la relación positiva entre los siguientes reactivos (véase cuadro K):

No es muy bueno planear con demasiada anticipación porque muchas de las cosas resultan ser obra del destino (0.68). Hacer planes por anticipado sólo trae decepciones y problemas ya que los planes son muy difíciles de cumplir (0.67). Muchas veces siento que no tengo suficiente control sobre lo que ocurre en mi vida (0.58). Cuando nace una persona, el éxito que va a tener ya está escrito, así que es mejor que lo acepte y no luche en contra de lo mandado por el destino o por Dios (0.56), con respecto a los problemas políticos del mundo, no se puede hacer nada para cambiarlos (0.49), con las cosas como están hoy en día una persona inteligente se debe preocupar sólo por el presente y no por lo que va a pasar el día de mañana (0.47).

Esta dimensión se refiere por un lado a la persona que planea, con control interno y que no cree en el destino. En el otro extremo se encuentran aquellas mujeres que no les gusta planear con anticipación, carentes de autocontrol, dirigidas por factores extraños y creyentes en el destino.

Al observar la distribución de las respuestas a estos planteamientos, en las preguntas 131 y 135, el 63.94% estuvo de acuerdo y el 33.22% en desacuerdo, 9.10% no proporcionó respuestas; en la pregunta 133 el 63.37% asintió y el 26.73% la desaprobó. Con respecto a la pregunta 138, el 57.34% estuvo en desacuerdo, y el 36.75% la aprobó; en la pregunta 132, el 6.26% dijo no estar segura de su respuesta mientras que el 45.85% la aprobó y el 47.33% no estuvo de acuerdo. Finalmente, con respecto a la pregunta 136, 3.64% de las entrevistadas proporcionó un "no sé" como respuesta, 35.61% la aprobó y 60.07% la rechazó (véase el cuadro 17).

Al examinar los análisis de varianza realizados entre el factor motivacional I y las variables independientes y criterio, se encuentran resultados significativos con respecto a la ocupación del esposo y al grado de escolaridad de ambos cónyuges así como al método anticonceptivo utilizado y el que tiene la intención de usar.

Tomando como nivel socioeconómico los niveles ocupacional y educacional del esposo y el grado de escolaridad de la entrevistada, se puede afirmar que las mayores aspiraciones, el autocontrol en la vida y la planeación son aspectos inherentes a los grupos socioeconómicos más altos, así como de las usuarias y usuarias en potencia de los métodos anticonceptivos más efectivos o de los métodos locales tradicionales (solamente 13 y 8 de las entrevistadas respectivamente en estos grupos).

Se encontró que entre los grupos con menores recursos económicos y entre advocadoras del ritmo, coito interrumpido o de ningun método anticonceptivo, el nivel bajo de aspiraciones, la falta de planeación y la dirección externa eran características predominantes.

Factor II. Aspiraciones. Este factor explica el 6.4% de la varianza y alude a la relación positiva entre el proporcionar una respuesta con nivel alto de aspiraciones a la pregunta sobre la mujer ideal (0.74), el hombre ideal (0.49), lo que más le gusta hacer (0.47) y sobre el hijo ideal (0.39) (véase el cuadro K).

Esta dimensión, en un extremo, refleja a las entrevistadas con niveles aspiracionales altos respecto al hombre, mujer e hijo ideales y en relación con lo que más le gusta hacer. El otro extremo lo representan mujeres sin aspiraciones en estos aspectos.

El cuadro 5 es, por sí mismo, explicativo.

Parece ser que el nivel más alto de aspiraciones se refleja de acuerdo con el tipo de actividades preferidas, aunque el nivel de aspiraciones en relación con la mujer ideal es, en promedio, el más bajo.

CUADRO 5

EL NIVEL DE ASPIRACIONES PRESENTE EN LAS RESPUESTAS SOBRE LA MUJER, HOMBRE E HIJO IDEALES Y LO QUE A LA ENTREVISTADA LE GUSTA HACER

	Nivel alto de aspiraciones	*Nivel medio de aspiraciones*	*Ausencia de aspiraciones*
La mujer ideal	18.32%	38.34%	41.98%
El hombre ideal	26.51%	44.60%	27.19%
El hijo ideal	32.76%	37.32%	29.24%
Lo que más le gusta hacer	40.96%	36.52%	21.05%

Se advierte un grado mucho más alto de aspiraciones con respecto al hombre ideal en comparación con el ideal de la mujer o del hijo. Estos resultados son un reflejo de conformidad hacia la posición y actividades de la mujer, un grado medio de aceptación de sus hijos y grandes diferencias entre el hombre ideal y aquel con el que estas mujeres conviven.

Respecto a las variables independientes, se encontraron diferencias significativas en relación con la ocupación y el grado de escolaridad del esposo, así como la educación de la entrevistada.

El grado más alto de aspiraciones es inherente a aquellas mujeres cuyos esposos, como ellas mismas, presentan un nivel alto de escolaridad y en donde el nivel ocupacional del esposo estaba dentro del grupo 6 o 4, que son niveles intermedios.

Saltó a la vista un alto nivel de aspiraciones en las entrevistadas que expresaron tener la intención de usar preservativos u óvulos vaginales como métodos de contracepción. Las mujeres con la intención de recurrir a jaleas, cremas vaginales o espumas se encontraron dentro del grupo con menos aspiraciones, además de las entrevistadas que junto con sus esposos tenían niveles bajos de escolaridad y en donde la ocupación del marido se clasificó tanto entre los grupos más altos como en los más bajos.

No se obtuvieron resultados concluyentes con relación a la intención de usar la contracepción con base en el grado de seguridad, dificultad o tipo de anticonceptivo y el nivel de aspiraciones. Con respecto a otras variables, el nivel de escolaridad apoya los resultados del factor I, pero no si se toman en combinación con los obtenidos en cuanto a la ocupación del marido.

Factor III. El fatalismo y las aspiraciones. El factor III que explica el 6.0% de la varianza, refleja una relación positiva entre la suma de las preguntas con las que se evaluó el fatalismo con base en las definiciones presentadas anteriormente (0.97), el grado de fatalismo presente en la respuesta a: "Si usted pudiera cambiar una cosa en su vida ¿qué cosa cambiaría? (0.89), el grado de fatalismo percibido en la respuesta a lo que más le gusta hacer (0.82), y el nivel de aspiraciones presente en la pregunta sobre qué aspecto de su vida cambiaría la entrevistada y el nivel de aspiraciones en la pregunta 24 (0.25) (véase el cuadro K).

En un extremo de la dimensión se encuentran las mujeres fatalistas con respecto a lo que más les gusta hacer y a los cambios que implantarían en sus vidas y que no tienen aspiraciones con relación a estos aspectos. En el otro extremo del continuo se encuentran las mujeres con un alto grado de aspiraciones y sin fatalismo hacia estos aspectos.

Al analizar la distribución de estas variables se advierte lo siguiente:

CUADRO 6

RESPECTO A LA PREGUNTA: "SI UD. PUDIERA CAMBIAR UNA COSA EN SU VIDA ¿QUÉ COSA CAMBIARÍA?"

	Alto	*Bajo*	*Ausente*
Nivel de aspiraciones	21.05%	36.52%	40.96%
Grado de fatalismo	31.40%	30.38%	36.86%

RESPECTO A LA PREGUNTA: "¿PODRÍA UD. ESCRIBIR AQUÍ LAS COSAS QUE MÁS LE GUSTA HACER?"

	Alto	*Bajo*	*Ausente*
Niveles de aspiraciones	21.05%	36.52%	40.96%
Grado de fatalismo	40.73%	34.70%	24.35%

Como se puede apreciar, las frecuencias de fatalismo y del nivel de aspiraciones están relacionadas en forma inversa.

Respecto a las variables independientes y criterio, se encontraron diferencias significativas con relación a la edad, a la ocupación del marido, a los niveles de escolaridad, a la experiencia laboral previa al matrimonio de la entrevistada, a sus logros académicos y al método de contracepción utilizado en ese momento y al que informó tener la intención de usar.

Se encontraron niveles altos de aspiraciones y bajos en fatalismo entre los grupos de edad intermedia (19 a 37 años), entre las entrevistadas con mayor grado de desarrollo desde el punto de vista escolar y ocupacional, entre las personas con experiencia laboral previa al matrimonio y entre las advocadoras de los anticonceptivos con diferentes niveles de seguridad y dificultad. Esto último también se aplica al grupo con pocas aspiraciones y altos grados de fatalismo. Esta sección también la integran los grupos de mujeres más jóvenes y de mayor edad, los individuos con niveles bajos de escolaridad y ocupación y las mujeres sin experiencia de trabajo previa al matrimonio.

Se encuentra apoyo para resultados anteriores respecto al estatus socioeconómico y la experiencia laboral previa al matrimonio. En cuanto a las intenciones y el uso de anticonceptivos, los resultados no han sido muy claros en la mayoría de los factores mencionados.

Factor IV. Nivel de aspiraciones para la educación y ocupación de los hijos, y grado de empatía. Este factor explica el 4.0% de la varianza y corresponde a una asociación positiva entre qué grado de escolaridad quisiera la entrevistada para sus hijos (0.74), las aspiraciones sobre el nivel ocupacional de sus hijos (0.70), grado de empatía (0.65) y año escolar que la entrevistada cree que sus hijos alcanzarán (0.61) (véase el cuadro K).

Esta dimensión se refiere, en un extremo, a las mujeres con grandes aspiraciones para los niveles escolares y educacionales de sus hijos y un alto grado de empatía. En el otro extremo se encuentran las entrevistadas sin aspiraciones para sus hijos en estos aspectos, e incapaces de situarse en la posición de otra persona o ante situaciones nuevas.

El 6.14% de las entrevistadas afirmó no saber qué nivel de escolaridad desearía para sus hijos, el 68.15% opinó que le gustaría que sus hijos terminaran una carrera profesional y el 24.6% expresó aspiraciones diferentes fluctuando entre algunos años de educación primaria, secundaria, preparatoria, hasta una carrera profesional.

Respecto a las aspiraciones en cuanto al nivel ocupacional de sus hijos, en el 47.44% de los casos se clasificaron como altas, con deseos claramente definidos, el 27.19% dijo que no interferiría con los deseos de sus hijos, el 8.42% expresó aspiraciones bajas, el 4.32% proporcionó respuestas fatalistas como por ejemplo: "Hasta donde Dios lo permita" y el 12.4% no supo qué responder.

Al observar la tercera variable, la empatía, el 29.47% no supo responder a las preguntas evaluadas en esta variable (consulte la descripción anterior) el 20.71% contestó una pregunta, el 17.75% dos, el 11.04% tres, el 6.6% cuatro, el 3.87% cinco, el 2.84% seis, el 3.07% siete y el 4.4% 8 o más.

Finalmente a la pregunta A qué año de escuela cree que van a llegar sus hijos, el 63.87% opinó que terminarían una carrera profesional, el 0.34% expresó que a los primeros años de estudios universitarios, el 6.14% que terminarían la preparatoria, el 1.48% preparatoria incompleta, el 12.4% que completarían la educación secundaria, el 1.78% que a uno o dos años de secundaria, el 4.44% a nivel primaria, el 1.48% primaria incompleta y el 7.74% no supo responder.

En esta distribución, se puede apreciar que no importaba cuán altas o bajas eran las aspiraciones de las entrevistadas, que los porcentajes eran más altos para los niveles de estudios terminados que para los incompletos (v. gr. terminar la secundaria 12.4% *vs.* no terminarla 1.71%).

Asimismo los niveles de aspiraciones registrados cuando se les preguntó a las entrevistadas cuál *creían* que sería el grado de escolaridad probable de sus hijos y a cuál les *gustaría* que éstos llegaran fueron muy similares y muy altos (63.82 y 68.15% respectivamente).

Las variables independientes y criterio arrojaron resultados significativos en relación con la edad, la ocupación del cónyuge, la escolaridad de ambos y el método anticonceptivo usado actualmente y aquel que las entrevistadas tenían la intención de usar.

Los niveles más bajos de aspiraciones relacionados con la ocupación y educación de los hijos, así como con la ausencia de empatía, fueron características inherentes a los grupos más jóvenes, a los de niveles socioeconómicos más bajos y a las entrevistadas que no aprueban ningún método de contracepción o recurren a los lavados vaginales para evitar el embarazo.

En el otro extremo de la dimensión en cuanto a las aspiraciones para los hijos y grado de empatía, se encontraban los grupos de mayor edad, con niveles socioeconómicos más altos y que apoyaron (tanto en los niveles de intención como de conducta) otras formas de anticoncepción con diferentes tipos y grados de seguridad y dificultad.

Una vez más, se advierte un factor cuya relación con las variables independientes y de criterio es similar a la que hemos observado en la mayoría de los factores motivacionales previamente analizados.

Factor V. Este factor explica (véase el cuadro K) el 4.1% de la varianza pero no se tomará en consideración porque uno de sus reactivos principales presentó únicamente parte de la codificación en el cuestionario, debido a un error de mecanografía. La última parte de la codificación a la pregunta 146 no estaba incluida en el cuestionario, es decir:

"8. entre 6 y 10 minutos
9. entre 1 y 5 minutos
10. no debe llegar tarde."

Estas opciones se les dictaron a los entrevistadores después de la entrevista, por lo que muchos de ellos no tomaron en cuenta las tres últimas categorías, lo que se puede apreciar en la distribución de esta variable: el 5.8% no supo responder, el 10.35% opinó que después de una hora de atraso consideraría que su amigo(a) habría llegado tarde, el 22.18% consideró llegar tarde después de 46 a 60 minutos de la hora convenida, el 8.80% dijo que entre 31 y 45 minutos, el 25.94% entre 21 y 30 minutos, el 5.01% entre 16 y 20 minutos, el 13.31% entre 11 y 15 minutos, el 1.25% entre 6 y 10 minutos, el 0.57% entre 1 y 5 minutos y el 0.46% opinó que consideraría a una persona como puntual si llegaba a la hora exacta.

Se advirtieron diferencias significativas en los análisis de varianza en lo que respecta a la experiencia laboral previa al matrimonio, escolaridad y el método contraceptivo usado en ese tiempo.

La interpretación de estos resultados es sumamente difícil dada la naturaleza del factor involucrado.

Factor VI. La puntualidad, el nivel de aspiraciones para el grado de escolaridad de los hijos, conceptos sobre las responsabilidades y la toma de decisiones. El factor VI explica un 3.9% de la varianza y se ocupa de una relación positiva entre no permitir que los hijos lleguen tarde (0.63), el nivel de aspiraciones con respecto a la ocupación de los hijos (0.53) (basada en el cuadro sobre ocupaciones en el apéndice), las responsabilidades que la mujer estaría dispuesta a enfrentar en un trabajo (0.43), la aceptación en la toma de decisiones (0.38) y qué tan puntual se considera la entrevistada (0.36) (véase el cuadro K).

La dimensión representada en este factor se refiere, en un extremo, a las mujeres que exigen la puntualidad en sus hijos, que ellas mismas se consideran puntuales, con grandes aspiraciones en relación con el nivel ocupacional de los hijos y a quienes les gustaría tener muchas responsabilidades en el trabajo y que disfrutan de tomar decisiones. En el otro extremo, encontramos a las entrevistadas que no exigen puntualidad a sus hijos, que no se consideran puntuales, con pocas aspiraciones para el nivel ocupacional de sus hijos, y que preferirían un trabajo donde no tuvieran responsabilidades ni tener que tomar decisiones.

Se podría afirmar que las mujeres que evaden las responsabilidades en un área lo hacen en varias: en sus trabajos, en la toma de decisiones, en ser puntuales; y estas mujeres, además de ser irresponsables e impuntuales, son las que no tienen aspiraciones con respecto al nivel ocupacional de los hijos.

En torno a la distribución de estas variables, el 6.26% no supo responder a la pregunta "Algunas personas dicen que está bien que cuando un niño sale no llegue a tiempo. Otros dicen que debe llegar siempre a la hora señalada. ¿Usted qué opina? (codificar la primera respuesta)"; el 12.97% respondió que no importa que un niño llegue tarde, el 10.47% opinó que tomaría en cuenta si un niño llega media hora después de la hora acordada, el 9.9% dijo que entre 25 y 30 minutos, el 8.76% 15 o 20 minutos, el 8.42% 5 o 10 minutos, y el 43.12% consideró que deben ser puntuales; o sea que más de la mitad de las entrevistadas no le dio mucha importancia a la puntualidad en este aspecto.

El 8.65% de las mujeres reconoció que nunca llega a tiempo, el 32.54% afirmó que algunas veces era puntual, el 25.71% que casi siempre y el 30.83% afirmó estar siempre a tiempo.

Cabe señalar que respecto al nivel de aspiraciones para la ocupación de sus hijos, el 31.85% no proporcionó una ocupación específica y su respuesta a: "Imagínese una familia que no tiene problemas económicos y tiene un hijo ¿cuál cree usted que es la ocupación a la cual se debiera animar a seguir al hijo?" El 8.19% no sabía, el 30.94% proporcionó una respuesta clasificada en el grupo ocupacional más alto (por ejemplo, arquitecto, científico, doctor, abogado, contador público) y el 22.18% de las respuestas se refirió a los grupos 7 a 1 (del segundo más alto al más bajo) de esta escala (véase el apéndice).

Al analizar el grado de responsabilidad que aceptarían en su trabajo, el 32.08% de las mujeres opinó que aceptarían muchas responsabilidades, el 56.09% consideró que pocas, el 7.05% ninguna y el 4.55% no supo responder. Finalmente, respecto a la pregunta: "Si usted trabajara, ¿preferiría un trabajo en el que tuviera muchas responsabilidades o uno en el que otros tuvieran muchas responsabilidades y usted pocas o ninguna?", el 7.85% no supo responder, al 19.11% le gustaría trabajar en donde no tuviera que tomar decisiones, el 43.0% prefiere un trabajo que implique pocas decisiones y el 29.35% prefiere el tipo de trabajo que implique tomar muchas decisiones.

En los análisis de varianza se encontraron resultados significativos en cuanto a la ocupación y escolaridad del cónyuge, a la experiencia laboral previa al matrimonio, logros académicos, método anticonceptivo que utilizaba cuando se le entrevistó y al que tenía intención de utilizar.

Se advirtió que la puntualidad, los niveles altos de aspiraciones respecto a la escolaridad de los hijos y los conceptos positivos en la toma de decisiones y la aceptación de responsabilidades fueron características prevalecientes en las mujeres que trabajaron antes del matrimonio, y entre aquellas con niveles ocupacionales y educacionales altos. No se obtuvieron resultados concluyentes respecto a las intenciones y conducta de contracepción.

Las mujeres sin experiencia laboral previa al matrimonio y las clasificadas dentro de estratos socioeconómicos bajos tienen pocas aspiraciones en cuanto a la escolaridad de los hijos, no apoyan la puntualidad ni desean aceptar responsabilidades ni tomar decisiones.

Tal como se puede apreciar claramente, estos resultados siguen el mismo patrón de los factores motivacionales previamente analizados.

Factor VII. Grado de apertura a experiencias nuevas y aceptación de responsabilidades. El factor VII explica el 3.3% de la varianza y se refiere a una relación positiva entre el hecho de que las entrevistadas deseen trabajar fuera de sus casas (0.75), la cantidad de responsabilidades que les gustaría afrontar en un trabajo (0.47), el número de decisiones que aceptarían tomar en un trabajo (0.40) y si les agrada la idea de conocer gente nueva (0.33) (véase el cuadro K).

Esta dimensión analiza en un extremo a las mujeres que desean aceptar retos, como tomar decisiones y afrontar responsabilidades en el trabajo, trabajar fuera de sus casas y conocer gente nueva y, en el otro extremo, a las que carecen de esta apertura al cambio, a las experiencias nuevas y no desean aceptar retos, es decir, prefieren quedarse en casa, no conocer a gente nueva y no tener que afrontar responsabilidades ni tomar decisiones en el trabajo.

La distribución de las variables relacionadas con la toma de decisiones y el enfrentarse a responsabilidades se puede apreciar en el factor VI.

Respecto al número de mujeres que quisieran trabajar fuera de su casa, el 72.92% contestó afirmativamente y el 25.82% declaró que no les gustaría.

El 80.2% de las entrevistadas opinó que le gustaría conocer gente nueva, al 18.89% no le gustaría.

No se encontraron diferencias significativas respecto a las variables criterio pero se obtuvo significancia estadística respecto a la experiencia laboral previa al matrimonio o la ausencia de ésta y a la escolaridad de la entrevistada.

La apertura a experiencias nuevas y la aceptación de responsabilidades fueron características del grupo comprendido entre los 31 a 33 años de edad, entre mujeres con experiencia laboral previa al matrimonio y con niveles académicos altos.

Las mujeres de mayor edad, con poca educación y sin experiencia laboral previa al matrimonio, no aceptaron la idea de tener experiencias nuevas o responsabilidades.

Factor VIII. Destino, suerte y orientación presente-futuro. El factor VIII que explica el 3.3% de la varianza entraña una relación positiva entre las creencias en el destino (0.74) la creencia de que los accidentes se deben a la mala suerte (0.42) y el aprobar la frase: "Con las cosas como están hoy en día una persona inteligente se debe preocupar sólo por el presente y no por lo que va a pasar el día de mañana" (0.38) (véase el cuadro K).

En consecuencia este factor se refiere a una dimensión en la que, en un extremo, se encuentran las mujeres que no creen en el destino, que no comparten la idea de que los accidentes son producto de la mala suerte, que se preocupan por el futuro y no sólo por el presente, y en el extremo opuesto, se encuentran las entrevistadas que confían en el destino, que creen en la mala suerte y con una orientación hacia el presente.

En el cuadro 7 se puede apreciar la distribución de estas variables (véase también el cuadro 17 que ilustra una comparación completa).

CUADRO 7

DISTRIBUCIÓN DE LAS VARIABLES QUE INTEGRAN EL FACTOR MOTIVACIONAL VIII

	Aprueban	*Desaprueban*	*No supieron responder*
"Alguien que nace en una familia pobre no podrá mejorar su condición aunque sea ambicioso y trabajador."	86.35%	8.99%	4.32%
"Los accidentes no se deben a la mala suerte."	73.04%	22.41%	3.98%
"Con las cosas como están hoy en día, una persona inteligente se debe preocupar sólo por el presente y no por lo que va a pasar el día de mañana."	35.61%	60.07%	3.64%

En la pregunta que se relaciona con la posición de la gente pobre se encontró el número más alto de respuestas aprobatorias. Se podría afirmar que esta pregunta no sólo refleja las creencias sobre el fatalismo sino que cuenta con un segundo elemento implicado que toca los puntos más sensibles de la gente con menos recursos económicos, principalmente el hecho de que quizás ya han realizado un sinnúmero de esfuerzos que no han fructificado, lo que origina la aprobación de esta frase no sólo porque creen en el destino sino porque a pesar de haber trabajado intensamente para progresar, fuerzas externas a su control les hayan impedido el éxito.

La distribución de las respuestas a las otras dos preguntas es menos extrema aunque la influencia esté en favor de la suerte y el destino como agentes importantes de las actitudes, creencias y conductas.

Se obtuvieron resultados significativos en los análisis de varianza respecto a la ocupación y grado de escolaridad del cónyuge, el nivel académico de la entrevistada, la experiencia laboral previa al matrimonio y en relación con el método anticonceptivo utilizado actualmente y el que tiene la intención de usar.

La creencia en el destino y en la suerte y la orientación hacia el presente prevalecieron entre las mujeres pertenecientes a los grupos socioeconómicos más bajos, y sorprendentemente entre las mujeres con experiencia laboral previa al matrimonio. Las usuarias y usuarias en potencia de los métodos anticonceptivos con diferentes niveles de seguridad y de dificultad, se encontraron en el grupo con orientación hacia el futuro que no creen que el destino y la suerte sean factores determinantes de la vida.

En el último grupo se encontraban mujeres con niveles socioeconómicos más altos, sin experiencia laboral previa al matrimonio.

Factor IX. La suerte y el destino como factores determinantes de la vida. El factor IX que explica el 3.1% de la varianza se refiere a una asociación positiva entre las siguientes frases: "Muy pocas de las cosas que pasan en la vida de uno son resultado de la mala suerte" (0.47) y "Creo que la suerte y el destino no desempeñan un papel importante en mi vida" (0.68) (véase el cuadro K).

Este factor simplemente se relaciona con una dimensión en la que, en un extremo, se encuentran las entrevistadas que consideran la suerte y el destino como puntos determinantes de sus vidas y en el extremo opuesto, las personas que no creen que estos factores las afecten.

Respecto a la distribución de estas variables, se puede apreciar que el 52.9 y el 50.97% respectivamente aprueban las dos preguntas anteriores; el 41.64 y el 41.87% respectivamente no están de acuerdo, y el 4.21 y 6.6% no supieron responder, originándose en esta forma una distribución muy similar de estas dos preguntas.

Las mujeres con experiencia laboral previa al matrimonio y las que contaban con niveles educacionales bajos y medios no resultaron ser creyentes de la suerte y el destino como factores determinantes de la vida. No se encontraron diferencias significativas con respecto a las intenciones y conductas sobre la contracepción.

Factor X. La planeación, las aspiraciones ocupacionales en relación con los hijos, el ahorro y la suerte. El factor X incluye el 2.9% de la varianza e implica una asociación positiva entre el grado de planear con anticipación (0.66) (cuanto más bajo era el grado de planeación, menor era el número en la codificación), el nivel de aspiraciones respecto a los hijos (0.48) (basado en el cuadro ocupacional que se encuentra en el apéndice), el ahorro (0.43) y las creencias en la mala suerte (0.39) (cuanto más bajo era el grado de aceptación de la mala suerte, menor era el número de la codificación) (véase el cuadro K).

Como se puede apreciar, este factor se refiere a una dimensión que representa, en un extremo, a las entrevistadas que planean con anticipación, con grandes aspiraciones para el nivel ocupacional de sus hijos, que ahorran y que no creen en la mala suerte como factor determinante de sus vidas y, en el extremo opuesto, se clasificó a las que no planean con anticipación, que no tienen aspiraciones para el nivel ocupacional de sus hijos, que no ahorran y que confían en la suerte como un factor determinante en el desarrollo de sus vidas.

Al analizar la distribución de esas variables encontramos que ante la siguiente pregunta: "A diferentes personas les gusta planear las cosas que van a hacer y necesitar con mucha anticipación ¿Usted qué prefiere?" (lectura de opciones y codificación de la primera respuesta), el 7.39% no supo responder, el 20.14% dijo que prefería no preocuparse hasta el último momento o hasta que hubiera sucedido el hecho en cuestión, el 41.98% contestó que no acostumbran preocuparse con mucha anticipación, el 29.47% afirmó planear todos o casi todos los aspectos de la vida con anticipación.

Respecto a lo que a las entrevistadas les gustaría que siguieran sus hijos, el 31.85% no mencionó una ocupación específica, el 8.19% no supo responder, el 30.49% sugirió una de las ocupaciones más altas (v. gr. doctor, abogado, contador) (grupo 8) y el 22.18% mencionó ocupaciones clasificadas entre los grupos 7 a 1 (véase el apéndice).

El 43.69% de las entrevistadas comentó que no ahorra y el 55.06% proporcionó una respuesta afirmativa a este respecto.

Ante la frase: "Muy pocas de las cosas que pasan en la vida de uno son resultado de la mala suerte", el 52.9% estuvo de acuerdo, el 41.64% la desaprobó y el 4.21% no supo responder.

Al observar los análisis de varianza en esta sección, los resultados nos muestran diferencias importantes respecto al factor motivacional x y a la edad, ocupación y escolaridad del esposo, grado de escolaridad de la entrevistada, y a la experiencia laboral previa al matrimonio o la ausencia de ésta. Se encontraron también resultados significativos en cuanto al método contraceptivo utilizado y el que tenían intención de usar.

Las entrevistadas que hacen planes con anticipación, con grandes aspiraciones para sus hijos, que ahorran y no creen en la suerte, pertenecen a los grupos que fluctúan entre las más jóvenes y las de edades intermedias, con experiencia laboral previa al matrimonio y con niveles educacionales y ocupacionales altos. En lo que se refiere a la contracepción, estas mujeres además de las que pertenecen a los grupos con pocas aspiraciones, orientadas hacia el presente y creyentes en el factor suerte, se clasifican como usuarias de todo tipo de métodos, con diferentes grados de seguridad y de dificultad.

Las mujeres de mayor edad, sin experiencia laboral previa al matrimonio, con niveles socioeconómicos bajos, no planean con anticipación, no ahorran, no tienen aspiraciones respecto a la ocupación de sus hijos y creen en el factor suerte como algo determinante en sus vidas.

Factor XI. Orientación presente-futuro y nivel de aspiraciones para la ocupación de los hijos. Este factor explica el 2.9% de la varianza y comprende la asociación positiva entre la orientación presente-futuro (0.63), el ahorro (0.46) y el nivel de aspiraciones de la madre para la ocupación de los hijos (0.44) (véase el cuadro K).

En un extremo de esta dimensión se encuentran las mujeres con orientación hacia el presente en dos sentidos: no piensan que es necesario preocuparse por el futuro en general ni tampoco por ahorrar y, además, no tienen aspiraciones para la ocupación de sus hijos.

El extremo opuesto abarca a las entrevistadas con orientación hacia el futuro, que planean con anticipación y se preocupan por lo que está por venir, que ahorran y que tienen grandes aspiraciones para el futuro de sus hijos.

En respuesta a la pregunta: "Conozco a un señor que no se preocupa por lo que va a necesitar en el futuro, sólo se preocupa por las cosas según van sucediendo ¿qué opina usted de este señor?" el 12.47% estuvo de acuerdo, el 15.13% fue neutral o indiferente, el 65.42% mostró desacuerdo y el 6.6% no supo contestar.

La distribución de los otros elementos de este factor se ha descrito anteriormente en el factor X.

Los grupos socioeconómicos más altos (evaluados según la ocupación del marido, su escolaridad y la de la entrevistada) y las mujeres con la intención de utilizar uno de los métodos más seguros, tenían una orientación hacia el futuro, ahorraban y presentaron grandes aspiraciones con respecto al nivel ocupacional de los hijos.

El otro extremo comprendía a las entrevistadas con intención de usar métodos de mediana seguridad, dentro de los grupos socioeconómicos menos privilegiados.

Factor XII. Los padres deberían impulsar a sus hijos a superarse y alcanzar una vida mejor a la que ellos llevaron. Este factor explicó el 2.8% de la varianza con un solo elemento importante: "La cosa más importante para un padre es ayudar a que sus hijos lleguen más lejos que ellos en la vida." (0.83) (véase el cuadro K). Este factor simplemente se refiere a la dimensión que en un extremo representa a las mujeres que aprueban esta afirmación y en el otro extremo a las que no la aprueban.

Respecto a la distribución de este reactivo, el 95.68% de las entrevistadas estuvo de acuerdo, el 2.96% mostró desacuerdo y el 0.68% dio un "no sé" como respuesta.

El único resultado significativo en los análisis de varianza conducidos con relación a este factor aludía a la escolaridad de la entrevistada. La mujer dentro de los niveles bajo y medio piensa que ayudar a sus hijos a tener una vida mejor a la de sus padres no representa lo más importante para estos últimos.

Resumen. Este capítulo se refirió a 12 factores virtualmente independientes con relación a la planeación, puntualidad, fatalismo, aspiraciones, empatía, control interno-externo, ahorro y apertura al cambio.

El criterio para definir estas variables se presentó junto con la descripción de cada uno de los factores, su distribución, las dimensiones a las que se referían y su relación con dos variables criterio, la intención y conducta contraceptiva y las variables independientes, es decir la edad, la ocupación y la escolaridad del esposo, la experiencia laboral previa al matrimonio y el nivel de escolaridad de la entrevistada.

Los resultados generales señalan factores claramente delineados, que en un extremo se relacionan en forma separada o en combinación con los individuos que planean, que son puntuales, sin inclinaciones fatalistas, con control interno, con empatía, ahorradores, abiertos al cambio y con niveles altos de aspiraciones.

En el otro extremo de la dimensión se encuentran las mujeres con orientación hacia el presente, que no son puntuales, con inclinaciones fatalistas, con control externo, que no ahorran, con niveles de aspiraciones y empatía bajos y que no están abiertas al cambio.

Los grupos con niveles socioeconómicos bajos y las mujeres que no trabajaron antes del matrimonio forman parte de este último grupo mientras que las entrevistadas con niveles académicos más altos, con experiencia laboral previa al matrimonio, cuyos maridos se clasificaron dentro de los niveles más elevados en cuanto a ocupación y logros académicos, pertenecen a la primera sección.

Considerando la edad, generalmente los grupos de edades intermedias observaron niveles altos de aspiraciones y bajos en fatalismo (factores III y IV), con empatía (factor IV), abiertas a experiencias nuevas y a la aceptación de responsabilidades (factor VIII), con orientación hacia el futuro y no creyentes en la suerte (factor X). En el otro extremo de la dimensión, se encuentran las mujeres más jóvenes y las de mayor edad principalmente.

Se obtuvieron muy pocos resultados concluyentes respecto al método contraceptivo utilizado y el que tienen la intención de usar. Las advocadoras de la anticoncepción en general, con diferentes grados de seguridad y dificultad, se clasificaron en ambos extremos de esta dimensión.

En los factores I y XI se encontraron excepciones a este hallazgo, ya que las mujeres que apoyaron los métodos anticonceptivos con tasas bajas de seguridad, pertenecían a grupos con control externo, con niveles bajos de aspiraciones, orientadas hacia el presente y no al futuro y con pocas aspiraciones en cuanto a la ocupación de sus hijos.

Los resultados de este estudio apoyan la hipótesis presentada en el capítulo 6 que sugiere que los padres mexicanos son muy ambiciosos en lo que respecta a las aspiraciones sobre sus hijos. Sin embargo, se encontró, respecto a las diferencias socioeconómicas, que existe una relación positiva entre los niveles socioeconómicos y los niveles de aspiraciones.

En un estudio llevado a cabo en Estados Unidos, basado en un muestreo con madres negras de niveles socioeconómicos bajos, Jackson (1975) encontró altos niveles de aspiraciones con respecto a los hijos, y éstos eran más pronunciados entre las entrevistadas con mayores ingresos.

Los resultados correspondientes a la planificación familiar en los factores motivacionales I y IX los sustentan aquellos estudios que han encontrado una relación positiva entre el empleo de la contracepción, el *locus* de control (MacDonald 1970) y la necesidad de logro (Keller y colaboradores, 1970, citados por Smith, 1973, Keller 1973a) y una relación negativa entre eficacia y el tamaño ideal de la familia (Williamson, 1970; Keller, Sims, Henry y Crawford, 1970; citados por Smith, 1973). También se encontraron en este estudio hallazgos que señalan una relación positiva entre el planear con anticipación y el apoyar las prácticas anticonceptivas (Keller y colaboradores, 1970; citado por Gough, 1973).

CAPÍTULO 14

VARIABLES CRITERIO

Este capítulo analiza tres variables criterio. Su propósito principal es describir sus distribuciones, sus predictores y su relación con las variables independientes.

LAS VARIABLES CRITERIO

Antes de iniciar el estudio de los factores criterio, descrito en el siguiente capítulo, y con el propósito de establecer una comparación, se llevó a cabo un análisis de regresión múltiple de las tres variables criterio: 075, 090 y 182, que se refieren respectivamente al número ideal de hijos, al método anticonceptivo que la entrevistada utilizaba cuando la entrevista se llevó a cabo y el que tenía la intención de usar.

En primer término, estos análisis de regresión múltiple se realizaron incluyendo los 57 factores, eliminándose posteriormente los cuatro factores criterio. Al analizar estos resultados se debe tomar en cuenta que estas variables forman parte de los mismos factores.

A continuación se muestran los resultados.

Respecto a la variable 075 (número ideal de hijos) en ambos análisis de regresión múltiple se obtuvieron predictores idénticos. Los mejores fueron:

1] Número de hijos

2] Ventajas de tener hijos: ninguna *vs.* seguridad emocional

3] Intereses de lectura y nivel de instrucción

4] Ventajas de tener hijos: desarrollo personal *vs.* seguridad emocional

5] Razones para tener hijos: seguridad emocional *vs.* amor

6] Razones para tener hijos: norma social *vs.* amor

7] La planeación y las aspiraciones ocupacionales en relación con los hijos, el ahorro y la suerte.

Y en menor grado:

8] Nivel de aspiraciones para la educación y ocupación de los hijos y grado de empatía

9] Grado de interrelación y machismo

10] Factor contradictorio

11] Los padres deberían impulsar a sus hijos a superarse y alcanzar una forma de vida mejor que la que ellos llevaron

12] No aprecian ventajas en el matrimonio

13] El lugar donde la entrevistada oyó por primera vez hablar de la planificación familiar

14] Normativo

15] Grado de acuerdo entre los cónyuges sobre el tamaño de la familia y la planificación de ésta, de sumisión e interrelación.

Estas variables explicaron el 62.7% del total de la varianza, cifra que, como se verá posteriormente, es superior al porcentaje representado por los predictores de los factores criterio I, II, III y IV.

Como se puede apreciar claramente, los principales predictores del número ideal de hijos son los factores que se refieren al número de hijos, ventajas y razones para tenerlos, intereses de lectura y nivel de preparación. En consecuencia, se puede afirmar que el factor de modernización y del concepto inherente a los hijos son los principales predictores para el número ideal de hijos que la entrevistada considera adecuado para una persona en sus circunstancias.

Como se podrá advertir a continuación la variable 090 sufrió algunos cambios al incluirse los factores criterio.

Cuando los factores criterio no se utilizaban, los mejores predictores del método que la entrevistada emplea (en orden de seguridad) (variable 090) fueron:

1] Grado de acuerdo entre los cónyuges sobre el tamaño de la familia y la planificación de ésta, de sumisión e interrelación

2] La influencia de los padres, amigos y parientes

3] El hombre toma las decisiones, la mujer desempeña la tareas domésticas

4] La televisión

5] No sabe cómo deberían ser el hombre y la mujer ideales, y no es necesario que el hombre sea trabajador y responsable

6] Nivel de aspiraciones para la educación y ocupación de los hijos y grado de empatía

7] El lugar donde la entrevistada oyó por primera vez hablar de la planificación familiar

8] Grado de interrelación

9] Intereses en lectura y nivel de instrucción

Y en menor grado:

10] Planeación, autocontrol y fatalismo

11] Factor contradictorio

12] Grado de apertura a experiencias nuevas y aceptación de responsabilidades.

Estas variables explican el 18.71% del total de la varianza.

Una vez que todos los factores, incluyendo a los 4 criterio, se introdujeron en el análisis de regresión múltiple, se encontró que los mejores predictores de la variable 090 eran:

1] Usuarias adecuadas de métodos anticonceptivos con experiencia laboral previa al matrimonio

2] Intención de adoptar un método anticonceptivo clasificado como seguro, ha utilizado el DIU

Y en menor grado:

3] Usuaria de diversos métodos anticonceptivos

4] El nivel de instrucción y contacto con la radio

5] Número de hijos

6] Lectura de historietas y fotonovelas

7] Los padres deberían impulsar a sus hijos a superarse y alcanzar una forma de vida mejor que la que ellos llevaron

8] Destino, suerte y orientación presente-futuro

9] Planeación, autocontrol y fatalismo

10] El lugar donde la entrevistada oyó por primera vez hablar de la planificación familiar

11] Intereses en la lectura

12] No sabe cómo deberían ser el hombre y la mujer ideales y no es necesario que el hombre sea trabajador y responsable

13] La influencia de los padres, amigos y parientes

14] Grado de acuerdo entre los cónyuges sobre el tamaño de la familia y la planificación de ésta, de sumisión e interrelación

15] Conocimientos, actitudes y conductas.

Explica el 71.6% de la varianza.

Se observó que cuando no se incluyeron los factores criterio, los mejores predictores de la conducta real de planificación familiar eran el grado de acuerdo sobre el tamaño de la familia y la planificación familiar, de sumisión e interrelación, la influencia de los padres, amigos y parientes, quién desempeña las tareas domésticas y quién toma las decisiones inherentes al hogar, la frecuencia con que la entrevistada ve la televisión, opiniones sobre cómo deberían ser la mujer y el hombre ideales y si es necesario que el hombre sea trabajador y responsable, el nivel de aspiraciones de la entrevistada respecto a la educación y ocupación de sus hijos, grado de empatía, el lugar donde la entrevistada oyó por primera vez hablar de la planificación familiar, grado de interrelación, intereses de lectura y nivel de preparación.

El tipo de relación conyugal, la influencia de individuos o grupos externos, el contacto con los medios visuales de comunicación, las aspiraciones respecto a la educación y ocupación de los hijos y la empatía son por lo tanto los principales predictores del uso de la planificación familiar.

Cuando se incluyeron los factores criterio se encontró que el uso adecuado y la intención de usar la planificación familiar eran los mejores predictores junto con otros factores de modernización, mientras que las aspiraciones y los factores normativos y conyugales desempeñaban un papel secundario. Como se ha mencionado anteriormente, se debe tener sumo cuidado al considerar estos resultados ya que una de las variables utilizadas en el análisis factorial fue la variable 090, que de hecho forma parte del factor criterio relacionado con el uso adecuado de la planificación familiar.

Como en el caso de la variable sobre la conducta relacionada con la planificación familiar, la introducción de los factores criterio también originó diferencias en los predictores de la variable sobre qué método anticonceptivo tenía la intención de usar la entrevistada.

Cuando se utilizaron los factores criterio, se encontró que los mejores predictores eran:

1] El nivel de instrucción y contacto con la radio

2] Los padres deberían impulsar a sus hijos a superarse y alcanzar una forma de vida mejor que la que ellos llevaron

3] Nivel de aspiraciones para la educación y ocupación de los hijos y el grado de empatía

4] La puntualidad, el nivel de aspiraciones para el grado de escolaridad de los hijos, conceptos sobre las responsabilidades y la toma de decisiones

5] El fatalismo y las aspiraciones

6] Grado de acuerdo entre los cónyuges sobre el tamaño de la familia y la planificación de ésta, de sumisión e interrelación

Y en menor grado:

7] El lugar donde la entrevistada oyó por primera vez hablar de la planificación familiar

8] Intereses en lectura y nivel de instrucción

9] La influencia de los padres, amigos y parientes

10] Intereses en la lectura

11] Grado de interrelación

12] Ventajas del matrimonio: seguridad emocional *vs.* tener hijos

13] Planeación, las aspiraciones ocupacionales en relación con los hijos, el ahorro y la suerte

Estas variables explican el 15.2% del total de la varianza.

Cuando se introdujeron en el análisis de regresión múltiple todas las calificaciones de los factores, incluyendo los cuatro criterio, se advirtió que los mejores predictores del método anticonceptivo que la entrevistada tenía intención de utilizar eran:

1] Intención de usar un método anticonceptivo clasificado como seguro, ha utilizado el DIU
2] El nivel de instrucción y contacto con la radio
3] Usuarias adecuadas de métodos anticonceptivos con experiencia laboral previa al matrimonio
4] Conocimientos, actitudes y conductas
5] Intereses en lectura y nivel de instrucción
6] Nivel de aspiraciones para la educación y ocupación de los hijos y grado de empatía

Y en menor grado:

7] Usuaria de diversos métodos anticonceptivos
8] Lectura de historietas y fotonovelas
9] Grado de acuerdo entre los cónyuges sobre el tamaño de la familia y la planificación de ésta, de sumisión e interrelación
10] Planeación, autocontrol y fatalismo
11] Contar con los medios para satisfacer las necesidades económicas y la lectura de revistas femeninas
12] Escuchar programas cómicos y musicales en la radio, ir al cine, y tener satisfechas las necesidades económicas
13] Aspiraciones
14] Conocimiento político
15] Orientación presente-futuro y nivel de aspiraciones para la ocupación de los hijos.

Estas variables explicaron el 69.75% del total de la varianza, cifra considerablemente superior al porcentaje representado por las variables cuando no se incluyeron los factores criterio en el análisis.

Cuando en el análisis de regresión múltiple no se utilizaron los factores criterio, se advirtió que los mejores predictores de la intención de usar la planificación familiar eran: el nivel de preparación y el escuchar la radio, el grado de acuerdo con la idea de que lo más importante para los padres es impulsar a sus hijos a superarse y alcanzar una forma de vida mejor que la que ellos llevaron, el nivel de aspiraciones respecto a la educación y ocupación de los hijos, grado de empatía, puntualidad, conceptos sobre las responsabilidades y la toma de decisiones, grado de fatalismo y aspiraciones, grado de acuerdo entre los cónyuges sobre el tamaño de la familia y la planificación familiar, de sumisión e interrelación.

Se pudo apreciar que los predictores principales en este caso están incluidos dentro del área conyugal, de modernismo y motivación.

Cuando se introdujeron los factores criterio, se observó que los principales predictores del método anticonceptivo que la entrevistada tenía la intención de utilizar eran aquellos factores relacionados con las intenciones sobre la planificación familiar (algo que era de esperarse ya que la variable con que se ha estado trabajando es uno de los componentes principales de ese factor), el nivel de preparación y el escuchar la radio, las usuarias de métodos anticonceptivos adecuados que trabajaron antes de contraer matrimonio, conocimiento, actitudes y conducta, intereses de lectura, nivel de aspiración respecto a la educación y ocupación de los hijos y grado de empatía.

Como se puede apreciar, los principales factores de predicción de esta variable criterio están en las áreas de motivación y de modernización, destacando la importancia del conocimiento, actitudes y conductas relacionados con la contracepción al igual que las prácticas anticonceptivas adecuadas.

Resumen. Se puede concluir que en lo que respecta a las variables criterio, los mejores predictores del número ideal de hijos que la entrevistada considera adecuado para una persona en sus circunstancias son: los conceptos inherentes a las razones por las cuales se tienen hijos, las ventajas de tenerlos y el contacto con los medios escritos de comunicación.

La mejor forma de predecir la conducta real hacia la planificación familiar es mediante las intenciones y conducta del individuo a este respecto, pero en el caso de que no fuera posible obtener estos datos, lo más conveniente sería considerar el tipo de relación conyugal; la influencia de los padres, parientes y amigos; el contacto con los medios visuales de comunicación; el grado de empatía y el nivel de aspiraciones de las entrevistadas con respecto a la ocupación y educación de sus hijos.

En cuanto al método anticonceptivo que la entrevistada tenía la intención de usar, se encontró que los mejores predictores estaban dentro de las áreas conyugal, de modernización y motivación. Cuando se incluyeron los factores criterio en el análisis, se apreció que el conocimiento, actitudes y conductas junto con los factores de modernización y motivación eran los mejores predictores.

CAPÍTULO 15

FACTORES CRITERIO

El análisis factorial al que se refiere este capítulo se llevó a cabo con el propósito de agrupar las variables criterio en una serie de factores. Como se puede apreciar en los cuadros A y B, se obtuvieron cuatro factores virtualmente independientes.

Factor I. Usuarias adecuadas de métodos anticonceptivos con experiencia laboral previa al matrimonio. Este factor que explica el 29% de la varianza se refiere a una relación positiva entre el uso de los métodos de planificación familiar (0.78), método que se emplea (en orden de seguridad) (0.72), etapa de la vida reproductora de la mujer en la que se adoptaron las prácticas de la planificación familiar o por lo menos las de contracepción (0.64), si contaba con experiencia laboral previa al matrimonio (0.48) y número de métodos que ha utilizado (0.45) (véase el cuadro A).

Esto significa que las mujeres que informaron seguir las prácticas de planificación familiar, las habían adoptado durante las primeras etapas de su vida reproductora, estaban usando un método clasificado como seguro, contaban con cierta experiencia laboral previa al matrimonio y afirmaron haber utilizado varios métodos. En contraposición estaban aquellas mujeres que no habían usado ni en la actualidad practicaban la planificación familiar y que nunca habían trabajado antes de contraer matrimonio.

Es importante notar la distribución de las diferentes categorías de algunos de estos reactivos.

El 31% de las entrevistadas no proporcionó información sobre el tipo de método que empleaba o afirmó no usar ninguno. El 20.7% informó utilizar alguno de los considerados como menos seguros, entre los cuales se pueden mencionar los métodos tradicionales (1.48%), el ritmo (7.05%), inyecciones (7.28%) y supositorios o pastillas vaginales (2.96%). El 16.95% y el 18.54%, respectivamente, mencionaron el diafragma o un dispositivo intrauterino y los anticonceptivos orales. El 6.37% se había sometido a la esterilización. Se puede apreciar que en lo que respecta a los tres grupos de grado de seguridad, la distribución de las variables relacionadas con el uso de las prácticas anticonceptivas es bastante uniforme.

a] No usuarias (31.01%)

b] Usuarias de métodos con tasas de seguridad media (20.71%)

c] Usuarias de métodos con tasas de seguridad alta (44.00%)

Estas cifras corresponden a la pregunta: "¿Ha hecho usted algo para limitar los embarazos durante su actual matrimonio?" a la cual el 33% respondió que no y el 66% afirmativamente.

Respecto a la etapa en la que se adoptó la práctica anticonceptiva, es importante considerar el hecho de que sólo el 3.96% la inició antes del matrimonio, en el momento de contraerlo o con el propósito de espaciar los nacimientos. El 13.08% después del nacimiento del primer hijo, el 14.45% después del segundo, el 11.26% después del tercero y el 23.44% después del cuarto o posteriormente. El 33.75% informó nunca haber practicado la anticoncepción (véase el cuadro 1).

En consecuencia, al considerar estos resultados, se debe tomar en cuenta el hecho de que muy pocas mujeres en realidad planean el desarrollo de su familia; la mayoría (62.23%) empieza a considerar la anticoncepción después del primer hijo. Esto también explica la razón por la cual a través de este capítulo, y de otras secciones de este informe, se ha preferido utilizar la palabra "anticoncepción" en lugar de "planificación familiar".

En lo que se refiere a la experiencia laboral previa al matrimonio, se encontró que el 64.39% la tenía, mientras que el 34.81% afirmó no haber trabajado antes de casarse.

La última variable relevante para este primer factor criterio es el número de métodos que la entrevistada informó haber utilizado. El 34.81% nunca había recurrido a los métodos anticonceptivos, el 42.32% informó sólo haber usado un método, el 15.81% dos tipos diferentes y el 7.05% tres o más. Por lo tanto, al analizar los resultados se debe considerar el hecho de que la mayoría de las entrevistadas sólo han utilizado uno o dos métodos anticonceptivos.

Al observar los análisis de varianza llevados a cabo con las variables independientes se encuentran diferencias significativas respecto a la edad, ocupación del esposo, experiencia laboral antes del matrimonio y escolaridad de los cónyuges. En el análisis de varianza también se incluyeron dos variables criterio y se pudieron advertir resultados significativos respecto al método que la entrevistada informó usar (en orden de seguridad) y aquel que tenía la intención de utilizar (en orden de seguridad).

Respecto a la edad, se encontró que eran las mujeres que pertenecían a los dos grupos clasificados como de menor edad (15 a 18 y 19 a 22) y a los dos de mayor edad (38 a 41 y 42 a 45) las que usaban en forma más ineficaz los métodos anticonceptivos y quienes no habían trabajado antes de contraer matrimonio. Dentro del grupo que fluctúa entre los 34 y 37 años de edad, se encuentran las usuarias más adecuadas de los métodos anticonceptivos y con experiencia laboral previa al matrimonio; seguidas por los grupos de 23 a 26 y de 31 a 33 años. Por lo tanto se podría afirmar que las más adecuadas usuarias de métodos anticonceptivos que trabajan antes de casarse se encuentran dentro de los grupos de edad intermedia.

En lo que se refiere a la ocupación del esposo, se puede observar que el uso ineficiente de las prácticas anticonceptivas se presenta entre los niveles ocupacionales bajos y el más eficiente entre los cuatro grupos superiores así como en el segundo grupo ocupacional más bajo.

Las entrevistadas que tuvieron experiencia laboral antes del matrimonio, que cuentan con los medios más altos respecto a este factor, aquellas con niveles de escolaridad completos, secundaria o su equivalente, preparatoria o su equivalente, estudios profesionales o su equivalente, son las usuarias más adecuadas de métodos anticonceptivos que además trabajaron antes de contraer matrimonio.

Las usuarias más ineficientes se encuentran entre las mujeres que no completaron su educación primaria seguidas de aquellas que la completaron así como aquellas con estudios incompletos a otros niveles.

En lo que respecta a la escolaridad del esposo, los niveles de educación completos e incompletos no significan una influencia tan determinante, aunque se observó que las usuarias más adecuadas de métodos anticonceptivos que habían trabajado antes del matrimonio se encontraban entre los niveles educacionales superiores y las más ineficientes entre aquellas que no contaban con educación primaria, o entre las que sí la habían cursado pero no habían completado la escuela secundaria o su equivalente.

En relación con el método anticonceptivo que la entrevistada usa y aquel que afirma tener la intención de usar, son en ambos casos las que se refieren a un método efectivo, las que cuentan con las medias más altas en lo que respecta al factor criterio I; es decir, a las que se les puede considerar como usuarias más adecuadas de métodos anticonceptivos, que tuvieron experiencia laboral previa al matrimonio.

Resumiendo estos resultados se puede afirmar que las usuarias más adecuadas de métodos anticonceptivos son aquellas mujeres comprendidas en los grupos de edades de 23 a 26 y 31 a 37 años, cuyos esposos se encuentran dentro de los niveles ocupacionales y educacionales superiores, que tuvieron experiencia laboral previa al matrimonio y habían completado su educación ya fuera a nivel de secundaria, preparatoria o profesional. Además, se puede agregar que a este grupo también pertenecen las mujeres que usan o tienen la intención de recurrir a un método anticonceptivo clasificado como seguro.

Como se ha mencionado con anterioridad, uno de los principales objetivos de esta investigación es hacer posible la predicción respecto a la planificación familiar. Por medio del análisis de regresión múltiple paso a paso se encontró que los mejores predictores del factor criterio I, "Usuarias adecuadas de métodos anticonceptivos, con experiencia laboral previa al matrimonio", son:

1] "Grado de acuerdo entre los cónyuges sobre el tamaño de la familia y la planificación de ésta, de sumisión e interrelación."

2] "Nivel de aspiraciones para la educación y ocupación de los hijos y grado de empatía."

3] "Número de hijos."

4] "El hombre toma las decisiones, la mujer desempeña las tareas domésticas."

5] "La televisión."

6] "Grado de interrelación."

Y en menor grado:

7] "No sabe cómo deberían ser el hombre y la mujer ideales y no es necesario que el hombre sea trabajador y responsable."

8] "Ventajas de tener hijos: ninguna *vs.* seguridad emocional."

9] "El nivel de instrucción y contacto con la radio."

10] "Grado de apertura a experiencias nuevas y aceptación de responsabilidades."

11] "Intereses en lectura y nivel de instrucción."

Estas variables explicaron el 21.5% del total de la varianza.

Los mejores predictores de las usuarias adecuadas de métodos contraceptivos son: el grado de acuerdo que existe entre los cónyuges en relación con el tamaño de la familia y la planeación familiar, su interrelación, el tipo de relación conyugal respecto a quién toma las decisiones, el grado de sumisión de la mujer y cuál de los miembros de la pareja desempeña las tareas domésticas. También podrían catalogarse como otros predictores importantes: el número ideal de hijos, la etapa durante la cual empezó a usar la planificación familiar y ver televisión.

Si se toman en cuenta las variables independientes se puede observar que las entrevistadas comprendidas en los grupos de edades de 23 a 26 y 31 a 37 años que cuentan con altos niveles educacionales y ocupacionales son aquellas que forman el grupo de usuarias adecuadas de métodos anticonceptivos.

Antes de analizar el factor II, es conveniente explicar la forma en que se clasificaron las preguntas 90 a 104 (véase el apéndice), relacionadas con los diferentes métodos anticonceptivos. Esto se hizo en términos de una escala acumulativa, en el sentido de que se asignaba un punto si la entrevistada no mencionaba ningún método, 2 puntos si lo mencionaba pero no sabía en qué consistía, 3 si aparte de mencionarlo sabía en qué consistía, 4 si además estaba de acuerdo con él y 5 si informaba haberlo usado.

Factor II. Conocimientos, actitudes y conductas. Este factor que explica el 11% de la varianza entraña una relación positiva entre el número de métodos que la entrevistada ha oído mencionar (0.83), el número de métodos que realmente conoce (0.79), cuáles de ellos aprueba (0.38), cuántos ha usado (0.23) ; y haber oído hablar (2 puntos), conocer (3 puntos), estar de acuerdo con (4 puntos) y/o haber usado (5 puntos) el DIU (0.52) y los supositorios o pastillas vaginales (0.42) (véase el cuadro A).

Por lo tanto esta dimensión está constituida por personas que han oído hablar, conocen, están de acuerdo y en un menor grado han usado varios métodos y quienes han utilizado el DIU, los supositorios y pastillas vaginales. Es importante observar la distribución de estas variables.

En cuanto al número de métodos que la entrevistada informó haber oído mencionar pero no conocer, sólo el 12.74% señaló cinco o más métodos, el 16.38% cuatro, el 22.98% tres, el 18.77% dos, el 13.42% uno y el 15.59% ninguno (véase el cuadro 2). En consecuencia se pudo observar que cuando afirman haber oído hablar de "muchos métodos", esto realmente se limita a tres o cuatro, o sea un promedio de 3.58.

Como se puede observar en el cuadro 2, en el caso del número de métodos que la entrevistada puede describir correctamente, la palabra "muchos" se refiere a menos métodos aún. Sólo el 15.7% conoce 4 o más métodos, el 11.38% tres, el 15.24% dos, el 22.3% uno y el 34.7% ninguno. Un promedio de 2.65 métodos (véase el cuadro 2).

Únicamente el 10.12% de las entrevistadas está de acuerdo con 4 o más métodos, el 10.24% con tres, 16.95% con dos, 28.67% con uno y 33.90% con ninguno. En este caso el promedio es aún inferior: 2.4 (véase el cuadro 2).

En términos generales se puede decir que la aseveración de "haber usado muchos métodos" en realidad se limita a unos cuantos, ya que solamente el 7.05% de las entrevistadas informó haber utilizado 3 o más métodos, el 15.81% dos, el 42.32% uno y el 34.81% ninguno; el promedio fue 1.99 (véase el cuadro 2).

Es importante notar que la mayoría de las entrevistadas no han oído mencionar, ni conocen, ni están de acuerdo con o han usado más de cuatro métodos y que en realidad más de la mitad (77.13%) sólo han empleado un método o ninguno.

Respecto al DIU, supositorios y óvulos vaginales, únicamente el 8.99% y 6.48% de las entrevistadas, respectivamente, informó haberlos utilizado (véase el cuadro 3), mientras que el 69.97% y 67.92% ni siquiera los mencionaron. Una vez más es importante tomar en cuenta al estar analizando los resultados de esta encuesta los porcentajes tan bajos con relación al uso de estos métodos.

El hecho de que aun tomando en cuenta la distribución de estos datos, el conocimiento, actitudes y conductas varíen en la misma dirección, es decir, estén positivamente relacionados, es un hallazgo muy significativo.

Al tomar en cuenta las variables independientes, se advierten diferencias importantes en lo que respecta a la edad, ocupación del esposo, la experiencia laboral previa al matrimonio y el nivel de escolaridad de la entrevistada y su cónyuge. Al observar las tres variables criterio introducidas en el análisis de varianza, se encuentran diferencias significativas respecto al método anticonceptivo que la entrevistada usa y aquel que tiene la intención de usar.

Con relación a la edad, son las mujeres comprendidas en el grupo de 15 a 18 años y en el de 38 a 45 años quienes informaron haber oído hablar, conocer, estar de acuerdo con y haber usado más métodos. Sin embargo, si relacionamos este resultado con el obtenido con el factor anterior, respecto a que las mujeres que pertenecen a estos grupos de edades pueden catalogarse como usuarias ineficientes de métodos anticonceptivos, se puede aducir que el conocimiento, acuerdo y uso de diversos métodos está asociado con un uso inadecuado de las prácticas anticonceptivas. La correlación de −0.20 entre los factores criterio I y II respalda este punto (véase el cuadro B).

Al considerar la ocupación del esposo se encuentra que son las mujeres cuyos esposos pertenecen a los grupos ocupacionales más bajos (v. gr. trabajadores eventuales, carpinteros, taxistas, meseros, choferes, policías bancarios, bomberos y agentes de tránsito) las que han oído hablar, conocen, están de acuerdo con y han usado muchos métodos anticonceptivos; son además aquellas mujeres que no tuvieron experiencia laboral previa al matrimonio, las que caen en esta clasificación.

Una vez más estos resultados se pueden estudiar en relación con aquellos que nos indican que son las mujeres que pertenecen a los grupos ocupacionales bajos y las entrevistadas que no tuvieron experiencia laboral previa al matrimonio, las que emplean los métodos anticonceptivos con menor tasa de eficiencia. El nivel de escolaridad de la entrevistada y su cónyuge también guarda una relación significativa con el factor criterio II, en el sentido de que son los grupos educacionales más bajos, en ambos casos, los que han oído hablar, conocen, están de acuerdo y han empleado más métodos anticonceptivos, resultado que también apoya los obtenidos respecto a las variables del factor criterio I.

Al examinar los resultados de las variables criterio se advirtió que las entrevistadas que no proporcionaron información, que afirmaron no emplear ningun método o que hacen uso de métodos clasificados como difíciles, dependientes del coito (ritmo, lavados vaginales y espumas, jaleas o cremas vaginales), son las que conocen, están de acuerdo y han usado un mayor número de métodos, en comparación con usuarias de preservativos, supositorios, anticonceptivos orales, diafragma y dispositivos intrauterinos. En términos generales se puede afirmar que son las usuarias de métodos con tasas de seguridad altas las que han oído hablar, conocen, están de acuerdo con y han recurrido a un menor número de métodos.

En relación con la segunda variable criterio, es decir la intención de usar un método anticonceptivo, no se obtuvieron resultados tan claros; sin embargo, en términos generales éstos apoyan la tesis de que el uso y la intención de usar métodos con tasas de seguridad altas está relacionado con una práctica anticonceptiva adecuada al igual que con los conocimientos, actitudes y conductas respecto a un número bajo de métodos de control natal.

En resumen se puede afirmar que son las mujeres que pertenecen a los grupos de menor y mayor edad, a los niveles ocupacionales y educacionales inferiores, sin experiencia laboral previa al matrimonio, que usan y tienen la intención de recurrir a métodos con tasas de eficiencia baja, las que han oído hablar, conocen, aprueban y han utilizado un mayor número de métodos anticonceptivos (factor criterio II) en la forma menos adecuada (factor criterio I).

En lo que respecta al análisis de regresión múltiple se considera que los mejores predictores del factor criterio "Conocimientos, actitudes y conductas" son:

1] "Intereses en la lectura."

2] "Ventajas de tener hijos: desarrollo personal *vs.* seguridad emocional."

3] "Intereses en lectura y nivel de instrucción."

4] "Aspiraciones."

5] "Religión."

6] "Grado de apertura a experiencias nuevas y aceptación de responsabilidades."

7] "La seguridad económica y la emocional se consideran las ventajas del matrimonio: no se especifican las desventajas."

8] "Conocimiento político."

Y en menor grado:

9] "La planeación, las aspiraciones ocupacionales en relación con los hijos, el ahorro y la suerte."

10] "Importancia del matrimonio y los hijos."

11] "Ver telenovelas *vs.* ver historias policiacas."

12] "Lectura de historietas y fotonovelas."

13] "Ventajas de tener hijos: ninguna *vs.* seguridad emocional."

14] "No sabe cómo deberían ser el hombre y la mujer ideal y no es necesario que el hombre sea trabajador y responsable."

15] "Nivel de aspiraciones para la educación y ocupación de los hijos y grado de empatía."

16] "Desventajas de tener hijos: problemas económicos *vs.* ninguno."

17] "Quién decide a qué médico llamar si alguien se enferma."

18] "El lugar donde la entrevistada oyó por primera vez hablar de la planificación familiar."

19] "Ventajas de tener hijos: desarrollo personal *vs.* seguridad emocional."

Estas variables explican el 26.6% del total de la varianza.

Los mejores predictores de los conocimientos, actitudes y conductas relacionados con la planificación familiar son: intereses de lectura, nivel de preparación, considerar como una ventaja de tener hijos el desarrollo personal *vs.* la seguridad emocional, aspiraciones, nivel de religiosidad, grado de apertura a experiencias nuevas y de aceptación de responsabilidades, considerar la seguridad económica y emocional como una ventaja del matrimonio y el nivel de conocimiento político.

Al comparar los predictores de los factores criterio I y II se puede apreciar claramente que los factores conyugales desempeñan un papel determinante en la predicción del uso adecuado de las prácticas anticonceptivas, mientras que los de modernización y algunos factores motivacionales son los mejores predictores de los conocimientos, actitudes y conductas.

Este resultado puede explicarse al sugerir que la relación conyugal es determinante para la implantación efectiva de la planificación familiar, si se considera la relevancia que el tipo de "pareja" y de comunicación entre los cónyuges implica para la planificación familiar (véase el capítulo 4).

Se puede aducir que para conocer y poner en práctica diversos métodos anticonceptivos, sin significar necesariamente que esta práctica sea efectiva, sólo es preciso estar en contacto con éstos, tener cierto grado de apertura a experiencias nuevas, aspiraciones, alguna instrucción y conocimiento religioso y político; es decir que los factores motivacionales y de modernización determinarán el factor criterio II.

Se puede afirmar que la mejor forma de predecir el uso adecuado de las prácticas anticonceptivas es mediante el análisis de los factores conyugales, mientras que los mejores predictores de los meros conocimientos, actitudes y conductas relacionados con la planificación familiar son los factores motivacionales y de modernización, específicamente aquellos que hacen posible el contacto con las diferentes prácticas de contracepción y permiten la implantación de ciertas conductas y actitudes a este respecto.

Se pudo observar que son los grupos intermedios de edad, con niveles educacionales y ocupacionales altos los que pueden catalogarse como usuarios de métodos anticonceptivos más adecuados, quienes han oído hablar, conocen, aprueban y han empleado el menor número de estos métodos, lo que implica que el uso adecuado de la contracepción, está relacionado inversamente con el número de métodos anticonceptivos conocidos o utilizados.

Factor III. Intención de usar un método anticonceptivo clasificado como seguro; ha utilizado el DIU. Denominado un factor de "intención" en el sentido de que se refiere a la intención que la entrevistada informa tener en relación con el uso de un método anticonceptivo; explicó el 9% de la varianza.

Se observa una relación positiva entre la intención de adoptar las prácticas anticonceptivas (0.66), la seguridad del método que la entrevistada planea utilizar (0.66) y el haber oído → haber usado (véase la explicación que se da *supra)* el DIU (0.64) (véase el cuadro A).

Esto significa que las entrevistadas que tienen la intención de adoptar la práctica de la planificación familiar también tienen la intención de emplear un método con alto grado de seguridad y han utilizado o utilizan el DIU. En contraposición se encontrarían aquellas que no planean hacer uso de los métodos anticonceptivos, ni han usado y ni siquiera oído de la existencia del DIU.

Al observar la distribución de estas variables respecto a la intención de adoptar la planificación familiar, se encontró que el 12.51% de las entrevistadas afirmó no poder informar si alguna vez usarían algún tipo de anticonceptivo, el 31.51% respondió que durante el siguiente año no tenían la intención de utilizarlo y en el 53.24% de los casos la respuesta fue afirmativa.

Respecto al tipo de método que tenían la intención de utilizar, el 43.69% respondió que no sabía o que ninguno, el 14.67% tenía la intención de recurrir a alguno con tasas de seguridad baja o media (v. gr. el 3.87% ritmo, el 6.94% inyecciones y el 1.93% supositorios o pastillas vaginales), el 16.72% diafragma o dispositivo intrauterino y el

12.51% mencionó el uso de anticonceptivos orales (véase el cuadro 4).

La distribución de la variable sobre el uso del DIU se discutió con anterioridad, basta con añadir que el 8.99% de las entrevistadas informó haberlo utilizado, mientras que el 69.97% no hizo mención de este tipo de anticonceptivo.

Al observar el análisis de varianza llevado a cabo entre las variables independientes y el factor criterio III se advierten resultados significativos en lo que respecta a la edad y a la presencia o ausencia de experiencia laboral previa al matrimonio. Sin embargo, no se pueden apreciar resultados de importancia en relación con los niveles educacionales y ocupacionales. El uso actual y la intención de utilizar un método anticonceptivo también produjeron análisis de varianza significativos con respecto a este factor.

En lo que se refiere a la edad, se observó que son los dos grupos considerados como de mayor edad (38 a 41 y 42 a 45 años) seguidos por aquellos clasificados como de menor edad (15 a 18 y 19 a 22 años) quienes tienen la intención de recurrir a un método con una tasa baja de seguridad, o no planean utilizar ninguno.

Las entrevistadas que informaron tener la intención de utilizar un método seguro y efectivo pertenecen al grupo de edades de los 23 a los 33 años.

En lo que concierne a este factor criterio, no se aprecian diferencias significativas entre los diferentes grupos ocupacionales y educacionales.

Al considerar si las entrevistadas tuvieron experiencia laboral antes del matrimonio se puede observar que las mujeres que no trabajaron tienen la intención de utilizar un método con mayor grado de seguridad que aquellas que sí trabajaron.

En resumen, se puede afirmar que las mujeres que durante las entrevistas afirmaron tener la intención de usar un dispositivo con un grado de seguridad más alto son aquellas que pertenecen al grupo comprendido entre los 23 y 33 años de edad, quienes no tuvieron experiencia laboral antes del matrimonio y que informaron estar utilizando un método anticonceptivo clasificado como seguro.

Se encontró que los mejores predictores del factor III son:

1] "Grado de acuerdo entre los cónyuges sobre el tamaño de la familia y la planificación de ésta, de sumisión e interrelación."

2] "Nivel de instrucción y contacto con la radio."

3] "El fatalismo y las aspiraciones."

4] "Valorizar la obediencia y la dedicación al estudio de parte de los hijos *vs.* valorizar el respeto hacia los padres."

5] "La puntualidad, el nivel de aspiraciones para el grado de escolaridad de los hijos, conceptos sobre las responsabilidades y la toma de decisiones."

6] "Los padres deberían impulsar a sus hijos a superarse y alcanzar una forma de vida mejor que la que ellos llevaron."

7] "El lugar donde la entrevistada oyó hablar por primera vez de la planificación familiar."

8] "Normativo."

9] "Grado de interrelación."

Y en menor grado:

10] "Contar con los medios para satisfacer las necesidades económicas y el interés por la lectura de revistas femeninas."

11] "Factor contradictorio."

12] "Grado de apertura a experiencias nuevas y aceptación de responsabilidades."

13] "El hombre toma las decisiones, la mujer desempeña las tareas domésticas."

14] "Número de hijos."

15] "Quién decide a qué médico llamar cuando alguien se enferma."

16] "La televisión."

17] "Intereses en la lectura,"

Estas variables explicaron el 17.3% del total de la varianza.

Los mejores predictores del factor III, es decir, "La intención de usar un método seguro y la utilización del DIU" son: el grado de acuerdo entre los cónyuges sobre el tamaño de la familia y la planificación familiar, el grado de sumisión, de interrelación, el nivel de preparación y el escuchar la radio, el fatalismo y las aspiraciones, el valorizar la obediencia o inclinación por el estudio de parte de los hijos *vs.* valorizar el respeto hacia los padres, la puntualidad, el nivel de aspiraciones con respecto a la educación de los hijos, los conceptos sobre las responsabilidades y la toma de decisiones, la aceptación de la idea de que los padres deben impulsar a sus hijos a superarse y alcanzar una forma de vida mejor que la que ellos llevaron, el lugar donde la entrevistada oyó hablar por primera vez de la planificación familiar y el grado de normatividad e interrelación conyugal.

En consecuencia, se puede afirmar que los principales predictores de este factor son las variables conyugales y normativas, el grado de contacto con los medios de comunicación escrita y oral, la puntualidad y las aspiraciones.

En comparación con los predictores del factor I, donde se observó que el aspecto conyugal era el más importante, y con el factor II en el que las variables motivacionales y de modernización representaron la influencia más determinante, se encontró que en el factor de "intención" los mejores predictores incluían varias áreas, principalmente la conyugal, motivacional, normativa y de modernismo.

Por lo tanto se puede decir que la conducta real de una planificación familiar adecuada está principalmente determinada por el tipo de interrelación entre los cónyuges, mientras que la intención de planear la familia está influida por una serie más extensa de factores además del conyugal que implican el acceso a la información, el concepto del tiempo y las aspiraciones al igual que las influencias externas tales como las opiniones de los familiares y amigos a este respecto.

En consecuencia el vínculo más importante entre la intención y la conducta en relación con la planificación familiar es el tipo de relación conyugal.

En lo que se refiere a las variables independientes, se advirtió que son los grupos de edades intermedias, que han oído hablar, conocen, están de acuerdo con y han utilizado el menor número de métodos, los que usan y tienen la intención de utilizar los métodos anticonceptivos más seguros y adecuados. No obstante que los niveles educacionales y ocupacionales representan una influencia determinante respecto de los factores I y II, su papel no es tan significativo a nivel "intención".

Factor IV. Usuaria de diversos métodos anticonceptivos. Este factor que explica el 7.5% de la varianza se ocupa de una relación positiva entre la utilización de varios métodos anticonceptivos y de cada uno de ellos con una actitud positiva hacia las diversas formas de planificación familiar.

Concretamente se refiere a una relación positiva entre el hecho de haber oído hablar → haber usado (véase la explicación al principio de la descripción del factor II) el diafragma (0.80), el número de métodos con los que la entrevistada está de acuerdo (0.67), el hecho de haber oído hablar → haber empleado anticonceptipos orales (0.56), inyecciones (0.54), y el número de métodos que informó haber utilizado (0.38) (véase el cuadro A).

Por lo tanto esta dimensión se refiere a la usuaria que utiliza y aprueba diversos métodos, en contraposición con la mujer que no utiliza ni aprueba ningun tipo de método. Una vez más se puede apreciar la congruencia entre actitudes y conductas.

Al considerar las distribuciones de estos reactivos se observa que, respecto al número de métodos contraceptivos con los que la mujer está de acuerdo, sólo el 10.12% de las entrevistadas lo está con cuatro o más métodos, el 10.24% tres, el 16.95% dos, el 18.67 uno y el 33.9% ninguno. Esto nos indica que en la mayoría de los casos al mencionar "muchos" métodos en realidad se refieren a dos o tres (véase el cuadro 2).

Se pueden sacar conclusiones similares en relación con la utilización de métodos. Únicamente el 7.05% informó utilizar tres o más métodos, el 15.81% dos, el 42.32% uno y el 34.81% ninguno.

Al igual que en el análisis del factor II, en relación con la información de estar de acuerdo con y del uso de muchos métodos, se debe tener en consideración que el término "muchos" en realidad se limita a 3 o 4 métodos en la mayoría de los casos.

En cuanto al diafragma, los anticonceptivos orales y las inyecciones, el 12.74%, 32.31% y 10.58%, respectivamente, informaron haberlos utilizado, el 13.88%, 13.88% y 14.45%, respectivamente, están de acuerdo con este tipo de métodos y el 50.97%, 19.91% y 47.44%, respectivamente, no los mencionaron.

Como se puede apreciar (véase el cuadro 3), son los anticonceptivos orales el tipo de método más difundido y más ampliamente utilizado.

Al observar los análisis de varianza realizados entre el factor IV y las variables independientes y criterio se encuentran resultados significativos en relación con la edad, ocupación del esposo, experiencia laboral previa al matrimonio, escolaridad de la entrevistada y de su cónyuge y la conducta e intenciones en lo que se refiere a la planificación familiar.

Respecto a la edad, se encontró que las mujeres pertenecientes a los grupos de mayor edad (38 a 41 y 42 a 45 años) y de menor edad (15 a 18 y 19 a 22 años) son las que únicamente han oído hablar o ni siquiera tienen conocimiento de la existencia de los métodos anticonceptivos.

En relación con el nivel educacional y ocupacional, son los grupos ocupacionales superiores, que cuentan con un nivel más alto de escolaridad, quienes no sólo han oído hablar, sino conocen, aprueban y han utilizado los anticonceptivos. Esto también se aplica al grupo de mujeres sin experiencia laboral previa al matrimonio.

Respecto a las variables criterio 090 y 180 se apreció que eran las mujeres que utilizaban y aquellas que tenían la intención de usar métodos con alto grado de seguridad quienes informaron hacer uso de los anticonceptivos y no solamente tener conocimiento de su existencia.

En consecuencia, se puede concluir este punto afirmando que son los grupos de edades intermedias, sin experiencia laboral previa al matrimonio, con niveles educacionales y ocupacionales altos y que afirmaron utilizar y tener la intención de usar métodos anticonceptivos con una tasa de efectividad alta, quienes no sólo tienen conocimiento de la existencia sino que también aprueban y han utilizado los contraceptivos.

Al observar los resultados del análisis de regresión múltiple, se encuentra que los mejores predictores del factor IV son:

1] "El nivel de aspiraciones para la educación y ocupación de los hijos y grado de empatía."

2] "Número de hijos."

3] "La influencia de los padres, amigos y parientes."

4] "La televisión."

5] "Grado de acuerdo entre los cónyuges sobre el tamaño de la familia y la planificación de ésta, de sumisión e interrelación."

6] "Toma de decisiones en el hogar."

Y en menor grado:

7] "La puntualidad, el nivel de aspiraciones para el grado de escolaridad de los hijos, los conceptos sobre las responsabilidades y la toma de decisiones."

8] "El fatalismo y las aspiraciones."

9] "Ver telenovelas *vs.* ver historias policiacas."

10] "Intereses de lectura y nivel de instrucción."

11] "El lugar donde la entrevistada oyó hablar por primera vez de la planificación familiar."

12] "Contar con los medios para satisfacer las necesidades económicas y el interés por la lectura de las revistas femeninas."

13] "La planeación, las aspiraciones ocupacionales en relación con los hijos, el ahorro y la suerte."

14] "No sabe cómo deberían ser el hombre y la mujer ideales y no es necesario que el hombre sea trabajador y responsable."

15] "Escuchar los programas cómicos y musicales en la radio, ir al cine, y tener satisfechas las necesidades económicas."

Estas variables explicaron el 21.5% del total de la varianza.

Se considera que los mejores predictores del factor "usuarias de diversos métodos" son: el nivel de aspiraciones respecto a la educación y ocupación de los hijos, grado de empatía, número de hijos deseado, influencia de los padres, amigos y parientes, la frecuencia con que la entrevistada ve la televisión, proceso de toma de decisiones, grado de acuerdo respecto al tamaño de la familia y la planificación familiar, grado de sumisión e interrelación conyugal.

Se puede observar un factor que puede predecirse mediante una combinación de variables motivacionales, normativas, conyugales y de modernización y, a diferencia de los otros tres factores criterio, también por el número de hijos que la pareja desea. Este factor puede compararse con el factor III antes mencionado en el sentido de que sus predictores incluyen diversos campos.

Resumen. Se obtuvieron cuatro factores criterio virtualmente independientes y se proporcionó una descripción de cada uno de ellos y su distribución al igual que sus predictores y la relación que existe entre ellos y las variables independientes y criterio.

Se encontró que la mejor forma de predecir el factor I, "Usuarias adecuadas de métodos anticonceptivos, con experiencia laboral previa al matrimonio", era considerar el grado de acuerdo entre los cónyuges en relación con el tamaño de la familia y la planificación familiar, el tipo de interrelación conyugal y el proceso de toma de decisiones de la pareja al igual que la frecuencia con que la entrevistada ve la televisión. Se observó que era a las mujeres pertenecientes a los grupos de edades intermedias con niveles socioeconómicos altos a las que se les podía considerar como usuarias más adecuadas de métodos anticonceptivos y las cuales contaban con experiencia laboral previa al matrimonio.

El segundo factor criterio, "Conocimientos, actitudes y conductas", se refiere al hecho de haber oído hablar, conocer, estar de acuerdo con y haber utilizado muchas formas de contracepción, en contraposición con el conocimiento y empleo de pocos o ningún método, en el otro lado de la dimensión. El primer grupo está constituido por mujeres de mayor y menor edad pertenecientes a estratos socioeconómicos más bajos, sin experiencia laboral previa al matrimonio, clasificadas como usuarias de métodos de contracepción con menor efectividad; mientras que el segundo lo formaban los grupos socioeconómicos más altos con experiencia laboral previa al matrimonio, que usaban métodos anticonceptivos más efectivos, lo que respalda los resultados obtenidos en el factor I.

Se pudo apreciar que los mejores predictores de este factor eran variables motivacionales y de modernización; principalmente el grado de apertura a experiencias nuevas, el nivel de aspiraciones, el conocimiento político y religioso y el nivel de instrucción.

En consecuencia, la diferencia entre el uso adecuado de la planificación familiar y el sólo tener conocimiento de su existencia, estar de acuerdo y utilizarla está dentro del marco de una relación conyugal conjunta y el nivel socioeconómico.

Respecto al factor III, "Intención de usar un método clasificado como seguro, ha utilizado el DIU", se encontró que eran las entrevistadas de edades intermedias que ya empleaban un método anticonceptivo seguro, las que tenían la intención de recurrir a formas más eficaces de contracepción. No se apreciaron diferencias significativas respecto al estatus socioeconómico.

Se pudo observar que los principales predictores de este factor estaban comprendidos dentro de las áreas de relación conyugal, contacto con los medios de comunicación escrita y oral, la normatividad, la puntualidad y las aspiraciones.

El cuarto factor, "Usuaria de diversos métodos anticonceptivos" guarda cierta similitud con el factor III, en el sentido de que sus predictores son similares, y que su única diferencia radica en la presencia de la variable sobre el número de hijos deseado por la pareja.

Los predictores de las intenciones incluyen una gama más amplia de áreas que en el caso de los factores I y II donde la normatividad no desempeñó un papel determinante. Las normas parecen ser entonces el punto de diferenciación con respecto a las intenciones mientras que los factores motivacionales y de modernización lo son en cuanto a conocimientos, actitudes y conductas. Una relación conyugal conjunta es determinante para la existencia de una conducta adecuada de planificación familiar.

Tal como se describió en el capítulo dedicado a las variables criterio, la mejor forma de predecir la conducta relacionada con la planificación familiar es mediante el análisis de la intención de adoptar esta práctica, lo que respalda la tesis planteada en el capítulo 7 sobre las actitudes, creencias, intenciones y conductas.

El propósito del siguiente capítulo es el intentar resumir la relación que existe entre conocimiento, actitudes, intenciones y conductas de planificación familiar respecto a las variables normativas, motivacionales, conyugales, de modernización y socioeconómicas. Con este fin, se tomarán en cuenta tanto los resultados de estudios anteriores como las aportaciones de la presente investigación.

CAPÍTULO 16

HACIA UNA TEORÍA PRODUCTIVA DE PLANIFICACIÓN FAMILIAR

A lo largo de este estudio se han presentado al lector un sinnúmero de variables y conceptos, y las relaciones existentes entre éstos.

El propósito de este último capítulo es integrar cada una de las conclusiones y conocimientos aquí obtenidos, para sentar las bases de futuras investigaciones dentro del área.

Fishbein y Ajzen (1975) señalaron que si se miden las conductas e intenciones de un mismo nivel de especificidad, la probabilidad de predecir las conductas por medio de las intenciones es muy elevada (aproximadamente 90%). Kothandapani (1971) observó que el mejor predictor de las prácticas anticonceptivas es la intención de usar estas prácticas. En el análisis de regresión múltiple que se realizó, y que incluía todas las variables para encontrar cuál de ellas podría predecir mejor la conducta adecuada de planificación familiar, se encontró que los mejores predictores eran la intención de usar la planificación familiar y los factores conyugales.

El hallazgo de que las intenciones son los mejores predictores de la conducta ya ha sido establecido con bases sólidas; pero para la presencia de una conducta *adecuada* de planificación familiar, es necesaria una relación conyugal conjunta.

Davidson y Jaccard (1975) advirtieron que los mejores predictores de la intención de planear el tamaño de la familia, el espaciamiento entre los hijos, es decir, la intención de usar la planificación familiar, eran las creencias normativas del individuo multiplicadas por la motivación de cumplir con las normas percibidas.

Los resultados obtenidos en este trabajo de investigación son más complejos que los señalados por Davidson y Jaccard, en los dos siguientes aspectos: *1*] el campo motivacional se dividió en una serie de variables tales como: nivel de aspiraciones, puntualidad, *locus* de control, apertura a experiencias nuevas y fatalismo, y no todas ellas contribuyen en el mismo grado a la predicción de las intenciones de adoptar la planifación familiar; *2*] se encontró que la mejor forma de predecir la intención de usar un método seguro de contracepción no sólo incluía el conocimiento, actitudes y variables normativas y motivaciones, sino también otras dos variables, las de modernización y conyugales.

El predictor de diferenciación es el factor normativo, el cual representa la influencia más determinante a nivel de intenciones. Las variables que están dentro del grupo de modernización y las motivacionales son importantes en los niveles de conocimientos y actitudes, mientras que el factor conyugal es determinante con respecto a conductas adecuadas de planificación familiar.

El tercer factor criterio obtenido en los análisis factoriales se encuentra dentro del contexto del conocimiento, actitudes y conductas de planificación familiar, sin hacer referencia a las relaciones de predicción existentes entre ellos ni tampoco a la conducta adecuada de planificación familiar.

Se encontró que los mejores predictores de este factor eran las variables motivacionales y de modernización. Esto significa que a este nivel el tipo de relación conyugal y las normas no constituyen una influencia determinante. Si el objetivo primordial de un programa de planificación familiar es educar a las personas y formar en ellas actitudes con respecto a la contracepción sin interesarse en la forma, el tiempo o tipo de método utilizado, lo único que se necesita es que entre los miembros del grupo exista apertura a experiencias nuevas, un alto nivel de aspiraciones, conocimiento político e instrucción, y que no se encuentren influidos por factores religiosos. Éstas fueron las variables señaladas como los mejores predictores de conocimientos y actitudes.

En este punto se debe destacar una vez más la diferencia entre la conducta de contracepción y la conducta adecuada de planificación familiar. Los dos conceptos se refieren a niveles de conducta completamente diferentes, y a distintos objetivos dentro de un programa de planificación familiar. El primero simplemente implica la utilización de algún método anticonceptivo, no su uso efectivo y mucho menos una conducta eficaz de planificación familiar. El segundo concepto comprende cierto grado de planificación con respecto al tamaño de la familia y espaciamiento de los nacimientos, así como al uso de métodos contraceptivos eficientes durante los períodos en los que son requeridos.

La mera presencia de conocimientos y actitudes de planificación familiar podrá o no llevar a conductas, dependiendo de la influencia de las relaciones conyugales. Si el individuo únicamente ha alcanzado un nivel limitado de modernización, aspiraciones y apertura a experiencias nuevas, se encuentra fuertemente influido por fuerzas externas y mantiene una relación conyugal tirante, la presencia de la práctica anticonceptiva es posible, pero no será una conducta adecuada de planificación familiar.

Este marco teórico se puede resumir de la siguiente manera:

FIGURA 4:

HACIA UNA TEORÍA PREDICTIVA DE PLANIFICACIÓN FAMILIAR

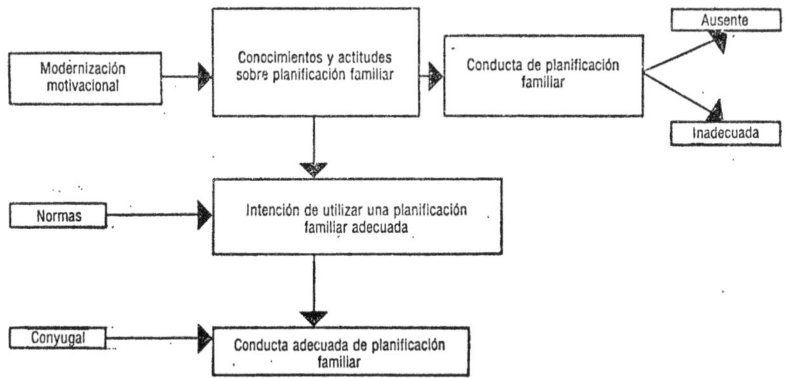

Es importante diferenciar entre los distintos procesos de modernización y motivación, que influyen en el conocimiento y actitudes por un lado y en las intenciones por el otro.

Como se ha podido observar, los niveles de aspiraciones e instrucción, el conocimiento político, la religiosidad y el grado de apertura a experiencias nuevas predicen conocimientos, actitudes y conductas, y los principales predictores de modernización y motivación de las intenciones de usar planificación familiar son el contacto con los medios de comunicación oral y escrita, la puntualidad y el nivel de aspiraciones.

Al analizar estas diferencias se aprecia que el punto en común es el nivel de aspiraciones. La instrucción, el conocimiento político y la religiosidad son importantes predictores de conocimientos, actitudes y conductas, mientras que el contacto con los medios de comunicación oral y escrita es una variable de modernización determinante respecto a las intenciones de usar la planificación familiar.

Se puede decir que la influencia de las redes externas de las normas se distribuye en parte a través de medios masivos de comunicación. Por lo tanto, como se puede apreciar en la figura 4, se considera que el factor determinante a nivel de intenciones es el normativo. Y por último, en lo que concierne a las variables motivacionales, se considera que la apertura a nuevas experiencias es necesaria para la formación de nuevos conocimientos y actitudes y para la introducción de una conducta ajena al propio repertorio de conductas. La puntualidad implica cierto grado de planeación y disciplina, características que adquieren gran importancia si la intención de usar la planificación familiar no sólo va a permanecer a nivel teórico, sino que realmente se va a llevar a la práctica.

Respecto a los niveles ocupacionales y de educación, la edad y la presencia o ausencia de experiencia laboral previa al matrimonio, se encontró que el mero conocimiento, actitudes y conducta de planificación familiar eran características de los niveles socioeconómicos más bajos, de los grupos de menor y mayor edad y de las mujeres que nunca trabajaron antes de contraer matrimonio, mientras que una conducta *adecuada* de planificación familiar era inherente a los estratos educacionales y ocupacionales superiores, a los grupos de edades intermedias y a aquellas mujeres que contaban con experiencia laboral previa al matrimonio.

Estos resultados concuerdan con los descritos en los capítulos 10 y 11 sobre los factores normativos y conyugales. En el captíulo 10 se señala que son las mujeres de niveles socioeconómicos superiores, que pertenecen al grupo de edades intermedias y cuentan con experiencia laboral previa al matrimonio, quienes se encuentran menos influidas por normas y presiones externas.

En el capítulo 11, dedicado a los factores conyugales, se llegó a la conclusión de que la relación conyugal conjunta o igualitaria prevalece entre las parejas con niveles socioeconómicos superiores, entre los grupos de edad intermedia y en los casos donde la mujer cuenta con experiencia laboral previa al matrimonio.

Se puede afirmar que mientras los grupos de menor y mayor edad, de estratos socioeconómicos más bajos y sin experiencia laboral previa al matrimonio tienden a permanecer en un nivel de menos conocimientos, actitudes y conductas, los de edad intermedia, con niveles socioeconómicos superiores y sin experiencia laboral previa al matrimonio, tienen mayor probabilidad de sobrepasar este nivel y adoptar una práctica adecuada de planifación familiar.

Lo anterior se puede explicar en términos de las mayores oportunidades de aprender sobre la planificación familiar y aceptar su uso, que ofrece una mejor educación y posición económica, y del contacto con una gama más amplia de experiencias y personas que proporciona el trabajo. Respecto a la edad, las mujeres casadas clasificadas dentro de los grupos de menor y mayor edad no han podido gozar de las mismas oportunidades laborales y educativas que las de edad intermedia; las primeras debido a su corta edad, las segundas dado que la estructura de las normas que prevalecía durante su juventud era probablemente más estricta respecto al papel de la mujer, además de que la propaganda sobre la planificación familiar no estaba tan difundida (véase el capítulo 1, para una breve reseña de las políticas sobre población en México).

Estos hallazgos tienen implicaciones importantes para la predicción de la conducta con propósitos teóricos así como para la investigación y elaboración de programas de planificación familiar.

Se ha presentado un modelo con suficiente apoyo empírico que toma en consideración un gran número de variables y que muestra en qué punto influyen estas variables en la cadena de procesos que va desde los niveles de conocimientos y actitudes hasta los de intenciones y conductas.

Más aún, explican las diferencias de acuerdo con la edad, los niveles ocupacionales y educacionales y la experiencia laboral previa al matrimonio. No se han encontrado estudios que consideren un número tan extenso de variables, las estudien con una muestra seleccionada al azar en una ciudad de un país en desarrollo y las utilicen para la predicción de conductas de planificación familiar.

A los teóricos en el área se les recomienda delinear cada uno de los factores obtenidos en este estudio, así como sus componentes, para llegar a una comprensión más clara de cuáles variables y no sólo cuáles factores determinan las actitudes, conocimientos, intenciones y conductas de anticoncepción y planificación familiar.

Los diseñadores de programas de planificación familiar se pueden beneficiar de este estudio en tanto sean capaces de formular de manera clara los propósitos de sus programas, así como la población para la que habrán de funcionar.

El presente estudio se refiere a un número de niveles afectivos, cognitivos y de conducta, así como su relación con una serie de variables motivacionales, de modernización, normativas y conyugales. Es menester advertir, sin embargo, que el muestreo se llevó a cabo en un grupo relativamente reducido de la ciudad de México, que no es comparable a la población a la que se aplicaría un programa extensivo de planificación familiar, ni abarca a la población rural, que, de hecho, puede presentar mayores necesidades de programas de planificación familiar que las poblaciones urbanas en los países en desarrollo.

Asimismo, futuros estudios deberán incorporar en más detalle variables de tipo económico, como distribución del ingreso, con el objeto de ver cómo se relacionan éstas con las bases sociales y psicológicas que presenta esta investigación. Con fundamento en este tipo de estudios se podrán diseñar planes diferentes para grupos que hayan solucionado sus problemas de ingreso, educación y modernización básica en general y para aquellos que no tengan aún resuelta esta situación.

En cuanto al campo de la psicología en general, se puede especular cómo podría contribuir este modelo. Una vez que se vuelva a llevar a cabo un test respecto al presente modelo, se podrá desarrollar una teoría que podría ser importante dentro de una serie de áreas.

Se sugiere primeramente que si existe un nivel básico de modernización y de variables motivacionales, se obtendrán conocimientos y se formarán actitudes dentro de áreas de la psicología social mucho más amplias que aquellas que implica la planificación familiar. El nivel de instrucción, conocimiento político, contacto con los medios de comunicación masiva, apertura a experiencias nuevas y puntualidad fueron las variables específicas que se encontraron como relevantes respecto a conocimientos, actitudes y conductas (únicamente en cuanto a la conducta contraceptiva). Y posiblemente estas variables son determinantes para la formación de conocimientos, actitudes y conductas en otros campos, tales como complejidad cognitiva, percepción social, socialización, cambio de actitudes y la teoría de persuasión.

Por lo que toca a la complejidad cognitiva y a la percepción social, se plantea como hipótesis que los individuos capaces de adquirir conocimientos y formar actitudes en torno a una amplia gama de personas, objetos y acontecimientos (que la instrucción, el contacto con los medios masivos y la apertura a nuevas experiencias, entre otros, los pueden ayudar a adquirir), estarán en posición de graduar sus percepciones sociales en particular y sus cogniciones en general. Es decir, serán capaces de percibir, aprender y memorizar en forma más detallada y escalar.

También se considera que el vocabulario y lenguaje del individuo en general podría mejorar mediante estos procesos.

El término "socialización" abarca una amplia gama de conceptos. Entre éstos figuran la educación, concientización política y conductas no delincuentes. Asimismo, se apunta la posibilidad de que estos procesos se intensifiquen mediante la presencia de actitudes y conocimientos en la esfera educativa, social, económica y política.

Por consiguiente, se podría hacer una generalización respecto al primer nivel del modelo presentado en la figura 4 para incluir la adquisición de conocimientos y la formación de actitudes en las áreas de cognición y de socialización.

Las normas también serían determinantes en el nivel de intención respecto a los aspectos cognitivos y de socialización. Se sugiere que las personas dependen de las influencias externas para la formación de sus procesos cognitivos y de socialización.

En el nivel de conducta se deberán realizar otro tipo de estudios para determinar si las conductas respecto a aspectos cognitivos y de socialización se pueden predecir directamente a partir de las intenciones, o si existe otra influencia determinante, comparable a la del factor conyugal respecto a las conductas adecuadas de planificación familiar.

Dentro de las teorías de cambio de actitudes, se cree que el modelo planteado en el presente trabajo es complementario y de gran relevancia. En primer término ayuda a esclarecer qué variables o qué grupos de variables (factores) son determinantes en los diferentes niveles, que van desde las actitudes y conocimientos hasta las intenciones y conductas. Se puede observar qué procesos anteceden a cada una de estas variables y, en esta forma, hacer una predicción adecuada de la conducta.

Es menester advertir que no se considera que cada uno de los factores que desempeñan un papel significativo en los distintos niveles tendrá igual influencia en otras áreas de investigación, más bien se plantea que los estudios futuros deberán basarse en tipos de modelos similares para poder permitir la predicción adecuada de la conducta.

Como en el caso de los procesos de socialización y cognitivos, se piensa que los factores normativos, motivacionales y de modernización serán determinantes para los niveles antes mencionados, es decir, para los conocimientos, actitudes e intenciones, cuando el objeto bajo investigación trate con un problema social psicológico. El factor conyugal comprende un área muy específica a cierto tipo de conductas. Por lo tanto, esta última parte del modelo no se puede generalizar en todos los problemas de la psicología social. Tal como se mencionó con anterioridad, la conducta se podría predecir partiendo de las intenciones si ambos conceptos se midieran en el mismo nivel. El papel que desempeña el factor conyugal en la planificación familiar será desempeñado por otros factores que posean una relación igualmente estrecha con el objeto psicológico en cuestión, como es el caso del factor conyugal en relación con la planificación familiar.

Respecto a la teoría de cambio de actitudes y persuasión, se puede apreciar en qué niveles influye para originar un cambio. En consecuencia, si se desea un cambio en las actitudes o mayores cambios de conocimientos, éstos deberán dirigirse a las esferas de modernización y motivación. El nivel de intenciones se verá influido por los cambios en las actitudes y conocimientos, así como por los factores normativos. Finalmente, y en relación con las conductas, éstas se podrán predecir con base en las intenciones y en algunos casos específicos por otro factor que posea particular relevancia respecto a la conducta en cuestión, como es el caso del papel conyugal en las conductas de planificación familiar.

APÉNDICES

1. FACTORES

CUADRO A: FACTORES CRITERIO

FACTOR I 29%	I	II	III	IV
Uso de planificación familiar	0.78		0.20	
Método actualmente utilizado	0.72		0.22	
Etapa en la que se adoptó esta práctica	0.64			
Experiencia laboral previa al matrimonio	0.48			-0.21
Número de métodos utilizado	0.45	-0.23		0.38
FACTOR II 11%				
Número de métodos sobre los que ha oído hablar		0.83		
Número de métodos que conoce		0.79		
Haber oído → utilizado el DIU		0.52	0.64	-0.26
Haber oído → utilizado óvulos vaginales o supositorios		0.42		
Número de métodos con los que está de acuerdo		0.38		0.67
Número de métodos usado	0.45	0.23		0.38
FACTOR III 9%				
Método que planea usar	0.25		0.66	
Intención de usar planificación familiar			0.66	0.29
Haber oído → utilizado el DIU			0.64	-0.26
FACTOR IV 7.5%				
Haber oído → utilizado el diafragma			-0.25	0.80
Número de métodos con los que está de acuerdo		0.38		0.67
Haber oído → utilizado la píldora	0.22			0.56
Haber oído → utilizado las inyecciones				0.54
Número de métodos utilizado	0.45	0.23		0.38

CUADRO B: CORRELACIONES ENTRE LOS FACTORES CRITERIO

	I	II	III	IV
I	1.0	-0.20	0.14	0.19
II	-0.20	1.0	-0.08	-0.19
III	0.14	-0.08	1.0	0.18
IV	0.19	-0.19	0.18	1.0

CUADRO C: CONCEPTOS INHERENTES A LOS HIJOS Y A LA PLANIFICACIÓN FAMILIAR

	I	II	III	IV	V	VI	VII	VIII	IX
FACTOR I 10.9%									
Número ideal de hijos	0.79								
Número de hijos deseado por el esposo	0.69								
Etapa de la vida marital en la que se debe adoptar la planificación familiar	0.56								
FACTOR II 10.7%									
El hijo debe ser estudioso y cursar una carrera profesional		0.78				–0.31			
Valoriza la obediencia en los hijos (a)		0.73							
Valoriza la obediencia en los hijos (b)		–0.74				0.55			
FACTOR III 9.4%									
Necesidad de difusión de la planificación familiar por medio de la televisión			0.88						
No oyó hablar de la planificación en las clínicas por primera vez			0.89						
FACTOR IV 8.9%									
Ventaja de tener hijos: desarrollo personal				–0 89					–0.24
Ventaja de tener hijos: seguridad emocional				0.73					–0.53
FACTOR V 7.9%									
Desventaja de tener hijos: problemas económicos					0.88				
Desventaja de tener hijos: ninguna					–0.85				

FACTOR VI 7.5%

Un buen hijo debe respetar a sus padres		0.94
Un buen hijo debe ser obediente	−0.74	−0.55
Un buen hijo debe ser estudioso y cursar una carrera profesional	0.78	−0.31

FACTOR VII 7.0%

Tener hijos para cumplir con una norma social	0.91	
Tener hijos por amor	−0.57	−0.59

FACTOR VIII 6.3%

No encuentra ninguna ventaja en el hecho de tener hijos		0.95
Ventajas de tener hijos: seguridad emocional, compañía	0.73	−0.53

FACTOR IX 6.4%

Tener hijos para contar con seguridad emocional y compañía	−0.21	0.90
Tener hijos por amor	−0.57	−0.59

CUADRO D: CORRELACIONES ENTRE LOS FACTORES RELACIONADOS CON LOS CONCEPTOS INHERENTES A LOS HIJOS Y LA PLANIFICACIÓN FAMILIAR

	I	II	III	IV	V	VI	VII	VIII	
I	1.0	0.00	0.04	–0.05	–0.1	0.02	–0.1	0.08	–(
II	0.03	1.0	0.05	–0.02	0.002	–0.004	–0.01	0.005	(
III	0.04	0.05	1.0	0.002	0.005	–0.04	–0.006	0.04	(
IV	–0.05	–0.02	0.002	1.0	0.03	–0.02	–0.002	–0.04	(
V	–0.10	0.002	0.005	0.03	1.0	–0.06	0.09	0.09	(
VI	0.02	–0.004	–0.04	–0.02	–0.06	1.0	–0.01	–0.04	(
VII	–0.10	0.01	–0.006	–0.002	0.09	–0.01	1.0	0.1	(
VIII	–0.08	0.005	0.04	–0.04	0.09	–0.04	0.1	1.0	(
IX	–0.03	0.03	0.02	0.03	0.02	–0.06	0.04	0.01	1

CUADRO E: FACTORES NORMATIVOS

	I	II	III	IV
FACTOR I 21.6%				
Grado de normatividad en la respuesta a: "¿Cómo cree usted que debe ser la mujer ideal?"	0.85			
Grado de normatividad en la respuesta a: "¿Cómo cree usted que debe ser el hombre ideal?"	0.80			
Suma de las preguntas normativas	0.78			
Grado de normatividad en la respuesta respecto a lo que más le gusta hacer	0.74			
FACTOR II 15.4%				
Opinión sobre los hombres que no están interesados en contraer matrimonio		0.89		
Opinión sobre las mujeres que no están interesadas en contraer matrimonio		0.89		
Opinión sobre las mujeres que no desean tener hijos		0.42		0.40

FACTOR III 10.1%

No cree en la obediencia incondicional hacia los padres			0.75	
Grado de consentimiento de los amigos respecto a la planificación familiar			0.51	
Cómo le afectaría a la entrevistada el hecho de que sus amigos tuvieran muchos hijos y ella pocos o ninguno			0.47	
Preferencia entre emplear a un familiar o a alguna otra persona			0.39	0.64

FACTOR IV 9.0%

Preferencia entre emplear a un familiar o a alguna otra persona			0.30	0.69
La edad en la que la mujer debe contraer matrimonio			0.39	0.64
Opinión sobre las mujeres que no desean hijos		0.42		0.40

CUADRO F: CORRELACIÓN ENTRE LOS FACTORES NORMATIVOS

	I	II	III	IV
I	1.0	0.09	0.006	0.04
II	0.09	1.0	0.16	0.11
III	0.006	0.16	1.0	0.03
IV	0.04	0.11	0.03	1.0

CUADRO G: CONYUGAL

	I	II	III	IV	V	VI	VII	VIII	IX	X	XI	XII	XIII	XIV	XV	XVI
FACTOR I 10.6%																
Ambos cónyuges deciden las compras de mayor valor	0.76															
Ambos cónyuges deciden el lugar donde van a fijar su residencia	0.73															
Ambos cónyuges determinan el presupuesto mensual	0.67															
Ambos cónyuges deciden si es conveniente que ella trabaje	0.47										0.28					
Suma de la toma de decisiones en el hogar y quién desempeña las tareas domésticas (conjuntamente)	0.38		–0.32						–0.53							
FACTOR II 6.6%																
Quién lleva a cabo las compras diarias (ambos cónyuges)		0.75														

Quién dispone el menú familiar (decisión conjunta)		0.74														
Quién juega con los niños (ambos cónyuges)		0.66														
Quién asea la casa (ambos cónyuges)		0.61									-0.23		0.30			
Quién viste a los niños (ambos cónyuges)	0.61								-0.33							
Quién lleva a cabo las compras mensuales o semanales (ambos cónyuges)	0.60															
Quién ayuda a los niños en sus tareas escolares (ambos cónyuges)	0.56															0.20
FACTOR III 5.7%																
Ambos cónyuges deciden a qué doctor llamar si la esposa se enferma			0.92													
Ambos cónyuges deciden a qué doctor llamar si el esposo se enferma			0.89													

	I	II	III	IV	V	VI	VII	VIII	IX	X	XI	XII	XIII	XIV	XV	XVI
Ambos cónyuges deciden a qué doctor llamar si los niños se enferman			0.57													
Suma de la toma de decisiones y en quién recaen las tareas domésticas (decisión conjunta)	0.38		0.32						−0.53							

FACTOR IV 4.5%

	I	II	III	IV	V	VI	VII	VIII	IX	X	XI	XII	XIII	XIV	XV	XVI
Discute con el esposo el número conveniente de hijos				0.80												
Discute con el esposo los problemas económicos				0.74												
Discute con el esposo la educación de los hijos				0.74												
Discute con el esposo los planes para el futuro				0.61												
Discute con el esposo los asuntos relacionados con el sexo				0.60												

FACTOR V 3.6%

Prototipo del hombre ideal: no necesariamente dedicado al hogar, a la esposa y a los hijos	**0.81**			
Prototipo de la mujer ideal: no necesariamente dedicada al hogar y a los hijos	0.58	–0.28		
Prototipo del hombre ideal: trabajador y responsable		**0.51**	**0.53**	**–0.63**

FACTOR VI 3.5%

Prototipo del hombre ideal: no necesariamente amoroso y comprensivo			0.81	
Prototipo de la mujer ideal: no necesariamente amorosa y comprensiva			**0.68**	
Prototipo del hombre ideal: trabajador y responsable		**–0.51**	**0.53**	**–0.63**

	I	II	III	IV	V	VI	VII	VIII	IX	X	XI	XII	XIII	XIV	XV	XVI
FACTOR VII 3.2%																
Actividades conjuntas de los cónyuges, interrelación alta							0.84									
Los cónyuges comparten diversas actividades							0.81					-0.21				
Suma de las preguntas sobre la interrelación conyugal							0.60					0.35				
Prototipo de la mujer ideal: respuesta de interrelación alta						-0.27	0.39	-0.37				0.21				
Prototipo del hombre ideal: respuesta de interrelación alta						-0.28	0.37					0.22				
FACTOR VIII 3.1%																
Prototipo del hombre ideal: no sabe cómo debe ser el hombre ideal								0.78								
Prototipo de la mujer ideal: no sabe cómo debe ser la mujer ideal								0.73								

Prototipo del hombre ideal: no es necesario que sea trabajador y responsable					–0.51	0.53		–0.63	
FACTOR IX 2.9%									
El esposo toma las decisiones respecto a los hijos, la decisión no es conjunta									0.76
El esposo toma la decisión respecto al tipo de castigo que se les debe imponer a los hijos, la decisión no es conjunta									0.77
Suma de las preguntas relacionadas con la toma de decisiones y quién desempeña las tareas hogareñas (él toma las decisiones, ella trabaja en el hogar)	–0.38		0.32						0.47
Él decide a qué doctor llamar si se enferma, la decisión no es conjunta			0.57						0.53

	I	II	III	IV	V	VI	VII	VIII	IX	X	XI	XII	XIII	XIV	XV	XVI
Ella siempre viste a los hijos, él no coopera		-0.61							0.33							
FACTOR X 2.8%																
Ventajas del matrimonio: seguridad emocional										0.75						
Ventajas del matrimonio: tener hijos										-0.80						
FACTOR XI 2.6%																
El esposo no es responsable											0.61					
El esposo prefiere compartir su tiempo libre con sus amigos o fuera del hogar pero no con su esposa.											0.50					
El esposo se pelea a menudo											0.42			-0.41		
Encuentra desventajas en el matrimonio sin especificarlas											0.37		0.36		0.23	
Prefiere pasar su tiempo libre con otras																

personas más que con su esposo	–0.23	0.31			0.21	–0.34	
FACTOR XII 2.4%							
El esposo prueba la planificación familiar				0.72	0.22		
Ambos cónyuges deciden si es conveniente tener más hijos			0.49	0.21	–0.26		
Suma de las preguntas sobre la interrelación (alta)			0.35				
No cree en la obediencia incondicional hacia el esposo		0.21	0.33	0.27		–0.33	0.32
FACTOR XIII 2.3%							
Ventajas del matrimonio: seguridad emocional y económica				0.71			
Encuentra desventajas en el matrimonio sin especificarlas		0.37		0.36		0.23	
FACTOR XIV 2.2%							
No conoce las ventajas que ofrece el matrimonio					0.69		

	I	II	III	IV	V	VI	VII	VIII	IX	X	XI	XII	XIII	XIV	XV	XVI
El esposo no se pelea con mucha frecuencia											–0.42			0.41		
FACTOR XV 2.1%																
No encuentra ventajas en el matrimonio															0.72	
FACTOR XVI 2.1%																
Ninguno de los cónyuges tiene derecho a ser infiel																0.72
No cree en la obediencia incondicional hacia el esposo											0.21	0.33	0.27		–0.33	

CUADRO H: CORRELACIONES ENTRE LOS FACTORES CONYUGALES

	I	II	III	IV	V	VI	VII	VIII	IX	X	XI	XII	XIII	XIV	XV	XVI
I	1.0	−0.09	−0.20	0.19	0.009	−0.06	0.14	−0.07	−0.09	0.05	−0.13	0.08	−0.004	−0.008	−0.09	0.20
II	−0.09	1.0	0.03	−0.05	0.03	0.02	−0.07	0.003	−0.09	−0.03	0.05	−0.00	−0.01	0.00	0.009	−0.02
III	0.20	0.03	1.0	−0.12	−0.03	0.01	−0.02	0.00	0.19	−0.05	0.07	−0.04	−0.02	0.00	0.03	−0.08
IV	0.19	−0.05	−0.12	1.0	0.03	−0.11	0.13	−0.10	−0.03	0.05	−0.18	0.06	0.04	0.01	−0.004	0.15
V	0.01	0.03	−0.03	0.03	1.0	0.004	0.007	0.05	0.04	0.02	0.004	0.02	−0.04	0.02	−0.04	0.01
VI	−0.06	0.02	0.01	−0.11	0.004	1.0	−0.13	0.13	0.004	−0.04	0.04	−0.06	0.03	0.04	−0.02	−0.04
VII	0.14	−0.07	−0.02	0.13	0.007	−0.13	1.0	−0.13	−0.02	0.08	−0.06	0.11	−0.01	0.01	0.06	0.09
VIII	−0.07	0.003	0.00	−0.10	0.05	0.13	−0.13	1.0	0.04	0.03	0.03	−0.09	0.01	0.03	−0.04	−0.08
IX	−0.09	−0.09	0.19	−0.03	0.04	0.004	−0.02	0.04	1.0	0.009	0.03	−0.06	−0.02	−0.01	0.03	−0.03
X	0.05	−0.03	−0.05	0.05	0.02	−0.04	0.08	0.03	0.009	1.0	0.02	−0.03	0.08	−0.009	0.02	0.09
XI	−0.13	0.05	0.07	−0.18	0.004	0.04	−0.06	0.03	0.03	0.02	1.0	−0.01	0.002	0.008	0.002	−0.05
XII	0.08	−0.00	−0.04	0.06	0.02	−0.06	0.11	−0.09	−0.06	−0.03	−0.01	1.0	−0.01	−0.06	−0.04	0.05
XIII	−0.004	−0.01	−0.02	0.04	−0.04	0.03	−0.01	0.01	−0.02	0.08	0.002	−0.01	1.0	0.01	0.001	0.004
XIV	−0.008	0.00	0.002	0.01	0.02	0.04	0.01	0.03	−0.01	−0.009	0.008	−0.06	0.01	1.0	−0.02	−0.01
XV	−0.09	0.01	0.03	−0.004	−0.04	−0.02	0.06	−0.04	0.03	0.02	0.002	−0.04	0.001	−0.02	1.0	−0.06
XVI	−0.20	−0.02	−0.08	0.15	0.01	−0.04	0.09	−0.08	−0.03	0.09	0.05	0.05	0.004	−0.01	−0.06	1.0

CUADRO I: MODERNIZACIÓN

	I	II	III	IV	V	VI	VII	VIII	IX	X	XI	XII
FACTOR I 16.7%												
Díaz Ordaz (sabe quién es)	0.76											
Echeverría (sabe quién es)	0.76										–0.21	
Hidalgo (sabe quién fue)	0.61										0.20	
Juárez (sabe quién fue)	0.56										0.24	
FACTOR II 7.6%												
Interés en los temas políticos: nacionales-internacionales		0.92										
Interés en los temas políticos: ninguno		–0.84										
Interés en discutir los problemas nacionales		0.84										
La frecuencia con la que habla de política con sus amigos		0.76										
FACTOR III 6.7%												
¿Comulga?			0.91									
¿Se confiesa?			0.90									
¿Asiste a la iglesia?			0.62									
¿Es religiosa?			0.52									
FACTOR IV 5.9%												
Ve televisión				0.94								
Ve televisión con mucha frecuencia				0.94								

FACTOR V 4.9%

Lee historietas y fotonovelas	0.90				
Le interesa otro tipo de lectura además del periódico	0.42				

FACTOR VI 4.2%

Ve telenovelas		–0.78			
Ve películas e historias policiacas		0.36			

FACTOR VII 4.1%

Lee "éxitos de librería"			0.90		0.25
Lee el periódico			0.44		
Velocidad de lectura de la entrevistada	–0.20		0.34	0.45	–0.20
Número de errores en la lectura	–0.25		0.31	0.45	–0.21
Le interesa otro tipo de lectura además del periódico	–0.42		0.30		–0.30

FACTOR VII 3.8%

Frecuencia con que la entrevistada escucha la radio				0.76	0.21
Número de palabras empleadas para describir qué es lo que más le gusta hacer				0.52	
Velocidad de lectura	–0.20		0.34	0.45	–0.20
Número de errores en la lectura	–0.25		0.31	0.45	–0.21

	I	II	III	IV	V	VI	VII	VIII	IX	X	XI	XII
FACTOR IX 3.5%												
No lee libros educativos y culturales							0.29		0.91			
No lee otro tipo de lectura además del periódico					0.42		−0.30		0.30			
FACTOR X 3.4%												
Lee revistas femeninas							−0.22			0.94		
Tiene satisfechas las necesidades de la familia							0.27			0.33	−0.33	
FACTOR XI 3.3%												
No escucha programas musicales o cómicos en la radio											0.70	
No va al cine									0.22		0.56	
No cuenta con los medios suficientes para satisfacer las necesidades de la familia							−0.27			−0.33	0.33	
FACTOR XII 3.1%												
Tiene mayor confianza en la información proporcionada por el periódico que en la transmitida por un amigo												0.62
Votó en las elecciones					0.21		0.20				0.21	0.62
Ha hablado con algún extranjero		0.23					−0.24		0.27			0.51

CUADRO J: CORRELACIÓN ENTRE LOS FACTORES DE MODERNIZACIÓN

	I	II	III	IV	V	VI	VII	VIII	IX	X	XI	XII
I	1.0	–0.23	0.06	0.12	–0.08	0.14	0.23	0.22	–0.22	0.15	0.006	0.06
II	–0.23	1.0	0.01	–0.05	0.04	–0.16	–0.18	–0.11	0.21	–0.12	0.08	–0.04
III	0.06	0.01	1.0	0.02	–0.07	0.06	0.005	–0.01	–0.01	0.01	–0.006	0.09
IV	0.12	–0.05	0.02	1.0	–0.05	0.03	0.10	0.04	–0.06	0.09	–0.13	–0.009
V	–0.08	0.04	–0.07	–0.05	1.0	–0.05	–0.08	–0.06	0.07	–0.15	0.03	–0.14
VI	0.14	–0.16	0.06	0.03	–0.05	1.0	–0.09	0.05	–0.13	0.03	0.009	–0.002
VII	0.23	–0.18	0.005	0.10	–0.08	0.08	1.0	0.07	–0.19	0.18	–0.004	0.03
VIII	0.22	–0.11	–0.01	0.04	–0.06	0.05	0.07	1.0	–0.11	0.03	0.008	0.004
IX	0.22	0.21	–0.01	–0.06	0.07	–0.13	–0.19	–0.11	1.0	–0.14	0.005	–0.001
X	0.15	–0.12	0.01	0.09	–0.15	0.03	0.18	0.03	–0.14	1.0	–0.02	0.04
XI	0.005	0.08	–0.006	–0.13	0.03	0.008	–0.004	0.008	0.005	0.02	1.0	0.03
XII	0.06	–0.04	0.09	–0.009	–0.14	–0.002	0.03	0.004	–0.001	0.04	0.03	1.0

CUADRO K: MOTIVACIONAL

	I	II	III	IV	V	VI	VII	VIII	IX	X	XI	XII
FACTOR I 14%												
Es conveniente planear con anticipación	0.68											
Es necesario planear con anticipación	0.67											
Autocontrol	0.58							0.37			0.21	–0.27
No cree en el destino	0.56				0.33			–0.29				
Es posible modificar los problemas mundiales	0.49							–0.38				
Es mejor preocuparse por el "mañana"	0.47											
FACTOR II 6.4%												
Prototipo de la mujer ideal: respuesta con nivel bajo de aspiraciones		0.74										
Prototipo del hombre ideal: respuesta con nivel bajo de aspiraciones		0.49										0.21
Qué es lo que más le gusta: respuesta con nivel bajo de aspiraciones		0.47	0.25									
Prototipo del hijo ideal: respuesta con nivel bajo de aspiraciones		0.39									0.23	
FACTOR III 6.0%												
Suma de las preguntas relacionadas con el fatalismo			0.97									
Respuesta con alto grado de fatalismo a la pregunta respecto a qué cambiaría en su vida si tuviera la oportunidad			0.89									

Respuesta con alto grado de fatalismo a la pregunta respecto a qué es lo que más le gusta hacer			0.82				0.20			
Respuesta con bajo nivel de aspiraciones a la pregunta respecto a qué cambiaría en su vida si tuviera la oportunidad			0.34				−0.31			
Respuesta con nivel bajo de aspiraciones a la pregunta respecto a qué es lo que más le gusta hacer		0.48	0.25							
FACTOR IV 4.9%										
Si la educación escolar fuera gratuita qué grado le gustaría a la entrevistada que sus hijos alcanzaran (aspiraciones altas)				**0.74**						
Alto nivel de aspiraciones en lo que se refiere a la ocupación de los hijos				0.70						
Alto grado de empatía (el número de preguntas relevantes a las que respondió con un no sé)		0.21		0.65						
FACTOR V 4.1%										
Puntualidad					0.79					
No es conveniente planear con anticipación					0.66				−0.25	
No cree en el destino (*vs.* fatalismo)	0.56				0.33			−0.29		
FACTOR VI 3.9%										
No permite que los hijos lleguen tarde						0.63				
Alto nivel de aspiraciones en lo que respecta a la ocupación de los hijos						0.53			−0.48	−0.44

	I	II	III	IV	V	VI	VII	VIII	IX	X	XI	XII
Le agrada tener muchas responsabilidades en el trabajo						0.43	0.47					
Le agrada tomar decisiones						0.38	0.40	–0.29				
Es puntual						0.36						
FACTOR VII 3.3%												
Le gustaría trabajar fuera del hogar							0.75					
Le gustaría tener muchas responsabilidades en su trabajo						0.43	0.47					
Le agrada tomar decisiones						0.38	0.40	–0.29				
Le gustaría conocer a otras personas				0.22			0.33		0.23	–0.25		
FACTOR VIII 3.3%												
Cree en el destino								0.74				
Los accidentes son producto de la mala suerte								0.42				
Es preferible no preocuparse por el "mañana"	0.47							0.38				
FACTOR IX 3.5%												
La suerte y el destino son factores determinantes en la vida									0.68			
Cree en la mala suerte									0.47	0.39	–0.28	
FACTOR X 2.9%												
Planeación					–0.21					0.66		
Alto nivel de aspiraciones en lo que respecta a la ocupación de los hijos						–0.53					0.44	

No cree en la mala suerte	0.21		0.23	0.39	0.28	
FACTOR XI 2.9%						
Presenta orientación hacia el futuro					0.63	
Cree en el ahorro				0.43	0.46	
Alto nivel de aspiraciones en lo que respecta a la ocupación de los hijos		–0.53		0.43	0.44	
FACTOR XII 2.8%						
No considera que el deber principal de los padres sea impulsar a los hijos a superarse y alcanzar una vida mejor a la que ellos llevaron						0.83

CUADRO L: CORRELACIÓN ENTRE LOS FACTORES MOTIVACIONALES

	I	II	III	IV	V	VI	VII	VIII	IX	X	XI	XII
I	1.0	–0.08	–0.15	0.18	–0.09	0.05	0.04	–0.13	–0.03	0.08	0.08	–0.04
II	–0.08	1.0	0.21	–0.15	–0.05	–0.02	–0.12	0.06	–0.01	–0.00	–0.06	–0.01
III	–0.15	0.21	1.0	–0.19	–0.01	–0.16	–0.09	0.12	–0.08	–0.10	–0.09	–0.08
IV	0.18	–0.15	–0.19	1.0	–0.04	0.10	0.11	–0.12	0.01	0.16	0.06	0.00
V	–0.09	–0.05	–0.01	–0.04	1.0	–0.05	–0.07	0.02	–0.002	0.02	–0.01	0.00
VI	0.05	–0.02	–0.16	0.10	–0.05	1.0	0.005	–0.09	0.06	0.14	0.06	0.008
VII	0.04	–0.12	–0.09	0.11	–0.07	0.005	1.0	–0.007	0.03	0.03	0.006	0.00
VIII	–0.13	0.06	0.12	–0.12	0.02	–0.09	–0.007	1.0	–0.01	–0.08	–0.04	0.02
IX	–0.03	–0.01	–0.08	0.01	–0.002	0.06	0.03	–0.01	1.0	0.03	0.02	0.008
X	0.08	–0.00	–0.10	0.16	0.02	0.14	0.03	–0.08	0.03	1.0	0.009	–0.004
XI	0.08	–0.06	–0.03	0.06	–0.01	0.06	0.006	0.04	0.02	0.009	1.0	0.01
XII	–0.04	–0.01	–0.08	–0.00	0.00	0.008	0.00	0.02	0.008	–0.004	0.01	1.0

2. RESPUESTAS Y CLASIFICACIÓN DE OCUPACIONES

CUADRO 1: CUÁNDO EMPEZÓ EL USO DE LA PLANIFICACIÓN FAMILIAR *(Porcentajes)*

No aplica (no utiliza y no ha utilizado)	30.49
No sabe	2.16
Después del cuarto hijo o posteriormente	23.44
Posterior al tercer hijo	11.26
Posterior al segundo hijo	14.45
Posterior al primer hijo	13.08
Al contraer matrimonio	1.48
Antes de contraer matrimonio	0.00
Para poder distanciar los nacimientos y planear la familia	1.48
Media 3.32	

CUADRO 2: NÚMERO DE MÉTODOS ANTICONCEPTIVOS SOBRE LOS CUALES LA ENTREVISTADA HA OÍDO HABLAR → HA UTILIZADO, CONOCE Y ESTÁ DE ACUERDO

Número de métodos	*Ha oído hablar de*	*Conoce*	*Está de acuerdo*	*Ha utilizado*
Ninguno	15.59	34.70	33.90	34.81
Uno	13.42	22.30	28.67	42.32
Dos	18.77	15.24	16.95	15.81
Tres	22.98	11.38	10.24	4.66
Cuatro	16.38	7.85	5.35	1.48
Cinco	7.51	4.21	3.41	0.46
Seis	3.07	1.93	0.91	0.34
Siete	0.91	0.91	0.11	0.00
Ocho o más	1.25	0.80	0.34	0.11
Media	3.58	2.65	2.40	1.99

CUADRO 3: MÉTODOS CONTRACEPTIVOS SOBRE LOS CUALES LA ENTREVISTADA HA OÍDO HABLAR → HA UTILIZADO, CONOCE Y ESTÁ DE ACUERDO (*Porcentajes*)

Método	*No hace mención*	*Ha oído hablar de*	*Realmente conoce*	*Aprueba*	*Ha utilizado*
Ritmo	76.11	4.66	5.23	4.55	9.33
Lavados vaginales	96.47	0.68	1.25	0.57	1.02
Esterilización u operación	76.45	5.23	5.35	7.85	5.12
Preservativo o condón	85.67	3.30	3.75	4.55	2.62
Anovulatorios orales	19.91	24.91	8.87	13.88	32.31
Supositorios y óvulos vaginales	67.92	14.45	4.55	6.48	6.48
Diafragma	50.97	13.54	8.76	13.88	12.74
Coito interrumpido	96.70	1.25	0.23	1.02	0.68
Jaleas o cremas vaginales	81.46	6.94	3.87	4.89	2.73
Dispositivos intrauterinos	69.97	11.95	3.98	5.01	8.99
Inyecciones	47.44	18.20	9.22	14.45	10.95
Aborto	96.13	0.57	2.05	0.46	10.58
Abstinencia total	98.29	0.23	0.46	0.46	0.34
Temperatura	96.70	1.02	1.25	0.57	0.34
Métodos tradicionales	95.11	1.25	1.02	0.91	1.71

CUADRO 4: MÉTODO ANTICONCEPTIVO QUE LA ENTREVISTADA TIENE LA INTENCIÓN DE UTILIZAR

Método	*Porcentajes*
No sabe o no proporciona información	19.23
Ninguno	24.46
Método local tradicional	0.91
Coito interrumpido	0.11
Ritmo	3.87
Temperatura	0.23
Lavados vaginales	0.00
Inyecciones	6.94
Preservativo o condón	0.34
Jaleas o cremas vaginales, espumas	0.34
Supositorios u óvulos vaginales	1.93
Diafragma, dispositivos intrauterinos	16.72
Anovulatorios orales, píldoras	12.51

CUADRO 5: ¿CUÁLES DEBEN SER LAS CARACTERÍSTICAS DE UN BUEN HIJO?

Características	*Frecuencia*	*Porcentaje*
No sabe o no proporciona información	30	3.41
Otras características	73	8.30
Sumisión y dependencia hacia los padres	21	2.39
Obediencia	253	28.78
Sin vicios	30	3.41
Amoroso	23	2.62
Respetuoso con los padres	182	20.71
Trabajador	12	2.37
Estudioso, con una carrera profesional	231	26.28
Independiente	17	1.93

NOTA: Cada una de las opciones de este cuadro se recodificó y se transformó en una variable individual. Solamente se registró la primera respuesta.

CUADRO 6: VENTAJAS DE TENER HIJOS

Ventajas	*Frecuencia*	*Porcentaje*
No sabe o no proporciona información	68	7.74
Otras ventajas	66	7.51
Ninguna	118	13.41
Ayuda económica	23	2.62
Norma social	18	2.05
La felicidad del esposo	27	3.07
Compañía, seguridad emocional	412	46.87
Desarrollo personal como mujer	144	16.38

Media: 5.63

NOTA: Cada una de las opciones de este cuadro se recodificó y se transformó en una variable individual. Solamente se registró la primera respuesta.

CUADRO 7: DESVENTAJAS DE TENER HIJOS

Desventajas	*Frecuencia*	*Porcentaje*
No sabe o no proporciona información	83	9.44
Otras desventajas	44	5.01
Muchas (sin especificarlas)	19	2.16
Problemas con los hijos debido a su falta de obediencia y dependencia	45	5.12
Problemas con los hijos debido a su falta de responsabilidad	24	2.73
Problemas de salud	16	1.82
Problemas económicos	239	27.19
Ninguna	346	39.36
Falta de libertad personal	38	4.32
Problemas conyugales	12	1.37

Media: 6.997

NOTA: Cada una de las opciones de este cuadro se recodificó y se transformó en una variable individual. Solamente se registró la primera respuesta.

CUADRO 8: RAZONES PARA TENER HIJOS

Razones	*Frecuencia*	*Porcentaje*
No sabe o no proporciona información	49	5.57
Otras razones	70	7.96
No ha oído hablar de la planificación familiar	41	4.66
Norma social	158	17.97
"Dios me los mandó", etcétera	78	8.87
El esposo los deseaba	58	6.60
Por amor	224	25.48
Compañía y seguridad emocional	115	13.08
Desarrollo personal	80	9.10
Media: 5.6		

NOTA: Cada una de las opciones de este cuadro se recodificó y se transformó en una variable individual. Solamente se registró la primera respuesta.

CUADRO 9: LUGAR DONDE LA ENTREVISTADA OYÓ HABLAR POR PRIMERA VEZ DE LA PLANIFICACIÓN FAMILIAR

Origen	*Frecuencia*	*Porcentaje*
No ha oído hablar y no aplica	36	4.10
No sabe o no proporciona información	12	1.37
Padres	5	0.57
Hermanos y o hermanas	8	0.91
Amigos	40	4.55
Anuncios en las bardas	1	0.11
Periódicos, revistas	23	2.62
Radio	63	7.17
TV	169	19.23
Clínicas	507	57.68

NOTA: Cada una de las opciones de este cuadro se recodificó y se transformó en una variable individual. Solamente se registró la primera respuesta.

CUADRO 10: EDAD A LA QUE UNA MUJER DEBE CONTRAER MATRIMONIO *(Porcentajes)*

No sabe	2.50
Entre los 15 y los 17 años	1.25
Entre los 18 y los 20 años	16.95
Entre los 21 y los 23 años	29.58
Entre los 24 y los 26 años	34.47
Entre los 27 y los 29 años	3.98
Entre los 30 y los 32 años	1.59
Después de los 32 años	0.23
Nunca	0.23
No se puede especificar la edad para contraer matrimonio	7.17
"Cuando llegue el momento"	1.37

CUADRO 11: TOMA DE DECISIONES CONYUGALES *(Porcentajes)*

Quién toma la última decisión al:	*No es aplicable*	*Otras*	*El esposo*	*Ella*	*Ambos*
Escoger dónde vivir	0.80	1.71	36.41	16.95	44.03
Comprar la casa (o la cosa de más valor en la familia)	2.28	1.59	36.41	14.56	44.82
Determinar cuánto va a ser el gasto del mes	0.91	1.25	46.42	19.91	31.40
Decidir si la esposa deberá o no trabajar	2.28	0.80	50.06	24.23	22.53
Decidir lo relacionado con la escuela de los hijos	10.01	0.80	13.31	21.62	54.15
Seleccionar al médico si alguno de los hijos se enferma	10.01	1.93	10.69	39.36	37.88
Determinar el castigo de los hijos en caso de mala conducta	9.44	0.46	27.30	26.28	36.18
Decidir si tener o no más hijos	2.05	1.14	8.53	12.74	75.43
Seleccionar al médico si el esposo se enferma	7.85	1.14	31.63	35.49	23.66
Seleccionar al médico si la esposa se enferma	7.85	1.37	25.03	43.12	22.18

CUADRO 12: QUIÉN DESEMPEÑA LAS TAREAS DOMÉSTICAS *(Porcentajes)*

Tarea doméstica	*No es aplicable*	*Otras personas*	*Siempre ella*	*Siempre el marido*	*Algunas veces el esposo*	*Ambos*
Limpiar la casa	0.68	16.27	80.66	0.23	0.23	1.71
Decisión sobre el menú familiar	0.80	4.32	87.49	0.34	2.28	4.44
Quién viste a los hijos	15.36	6.6	74.74	0.23	1.14	1.48
Quién juega con los hijos	17.41	12.63	25.37	1.82	11.95	30.26
Quién ayuda a los hijos en sus tareas	25.82	6.94	34.93	2.05	12.97	17.63
Quién realiza las compras diarias	1.48	4.89	87.14	0.57	0.68	4.55
Quién realiza las compras semanales, quincenales o mensuales	5.8	2.5	54.27	1.93	6.6	28.44

CUADRO 13: CON QUIÉN PREFIERE DISCUTIR LA ESPOSA VARIOS TEMAS

Tema	*Esposo* *Frecuencia*	*%*	*Otros* *Frecuencia*	*%*
Sobre el sexo	319	36.29	556	63.26
Sobre la educación de los hijos	490	55.75	382	43.47
Sobre el tamaño de la familia	442	50.28	430	48.92
Sobre los problemas económicos	525	59.73	349	39.71
Sobre los planes para el futuro	654	74.40	224	25.48

CUADRO 14: LAS CARACTERÍSTICAS DE LA MUJER IDEAL

	Frecuencia	*Porcentaje*
No sabe o no proporciona información	147	16.72
Sumisa, obediente, paciente	51	5.80
Dedicada al hogar	64	7.28
Dedicada al esposo	36	4.10
Dedicada a sus hijos	19	2.16
Dedicada a dos o más de las tres anteriores	90	10.24
Amorosa, comprensiva	182	20.71
Sociable	6	0.68
Responsable, trabajadora	72	8.19
Inteligente, culta, estudiosa	59	6.71
Independiente	21	2.39
No existe la mujer ideal	63	7.17
Otras	61	6.94

NOTA: Cada una de las opciones de este cuadro se recodificó y se transformó en una variable individual. Solamente se registró la primera respuesta.

CUADRO 15: LAS CARACTERÍSTICAS DEL HOMBRE IDEAL

	Frecuencia	*Porcentaje*
No sabe o no proporciona información	124	14.11
Otras	63	7.17
Macho	2	0.23
No debería beber	16	1.82
Debería ser leal	22	2.50
Parecido a su esposa	4	0.46
Amoroso, comprensivo	148	16.84
Se debe llevar bien con su esposa	34	3.87
Dedicado a su esposa/hijos/hogar	112	12.74
De buen carácter	16	1.82
Trabajador, responsable	300	34.13
Inteligente, educado	33	3.75

NOTA: Cada una de las opciones de este cuadro se recodificó y se transformó en una variable individual. Solamente se registró la primera respuesta.

CUADRO 16: GRADO DE ACUERDO O DESACUERDO EN LAS FRASES RELACIONADAS CON LA PLANEACIÓN, EL FATALISMO, EL LOCUS DE CONTROL INTERNO Y LAS ASPIRACIONES *(Porcentajes)*

	Lo aprueba	*No sabe*	*Lo desaprueba*
Muy pocas de las cosas que pasan en la vida de uno son resultado de la mala suerte	52.90	4.21	41.64
No es muy bueno planear con demasiada anticipación porque muchas de las cosas resultan ser obra del destino	63.94	2.16	33.22
Respecto a los problemas políticos del mundo, no se puede hacer nada para cambiarlos	45.85	6.26	47.33
Muchas veces siento que no tengo suficiente control sobre lo que ocurre en mi vida.	63.67	9.10	26.73
Creo que la suerte y el destino no desempeñan un papel importante en mi vida	50.97	6.60	41.87
Hacer planes por anticipado sólo trae decepciones y problemas, ya que los planes son muy difíciles de cumplir	63.94	2.28	33.33
Con las cosas como están hoy en día, una persona inteligente se debe preocupar sólo por el presente y no por lo que va a pasar el día de mañana	35.61	3.64	60.07
La cosa más importante para un padre es ayudar a que sus hijos lleguen más lejos que ellos en la vida	95.68	0.68	2.96
Cuando nace una persona, el éxito que va a tener ya está escrito, así que es mejor que lo acepte y no luche en contra de lo mandado por el destino o por Dios	36.75	5.35	57.34
Es importante hacer planes en la vida y no sólo aceptar lo que viene	82.71	2.28	14.22
Alguien que nace en una familia pobre no podrá mejorar su condición aunque sea muy ambicioso y trabajador	8.99	4.32	86.35
Los accidentes no se deben a la mala suerte	73.04	3.98	22.41

CUADRO 17: RELIGIOSIDAD *(Porcentajes)*

Frecuencia	*Va a la iglesia*	*Comulga*	*Se confiesa*
Diariamente	0.68	0.34	0.23
Una vez por semana	35.61	3.19	2.39
Cada 15 días	12.74	1.02	1.37
Una vez al mes	15.70	6.14	5.23
Cada dos meses	11.26	6.16	6.83
Cada seis meses	10.24	10.58	10.92
Una vez al año	9.33	32.42	31.40
Nunca	3.87	39.82	41.30

CUADRO 18: EL GRADO DE ESCOLARIDAD QUE LA ENTREVISTADA DESEA QUE ALCANCEN SUS HIJOS Y QUE CREE QUE ALCANZARÁN *(Porcentajes)*

	Cree	*Le gustaría*
Carrera profesional completa	69.6	67.0
Carrera profesional incompleta	4.2	4.2
Preparatoria o equivalente completa	4.7	12.6
Preparatoria o equivalente incompleta	0.5	2.1
Secundaria o equivalente completa	1.0	6.8
Secundaria o equivalente incompleta	6.3	—
Primaria completa	3.7	3.1
Primaria incompleta	1.0	—
Ninguna	—	—
No sabe	4.2	1.6
Lo más que sea posible	3.7	1.6
Hasta donde ellos quieran llegar	—	0.5

CUADRO 19: CUÁNDO SE DEBERÍA ADOPTAR LA PLANIFICACIÓN FAMILIAR *(Porcentajes)*

No sabe o no proporcionó información	10.35
Nunca	0.57
Sólo en casos de enfermedad	0.91
Después de tener los hijos que desean	20.25
Después de tres o más hijos	13.77
Una vez que se tiene uno o dos hijos	21.39
Al contraer matrimonio	20.71
Antes de contraer matrimonio	9.56
Para espaciar los nacimientos y planear la familia	2.39

OCUPACIONES

Grupo 1

Trabajador ocasional
Obrero

Grupo 2

Chofer
Policía bancario
Bombero
Sargento en el ejército
Agente de tránsito

Grupo 3

Carpintero
Peluquero
Mecánico
Electricista
Tornero
Plomero
Taxista
Pintor de casas
Cerrajero

Grupo 4

Secretaria
Burócrata
Capitán de meseros
Maestro de primaria
Fotógrafo

Grupo 5

Capitán en el ejército
Locutor de radio o TV
Agente de ventas
Cajero
Supervisor en una fábrica
Periodista
Propietario de un pequeño comercio

Grupo 6

Maestro de secundaria
Trabajador social
Jefe de oficina
Laboratorista

Grupo 7

Agente de seguros
Gerente de un banco
Contador privado
Piloto

Grupo 8

Maestro de universidad
Arquitecto
Científico
Médico
Abogado
Contador público

CUESTIONARIO FINAL

Buenos días/Buenas tardes, estamos haciendo una encuesta con el fin de ver cómo se puede mejorar la situación de esta zona. Le agradecería mucho me hiciera favor de contestar las siguientes preguntas.

Primeramente me gustaría que me dijera cuántas mujeres casadas de 15 años o mayores viven en esta casa.

		PERSONA A ENTREVISTAR									
	edad	1	2	3	4	5	6	7	8	9	10
1		1	1	1	1	1	1	1	1	1	1
2		2	1	2	1	2	1	2	1	2	1
3		3	2	1	3	2	1	3	2	1	3
4		4	3	2	1	4	3	2	1	4	3
5		5	4	3	2	1	5	4	3	2	1
6		6	5	4	3	2	1	6	5	4	3
7		7	6	5	4	3	2	1	7	6	5
8		8	7	6	5	4	3	2	8	7	6
9		9	8	7	6	5	4	3	2	1	9
10		10	9	8	7	6	5	4	3	2	1

Nota: Se escoge un número de "personas a entrevistar" al azar y se ve cuántas mujeres casadas hay entre 15 y 45 años (solteras, viudas, divorciadas, más grandes y más jóvenes no se toman en cuenta).

Se cruzan las dos filas y se escoge el número de señoras que aparecen en el cuadro con números. Por ejemplo si hay 3 señoras casadas con esas edades y se escoge al azar el número 8, se entrevistará a la señora que fue colocada en el número 2, si hay cinco señoras con las características señaladas y se escoge al azar el número 2 se entrevistará a la señora número 4.

CUESTIONARIO

1. Lugar de residencia:
   Calle Núm.
   Colonia

2. ¿Qué edad tiene usted?

———(1) entre 15 y 18
———(2) entre 19 y 22
———(3) entre 23 y 26
———(4) entre 27 y 30

———(5) entre 31 y 33
———(6) entre 34 y 37
———(7) entre 38 y 41
———(8) entre 42 y 45

Nota: Si la entrevistada es mayor de 45 años o menor de 15 la entrevista se termina.

3. ¿Cuál es su estado civil actual?
———(1) casada Iglesia
———(2) casada civil
———(3) casada Iglesia-civil
——— unión libre
——— divorciada
——— separada
——— viuda

Nota: Si la entrevistada es soltera, divorciada, separada o viuda la entrevista se termina.

4. ¿A qué edad se casó usted?
———(1) entre los 15 y los 18
———(2) entre los 19 y 22
———(3) entre los 23 y 26
———(4) entre los 27 y 30
———(5) entre los 31 y 34
———(6) después de los 34
———(7) no información

5. ¿Cuántos años lleva usted casada?
———(1) menos de 5
———(2) entre 6 y 10
———(3) entre 11 y 15
———(4) entre 16 y 20
———(5) más de 20
———(6) no información

6. ¿Tiene usted hijos?
———(1) sí
———(2) no

Nota: Si no tiene hijos averigüe por qué. Si es por enfermedad o esterilidad, se suspende la entrevista. Si sí tiene, pasar a la siguiente pregunta; si no tiene por otro motivo, pasar a la pregunta 10.

7. ¿Cuántos hijos ha tenido usted en total?
———(1) ninguno

———(2) 1
———(3) 2
———(4) 3
———(5) 4
———(6) 5
———(7) 6
———(8) 7
———(9) 8 o más

8. ¿Cuántos hijos viven actualmente?
———hombres (núm. exacto)
———mujeres (núm. exacto)
Hijos que vivan actualmente:
———(1) ninguno
———(2) entre 1 y 2
———(3) entre 3 y 4
———(4) entre 5 y 6
———(5) entre 7 y 8
———(6) más de 8

Sexo de los hijos:
———(1) 1 hombre
———(2) 1 mujer
———(3) 2 hombres
———(4) 2 mujeres
———(5) mixtos
———(6) más de 2 mujeres pero sólo mujeres
———(7) más de 2 hombres pero sólo hombres
———(8) no aplica

9. ¿Cuántos hijos se le murieron?
———(1) ninguno
———(2) 1
———(3) 2
———(4) 3
———(5) 4
———(6) 5
———(7) 6
———(8) 7
———(9) 8

10. ¿A qué edad tuvo usted su primer hijo?
———(1) no sabe
———(2) entre los 15 y los 18 años
———(3) entre los 19 y los 22 años
———(4) entre los 23 y los 26 años
———(5) entre los 27 y los 30 años

———(6) entre los 31 y los 34 años
———(7) después de los 34 años

11. ¿Cuál es la ocupación de su esposo?
(Codificar después de la entrevista)

12. ¿Trabaja usted con remuneración económica?
———(2) sí
———(1) no

13. ¿Trabajaba usted con remuneración económica antes de casarse?
———(2) sí
———(1) no

14. ¿Cuál es el ingreso mensual que percibe usted?
———(01) ninguno
———(02) 2 000 pesos o menos
———(03) entre 2 001 y 3 000 pesos
———(04) entre 3 001 y 4 000 pesos
———(05) entre 4 001 y 5 500 pesos
———(06) entre 5 501 y 7 000 pesos
———(07) entre 7 001 y 9 000 pesos
———(08) entre 9 001 y 11 000 pesos
———(09) entre 11 001 y 13 000 pesos
———(10) entre 13 001 y 15 000 pesos
———(11) más de 15 000 pesos

15. ¿Cuál es el ingreso mensual que percibe su esposo?
———(01) ninguno
———(02) 2 000 pesos o menos
———(03) entre 2 001 y 3 000 pesos
———(04) entre 3 001 y 4 000 pesos
———(05) entre 4 001 y 5 500 pesos
———(06) entre 5 501 y 7 000 pesos
———(07) entre 7 001 y 9 000 pesos
———(08) entre 9 001 y 11 000 pesos
———(09) entre 11 001 y 13 000 pesos
———(10) entre 13 001 y 15 000 pesos
———(11) más de 15 000 pesos

16. ¿Cuántos cuartos tiene su casa? (Contando cocina y baño)
———(1) 1
———(2) 2
———(3) 3
———(4) 4
———(5) 5
———(6) 6
———(7) 7
———(8) 8
———(9) más de 8

17. ¿Tienen ustedes radio?
———(2) sí
———(1) no

18. ¿Tienen ustedes televisión?
———(2) sí
———(1) no

19. ¿Cuántas hermanas y hermanos tiene usted?
actualmente vivos ———
muertos ———
total ———

Total:
———(1) ninguno
———(2) 1 o 2
———(3) 3 o 4
———(4) 5 o 6
———(5) 7 u 8
———(6) 9 o 10
———(7) más de 10
———(8) no información

20. ¿Fue usted a la escuela?
———(2) sí
———(1) no

20a. ¿A qué año de la escuela llegó usted?
———(1) ninguno o no sabe
———(2) primaria incompleta
———(3) primaria completa
———(4) secundaria o equivalente incompleta
———(5) secundaria o equivalente completa
———(6) preparatoria o equivalente incompleta
———(7) preparatoria o equivalente completa
———(8) profesional incompleta
———(9) profesional completa

21. ¿Fue su esposo a la escuela?
———(2) sí
———(1) no

21a. ¿A qué año de la escuela llegó su esposo?
———(1) ninguno o no sabe
———(2) primaria incompleta
———(3) primaria completa
———(4) secundaria o equivalente incompleta
———(5) secundaria o equivalente completa

———(6) preparatoria o equivalente incompleta
———(7) preparatoria o equivalente completa
———(8) profesional incompleta
———(9) profesional completa

22. ¿Fue su padre a la escuela?
———(2) sí
———(1) no

22a. ¿A qué año de la escuela llegó su padre?
———(1) ninguno o no sabe
———(2) primaria incompleta
———(3) primaria completa
———(4) secundaria o equivalente incompleta
———(5) secundaria o equivalente completa
———(6) preparatoria o equivalente incompleta
———(7) preparatoria o equivalente completa
———(8) profesional incompleta
———(9) profesional completa

22b. ¿A qué año de la escuela cree usted que van a llegar sus hijos?
———(1) ninguno o no sabe
———(2) primaria incompleta
———(3) primaria completa
———(4) secundaria o equivalente incompleta
———(5) secundaria o equivalente completa
———(6) preparatoria o equivalente incompleta
———(7) preparatoria o equivalente completa
———(8) profesional incompleta
———(9) profesional completa

23. ¿Podría usted leer estas líneas por favor?

Nota: Escribir esto en una tarjeta aparte.

"La primavera es una de las estaciones más bonitas del año, pues es cuando los árboles se llenan de flores."
Número de faltas ———
——— ninguna falta = 9
——— una falta = 8
——— 2 faltas = 7
——— 3 faltas = 6
——— 4 faltas = 5
——— 5 faltas = 4
——— 6 faltas = 3
——— 7 faltas = 2
——— 8 faltas o más = 1

Velocidad: (4) normal ———
Velocidad: (3) lenta ———
Velocidad: (2) muy lenta ———
(1) no sabe leer ———

24. ¿Podría usted escribir aquí las cosas que más le gusta hacer?

Nota: Dar una hoja aparte y categorizar después de la entrevista.
Señalar en la hoja a qué entrevistada corresponde, anotando la dirección y categorizar después de la entrevista.

Número de palabras ———
——— ninguna = 1
——— 1 palabra = 2
——— 2 palabras = 3
——— 3 " = 4
——— 4 " = 5
——— 5 " = 6
——— 6 " = 7
——— 7 " = 8
——— 8 o más = 9

Aspiraciones:

——— (4) alta
——— (3) mediana
——— (2) baja
——— (1) ausente

Fatalismo:

——— (1) alto
——— (2) mediano
——— (3) bajo

Normativo:

——— (1) alto
——— (2) mediano
——— (3) bajo
——— (4) ausente

En todas las familias se toman decisiones, éstas son tomadas a veces por el esposo, a veces por la esposa. ¿Me podría decir quién toma las decisiones en los siguientes casos?

¿Quién tomó la última decisión al:	(4) usted	(3) su esposo	(5) los dos juntos	(2) otra persona, ¿quién?	(1) no aplica
25. Escoger dónde vivir					
26. Comprar la casa (o la cosa de más valor en la familia)					
27. Determinar cuánto va a ser el gasto del mes					
28. Decidir que trabaje usted o no con remuneración económica					
29. Decidir cosas relacionadas con la escuela de sus hijos					
30. Escoger médico si se enferma uno de sus hijos					
31. Ante una falta grave, determinar el tipo de castigo que debe imponerse a sus hijos					
32. El tener o no hijos					
33. Escoger médico si se enferma su esposo					
34. Escoger el médico si se enferma usted					

Ahora quisiera que me dijera, señora, quién en su casa hace las siguientes actividades:

	(3) siempre usted	(6) los dos juntos	(5) a veces su esposo	(4) siempre su esposo	(2) otra persona siempre o casi siempre, ¿quién?	(1) no aplica
35. La limpieza de la casa						
36. Quién dice lo que se va a comprar						
37. Quién le pone la ropa a los niños						
38. Quién juega con los niños						
39. Quién ayuda a revisar la tarea de los niños						
40. Quién hace las compras diarias						
41. Quién hace las compras generales de la semana, quincena o mes						

Todos nosotros y en todas las familias hay cosas que nos gusta platicar con unas personas y otras que preferimos decirles a otras. ¿Me podría decir usted con quién platica más de estos temas?

	(1) no puede contestarlo	(2) con nadie	(9) con su esposo	(6) con sus vecinas	(5) con su madre o algún otro pariente mayor que ella	(8) con sus hijos	(7) con sus amigos	(4) con sus hermanas	(3) otro, ¿quién?
42. De cosas de sexo									
43. De educación de los hijos									
44. De cuántos hijos tienen									
45. De problemas económicos									
46. De planes para el futuro									

47. En su caso ¿cuáles cree usted que son las ventajas principales de estar casada? (Codificar la primera respuesta)

———(1) seguridad emocional
———(2) hijos
———(3) seguridad económica
———(4) seguridad económica y emocional
———(5) ninguna
———(6) todas
———(7) no sé
———(8) otra

48. En su caso ¿cuáles cree usted que son las desventajas principales del matrimonio? (Codificar la primera respuesta)

———(11) problemas familiares en general
———(10) problemas económicos
———(09) falta de libertad
———(08) alcoholismo
———(07) mujeriego
———(06) se pelea con otros hombres
———(05) muchas sin especificar
———(04) lejanía de los padres
———(03) ninguna
———(02) no sé
———(01) otra

49. ¿Cómo cree usted que debe ser la mujer ideal? (Codificar la primera respuesta)

———(01) no sé o no información
———(02) sumisa, obediente, abnegada, paciente
———(03) dedicada al hogar
———(04) dedicada al esposo
———(05) dedicada a los hijos
———(06) dedicada a dos o más de las tres anteriores
———(07) cariñosa, comprensiva
———(08) social
———(09) responsable, trabajadora
———(10) inteligente, con cultura, estudiosa
———(11) independiente
———(12) no hay
———(13) otra

50. ¿Cómo cree usted que debe ser el hombre ideal? (Codificar la primera respuesta)

———(01) no sé o no información
———(02) sumiso, obediente, abnegado, paciente
———(03) dedicado al hogar
———(04) dedicado a la esposa
———(05) dedicado a los hijos
———(06) dedicado a dos o más de las tres anteriores
———(07) cariñoso, comprensivo
———(08) social
———(09) responsable, trabajador
———(10) inteligente, con cultura, estudioso
———(11) independiente
———(12) no hay
———(13) otra

51. ¿Cómo cree usted que deba ser un buen hijo? (Codificar la primera respuesta).

———(10) independiente de los padres
———(09) estudioso, con carrera
———(08) que trabaje
———(07) respeto a los padres
———(06) cariñoso
———(05) sin vicios
———(04) obediente
———(03) sumisión y dependencia de los padres
———(02) otro
———(01) no sé o no información

52. Cuando usted tiene tiempo libre, ¿con quién prefiere estar?
———(1) no sé o no información
———(2) sola
———(3) vecinas
———(4) amigas
———(5) madre, hermanos, parientes
———(6) hijos
———(7) esposo

53. Cuando su esposo tiene tiempo libre, ¿qué le gusta hacer?
———(1) no sabe o no información
———(2) afuera de la casa sin ellos, ej. amigos, cantina
———(3) la casa sin ellos, ej. dormir, ver TV
———(4) con hijos y con ella

———(5) con hijos
———(6) con ella

54. ¿Hay alguna actividad que hagan juntos usted y su esposo?
———(2) sí
———(1) no
¿Cuál?

Interrelación
———(4) alta
———(3) mediana
———(2) baja
———(1) ausente

55. ¿Le alcanza a usted el dinero para cubrir las necesidades de la familia?
———(2) sí
———(1) no

56. ¿Le gustaría a usted trabajar fuera del hogar con remuneración económica?
———(2) sí
———(1) no

57. ¿Cree usted que se debe obedecer siempre al esposo?
———(1) no sabe o no información
———(2) siempre
———(3) cuando considera que él está en lo correcto
———(4) nunca

58. ¿Quién tiene más derecho a ser infiel en un matrimonio?
———(5) ninguno
———(4) ella
———(3) los dos
———(2) él
———(1) no sabe o no información

59. ¿Se pelea o se ha peleado su esposo con otros hombres a golpes o de manera violenta?
———(1) muchas veces
———(2) pocas veces
———(3) 1 o 2 veces
———(4) nunca

60. ¿Qué tan responsable considera usted que es su esposo con usted y sus hijos?
———(4) mucho
———(3) regular
———(2) poco
———(1) nada

61. ¿Qué tan macho es su esposo?
———(1) mucho
———(2) regular
———(3) poco
———(4) nada

62. ¿A quién cree usted que benefician las relaciones sexuales?
———(6) los dos
———(5) ella
———(4) él
———(3) ninguno
———(2) no sabe
———(1) no quiere contestar

63. ¿Qué opina usted de las mujeres que no se casan?
———(4) favorable
———(3) neutro
———(2) desfavorable
———(1) no sabe o no información

64. ¿Qué opina usted de los hombres que no se casan?
———(4) favorable
———(3) neutro
———(2) desfavorable
———(1) no sabe o no información

65. ¿A qué edad cree usted que deba casarse una mujer hoy día?
———(01) no sabe
———(02) entre los 15 y 17 años
———(03) entre los 18 y 20 años
———(04) entre los 21 y 23 años
———(05) entre los 24 y 26 años
———(06) entre los 27 y 29 años
———(07) entre los 30 y 32 años
———(08) después de los 32 años
———(09) nunca
———(10) no hay edad para casarse
———(11) cuando le llegue

66. ¿A quién le hace usted más caso, cuando le dan un consejo? (Codificar la primera respuesta)
———(8) esposo
———(7) hijos
———(6) compadre y/o comadre
———(5) hermanos y/o primos
———(4) madre y/o padre y/o tíos
———(3) "depende"
———(2) a nadie
———(1) no sabe o no información

67. ¿Cree usted que al estar buscando empleo se deba buscar uno cerca de los padres, aunque el trabajo no sea tan bueno como uno lejos de ellos?
———(3) lejos
———(2) cerca
———(1) no sabe o no información

68. Cuando tiene oportunidad de emplear una persona para un trabajo, ¿preferiría usted emplear a un pariente o a otra persona?
———(3) otra persona
———(2) pariente
———(1) no sabe o no información

69. ¿Cree usted que siempre se debe obedecer a los padres?
———(4) nunca
———(3) a veces, cuando tienen razón
———(2) sí
———(1) no sabe o no información

70. ¿Le gusta a usted conocer gente nueva o prefiere no hacerlo?
———(2) sí conocer a nueva
———(1) no conocer a nueva

71. Si usted fuera presidente de México, ¿qué sería lo primero que cambiaría?
———(2) puede contestar
———(1) no puede

72. ¿Cuál cree usted que sea el número ideal de hijos para una persona en sus circunstancias?
———(8) ninguno
———(7) 1 o 2
———(6) 3 o 4
———(5) 5 o 6
———(4) 7 u 8
———(3) 9 o más

———(2) todos los que Dios mande (fatalista)
———(1) no sabe o no información

73. ¿Cómo se sentiría usted si sus amigos o hermanos tuvieran muchos hijos y usted pocos o ninguno?
———(5) positivo
———(4) neutro o indiferente
———(3) negativo
———(2) no sabe o no información
———(1) no aplica

74. Para usted, ¿cuáles son las principales ventajas de tener hijos? (Codificar la primera respuesta)
———(8) desarrollo personal como mujer
———(7) tener compañía, satisfacción emocional
———(6) tener contento al esposo
———(5) norma social (ej. "hay que tenerlos", etc.)
———(4) ayuda económica
———(3) ninguna
———(2) otro
———(1) no sé o no información

75. Para usted, ¿cuáles son las desventajas principales de tener hijos? (Codificar la primera respuesta)
———(10) problemas con el marido
———(09) falta de libertad personal
———(08) ninguna
———(07) problemas económicos
———(06) problemas de salud
———(05) problemas con los hijos por irresponsables
———(04) problemas con los hijos, porque no son obedientes/dependientes
———(03) muchas (sin especificar)
———(02) otra
———(01) no sé o no información

76. ¿Por qué tuvo usted hijos? (Codificar la primera respuesta)
———(9) desarrollo personal
———(8) tener compañía, seguridad emocional
———(7) por amor
———(6) el esposo quería
———(5) llegaron así nomás, Dios los mandó, etc.
———(4) norma social (ej. "me casé...")
———(3) no había oído de la planificación familiar
———(2) otra
———(1) no sé o no información

77. ¿Cuántos hijos le gustaría tener a su esposo?
———(9) ninguno
———(8) 1 o 2
———(7) 3 o 4
———(6) 5 o 6
———(5) 7 u 8
———(4) 9 o más
———(3) no sabe porque nunca lo ha preguntado, no ha platicado de eso con él
———(2) todos los que vengan, los que Dios mande
———(1) no sabe o no información

78. ¿Qué opina usted de la mujer que no tiene hijos, porque no quiere tenerlos?
———(4) positiva
———(3) neutra
———(2) negativa
———(1) no sabe o no información

79. ¿Ha oído hablar de planificación familiar?
———(2) sí
———(1) no

80. ¿Qué cree usted que es? (Codificar la primera respuesta)
———(9) planear el número y espaciamiento entre los hijos
———(8) controlar el número de hijos, el tamaño de la familia
———(7) está bien (sin explicar por qué ni lo que es)
———(6) está mal (sin explicar por qué ni lo que es)
———(5) forma de manejo político
———(4) tener muchos problemas de salud
———(3) tener menos problemas de salud, económicos y/o educativos
———(2) otro
———(1) no sé o no información

Nota: Si no sabe hacer la pregunta 81, si sí sabe hacer la pregunta 82.

81. Existen hoy en día métodos de la medicina para prevenir embarazos y algunas parejas los utilizan para no tener más hijos de los que quieren o pueden mantener, ¿qué opina usted de esto?

———(1) no sabe o no información
———(2) en desacuerdo
———(3) de acuerdo parcialmente
———(4) muy de acuerdo

82. ¿Qué opina usted de la planificación familiar?
———(1) no sabe o no información
———(2) en desacuerdo
———(3) de acuerdo parcialmente
———(4) muy de acuerdo

Nota: Si está en desacuerdo, pasar a la pregunta 83, si no pasar a la 84.

83. ¿Por qué está usted en desacuerdo con la planificación familiar?

———(1) no aplica
———(2) no sabe o no información
———(3) otro. ¿Cuál?
———(4) motivo religioso
———(5) otra amiga o familiar le dijo que es malo por otra razón aparte de salud
———(6) su esposo está en contra
———(7) razones económicas
———(8) rumores acerca de que afecta la salud (le dijo una amiga o ella cree)
———(9) conocimiento de que afecta la salud (le dijo un médico, revistas, clínicas)

84. ¿Dónde oyó usted de la planificación familiar por primera vez?
———(01) no ha oído o no aplica
———(02) no sabe o no información
———(03) padres
———(04) hermanos
———(05) amigas
———(06) bardas
———(07) revistas, periódicos
———(08) radio
———(09) TV
———(10) clínicas

85. ¿Le gustaría que le diera más información acerca de la planificación familiar?
———(1) no
———(2) sí

86. ¿Ha hecho usted algo para limitar los embarazos durante su actual matrimonio?
———(1) no
———(2) sí

Nota: Si "no", pasar a la pregunta 89.

87. ¿Después del nacimiento de cuál de sus hijos?
———(1) no aplica (no usa ni ha usado)
———(2) no sé
———(3) después del cuarto o más
———(4) después del tercero
———(5) después del segundo
———(6) después del primero
———(7) al casarse
———(8) antes de casarse
———(9) para distanciar los nacimientos, para planear la familia

88. ¿Qué método usa usted actualmente para limitar el número de embarazos?
———(01) no sabe o no información
———(02) ninguno
———(03) método local tradicional
———(04) coitus interruptus ("entre nosotros")
———(05) ritmo, continencia periódica
———(06) temperatura
———(07) lavado vaginal
———(08) inyección
———(09) preservativo o condón
———(10) jalea o crema vaginal, espumas
———(11) píldoras o supositorios (vaginales)
———(12) diafragma, objetos intrauterinos
———(13) píldoras o pastillas anticonceptivas (orales)
———(14) aborto
———(15) esterilización, operación
———(16) abstinencia total

88a. ¿Tiene usted la intención de utilizar algún método anticonceptivo en los próximos 12 meses?
———(1) no sabe
———(2) no
———(3) sí

Nota: Si "no", pasar a la pregunta 89.

88b. ¿Qué método piensa utilizar?
———(01) no sabe o no información
———(02) ninguno
———(03) método local tradicional
———(04) coitus interruptus ("entre nosotros")
———(05) ritmo, continencia periódica
———(06) temperatura
———(07) lavado vaginal
———(08) inyección

———(09) preservativo o condón
———(10) jalea o crema vaginal, espumas
———(11) píldoras o supositorios (vaginales)
———(12) diafragma, objetos intrauterinos
———(13) píldoras o pastillas anticonceptivas orales
———(14) aborto
———(15) esterilización, operación
———(16) abstinencia total

89. ¿Qué opina su esposo de que usted use o usara anticonceptivos?
———(1) en desacuerdo con el uso de anticonceptivos
———(2) de acuerdo con el uso de anticonceptivos

90. ¿Me podría decir usted de cuáles métodos ha oído, qué son, si está de acuerdo con ellos y si los ha usado? (No se lee la lista, sólo se marca los que menciona y se le pregunta 3, 4 y 5.)

Método	*nada (1)*	*¿Ha oído de él? sí (2)*	*¿En qué consiste? sabe (3)*	*¿Qué opina de él? sí (4)*	*¿Lo ha usado? sí (5)*
90. Ritmo o continencia periódica					
91. Lavado vaginal					
92. Esterilización u operación					
93. Preservación o condón (masc.)					
94. Píldoras o pastillas orales					
95. Píldoras, pastillas o supositorios vaginales					
96. Diafragma					
97. Retiro, coitus interruptus					
98. Jaleas o crema vaginal					

	Método	nada (1)	¿Ha oído de él? sí (2)	¿En qué consiste? sabe (3)	¿Qué opina de él? sí (4)	¿Lo ha usado? sí (5)
99.	Objetos intrauterinos					
100.	Inyección					
101.	Aborto					
102.	Abstinencia total					
103.	Temperatura					
104.	Algún otro método local tradicional ¿Cuál?					

105. ¿Cuándo cree usted que se debe usar la planificación familiar? (Codifique la primera respuesta)
———(1) no sabe o no información
———(2) nunca
———(3) sólo por enfermedad
———(4) cuando ya se tienen todos los hijos que se desee
———(5) cuando ya se tienen tres o más hijos
———(6) cuando ya se tuvieron uno o dos hijos
———(7) desde que se casa
———(8) desde antes de casarse
———(9) para distanciar los nacimientos, para planear la familia

106. Sus amigas más cercanas ¿qué opinan de la planificación familiar? (Codifique la primera respuesta)
———(1) positivo
———(2) neutro o indiferente
———(3) negativo
———(4) no sabe o no informa

107. Su madre ¿qué opina de la planificación familiar?
———(1) no aplica
———(2) positivo
———(3) neutro o indiferente
———(4) negativo
———(5) no sabe o no información

108. ¿Ha tenido usted algún aborto?
———(1) no
———(2) sí

109. ¿Ve usted televisión?
———(1) no
———(2) sí

110. ¿Qué tan seguido ve usted la televisión?
———(01) nunca
———(02) menos de cada tres meses
———(03) cada tres meses
———(04) una vez al mes
———(05) cada quince días
———(06) más de una vez cada quince días
———(07) una vez a la semana
———(08) más de una vez a la semana
———(09) diario entre media y dos horas
———(10) diario entre tres y cuatro horas
———(11) diario más de cuatro horas

111. ¿Qué programas le gusta ver? (Codificar la primera respuesta)
———(01) no sabe o no informa
———(02) ninguno, nada
———(03) todo (sin especificar)
———(04) nada más lo que ven mis hijos o mi esposo
———(05) caricaturas
———(06) telenovelas
———(07) musicales, cómicos
———(08) películas, policiacas
———(09) noticieros
———(10) educativos, culturales

112. ¿Escucha usted radio?
———(1) no
———(2) sí

113. ¿Qué tan seguido?
———(01) nunca
———(02) menos de cada tres meses
———(03) cada tres meses
———(04) una vez al mes
———(05) cada 15 días
———(06) más de una vez cada 15 días
———(07) una vez a la semana
———(08) más de una vez a la semana
———(09) diario entre media y 2 horas
———(10) diario entre 3 y 4 horas
———(11) diario más de 4 horas

114. ¿Qué programas le gusta escuchar? (Codifique la primera respuesta)
———(1) no sabe o no informa
———(2) ninguno, nada
———(3) todo lo que sea (sin especificar)
———(4) nada más lo oyen mis vecinos, amigos, parientes
———(5) radionovelas
———(6) musicales, cómicos
———(7) de misterio
———(8) noticias
———(9) educativos, culturales

115. ¿Lee usted?
———(1) no
———(2) sí

115a. ¿Qué lee usted?

A

———(1) periódico nunca
———(2) periódico más de una vez al mes
———(3) periódico una vez al mes
———(4) periódico cada quince días
———(5) periódico una vez a la semana
———(6) periódico diario

B

———(1) nada de esto
———(2) otro
———(3) cómics, fotonovelas
———(4) libros (novelas no conocidas)
———(5) libros (novelas, bestsellers)
———(6) libros (escuela, culturales)
———(7) revistas de mujeres

116. ¿Cada cuándo va usted al cine?
———(1) no sabe o no informa
———(2) nunca
———(3) menos de una vez al año
———(4) cada 6 meses
———(5) cada 2 meses
———(6) cada mes
———(7) cada 15 días
———(8) una vez a la semana

117. ¿En qué noticias confía usted más, en las que trae el periódico o en las que le cuenta a usted una amiga?
———(1) periódico

———(2) ninguna
———(3) amiga

118. ¿Habla usted de política con sus amigas?
———(1) no información
———(2) nunca
———(3) rara vez
———(4) a veces
———(5) seguido

119. ¿Cuáles son los temas de política que más le interesan?
———(1) no sabe o no información
———(2) nada
———(3) problemas locales
———(4) de la ciudad de México
———(5) del país
———(6) internacionales

120. ¿Sabe usted quién fue el Benemérito de las Américas?
¿Quién?
———(1) no sabe
———(2) sabe

121. ¿Sabe usted quién fue don Miguel Hidalgo y Costilla?
¿Quién? ————————————
———(1) no sabe
———(2) sabe

122. ¿Quién fue el presidente que estaba antes del actual?
———(1) no sabe
———(2) sabe

123. ¿Quién fue el presidente que estaba antes de ése? (Echeverría)
———(1) no sabe
———(2) sabe

124. ¿Votó usted en las elecciones pasadas?
———(1) no
———(2) sí

125. Se considera usted una persona:
———(1) no sabe o no informa
———(2) muy religiosa
———(3) religiosa
———(4) poco religiosa
———(5) nada religiosa

126. ¿Cada cuándo va usted a la iglesia? ——————————

———(1) diario
———(2) una vez a la semana
———(3) cada 15 días
———(4) una vez al mes
———(5) cada 2 meses
———(6) cada 6 meses
———(7) una vez al año
———(8) nunca

127. ¿Cada cuándo comulga? ——————————

———(1) diario
———(2) una vez a la semana
———(3) cada 15 días
———(4) una vez al mes
———(5) cada 2 meses
———(6) cada 6 meses
———(7) una vez al año
———(8) nunca

128. ¿Cada cuándo se confiesa con un padre? ——————————

———(1) diario
———(2) una vez a la semana
———(3) cada 15 días
———(4) una vez al mes
———(5) cada 2 meses
———(6) cada 6 meses
———(7) una vez al año
———(8) nunca

129. ¿Ha platicado usted alguna vez con un extranjero?

———(1) no sabe, no informa
———(2) nunca
———(3) 1-4 veces en la vida
———(4) 5-9 veces en la vida
———(5) 10-20 veces en la vida
———(6) una vez al mes
———(7) una vez a la semana
———(8) diario

Ahora, le voy a leer una serie de frases y quisiera que me dijera con cuáles está usted de acuerdo y con cuáles en desacuerdo:

Frases	Acuerdo	Desacuerdo	No sabe
130. Muy pocas de las cosas que pasan en la vida de uno son resultado de la mala suerte	3	2	1
131. No es muy bueno planear las cosas con demasiada anticipación porque muchas cosas resultan ser obra del destino	2	3	1
132. Con respecto a los problemas políticos del mundo, no se puede hacer nada para cambiarlos	2	3	1
133. Muchas veces siento que no tengo suficiente control sobre lo que ocurre en mi vida	2	3	1
134. Creo que la suerte y el destino no desempeñan un papel importante en mi vida	3	2	1
135. Hacer planes por anticipado sólo trae decepciones y problemas, ya que los planes son muy difíciles de cumplir	2	3	1
136. Con las cosas como están hoy en día, una persona inteligente se debe preocupar sólo por el presente y no por lo que va a pasar el día de mañana	2	3	1
137. La cosa más importante para un padre es ayudar a que sus hijos lleguen más lejos que ellos en la vida	3	2	1
138. Cuando nace una persona, el éxito que va a tener ya está escrito, así que es mejor que lo acepte y no luche en contra de lo mandado por el destino o por Dios	2	3	1
139. Es importante hacer planes en la vida y no sólo aceptar lo que viene	3	2	1
140. Alguien que nace en una familia pobre no podrá mejorar su condición, aunque sea muy ambicioso y trabajador	2	3	1
141. Los accidentes no se deben a la mala suerte	3	2	1

142. Yo conozco a un señor que no se preocupa por lo que va a necesitar en el futuro, sólo se preocupa por las cosas según van sucediendo. ¿Qué opina usted de este señor?

———(1) aprueba

———(2) neutro o indiferente

———(3) desaprueba
———(4) no sabe o no informa

143. Algunas personas dicen que está bien que cuando un niño sale no llegue a tiempo. Otros dicen que debe llegar siempre a la hora señalada. ¿Usted qué opina? (Codificar la primera respuesta)
———(1) no sabe o no informa
———(2) no importa que un niño llegue tarde
———(3) mal que llegue más de media hora tarde
———(4) mal que llegue 25 o 30 minutos tarde
———(5) mal que llegue 15 o 20 minutos tarde
———(6) mal que llegue 5 o 10 minutos tarde
———(7) mal que llegue aunque sea un minuto tarde

144. A diferentes personas les gusta planear las cosas que van a hacer y a necesitar con mucha anticipación. ¿Usted qué prefiere? (Codificar la primera respuesta)
———(1) no sabe o no informa
———(2) no preocuparse hasta el último momento o hasta que sucedan las cosas
———(3) no preocuparse demasiado antes
———(4) planear todo o la mayoría de las cosas con mucha anticipación

145. Algunas personas prefieren trabajar en condiciones en las que se tienen que tomar muchas decisiones. Otras prefieren situaciones en las que no se tienen que tomar muchas decisiones. ¿Qué tipo de trabajo preferiría usted?
———(1) no sabe o no informa
———(2) uno en el que no tenga que tomar decisiones
———(3) uno en el que tenga que tomar pocas decisiones
———(4) uno en el que tenga que tomar muchas decisiones

146. Imagínese que un amigo(a) suyo(a) le dice que la va a venir a visitar a las 10 de la mañana, y no llega a tiempo. ¿Cuánto tiempo después de las 10, que no ha llegado, consideraría usted que se le hizo tarde?
———(01) no sabe
———(02) más de una hora
———(03) entre 46 y 60 minutos
———(04) entre 31 y 45 minutos
———(05) entre 21 y 30 minutos
———(06) entre 16 y 20 minutos
———(07) entre 11 y 15 minutos
———(08) entre 6 y 10 minutos
———(09) entre 1 y 5 minutos
———(10) no debe llegar tarde

147. ¿Es usted puntual? ——————————

———(1) no sabe
———(2) nunca
———(3) a veces
———(4) casi siempre
———(5) siempre

148. ¿Ustedes ahorran dinero?

———(1) no
———(2) sí

149. Si ir a la escuela fuera completamente gratis, ¿cuántos años de escuela cree usted que niños como los suyos deberían tener? (Codificar la primera respuesta)

———(01) no sabe o no información
———(02) ninguno
———(03) los que se pueda (fatalista)
———(04) primaria incompleta
———(05) primaria completa
———(06) secundaria incompleta
———(07) secundaria completa
———(08) preparatoria incompleta
———(09) preparatoria completa
———(10) profesional incompleta
———(11) profesional completa

150. Imagínese una familia que no tiene problemas económicos y tiene un hijo, ¿cuál cree usted que es la ocupación para la cual se debería animar a seguir al hijo?

A		B	
———(01)	no aplica, no contestó de esta manera	———(1)	no sabe o no información
———(02)	no sabe o no información	———(2)	fatalista, por ej. lo que Dios quiera, hasta donde se pueda
———(03)	8		
———(04)	7	———(3)	aspiraciones bajas definidas
———(05)	6		
———(06)	5	———(4)	lo que él quiera, decisión del hijo, no interferencia de ella
———(07)	4		
———(08)	3		
———(09)	2	———(5)	aspiraciones altas definidas
———(10)	1		

151. ¿Si usted trabajara, preferiría un trabajo en el que tuviera muchas responsabilidades o uno en el que otros tuvieran muchas responsabilidades y usted pocas o ninguna?
———(1) muchas ella
———(2) pocas ella
———(3) ninguna ella
———(4) no sabe o no información

152. Si pudiera usted cambiar una cosa en su vida, ¿qué cosa cambiaría? (Codificar la primera respuesta)

———(1) no sabe o no información
———(2) otro
———(3) nada
———(4) número de hijos
———(5) lugar donde vive
———(6) problemas económicos
———(7) problemas matrimoniales
———(8) falta de educación

Aspiraciones:
———(1) ausente
———(2) baja
———(3) mediana
———(4) alta

Fatalismo:
———(1) alta
———(2) mediana
———(3) baja
———(4) ausente

NÚMERO DE CUESTIONARIO ———

RESULTADO FINAL DE LA ENTREVISTA:

—— realizada totalmente
—— realizada parcialmente
—— rechazada

DURACIÓN DE LA ENTREVISTA:

—— horas —— minutos

GRADO DE COOPERACIÓN:

—— excelente
—— bueno
—— malo

OBSERVACIONES:

BIBLIOGRAFÍA

Arjona, S., Crespo, C., Dyckhoff, R., Fernández, J., Guerrero, M., Salgado, R., Ugalde, V., von Wobester, I., Estudio exploratorio sobre algunas formas de control que ejerce el estado sobre el movimiento sindical en México, manuscrito inédito, 1975.

Back, K. W., Hass, P. H., "Family structure and fertility control" en Fawcett, J. T. (comp.), *Psychological perspectives on population,* Nueva York, Basic Books, Inc., 1973.

Benítez Zenteno, R., *La transición demográfica en México,* México, manuscrito del Instituto de Investigaciones Sociales, UNAM, 1979.

Berelson, B., "On family planning communication", *Demography,* vol. 1, pp. 94-105, 1964.

Berelson, B., "KAP studies on fertility" en *Family planning and population programs,* Chicago, The University of Chicago Press, 1966.

Berelson, B., "Prospects and programs for fertility reduction: What? Where?", *Population and Development Review,* vol. 4, núm. 4, 1978.

BIMSA, Plano mercadológico del área metropolitana de la ciudad de México, Buró de Investigación de Mercados, S. A., México, 1976.

Bott, E., *Family and social network,* Nueva York, The Free Press, 1971.

Caldwell, J. C., "Toward a restatement of demographic transition theory" *Population and Development Review,* vol. 2, núms. 3 y 4, pp. 321-366, 1976.

Caldwell, J. C., "A theory of fertility: from high plateau of destabilization" *Population and Development Review,* vol. 4, núm. 4, 1978.

Carrillo Flores, A., "Diálogos de población", Mesas Redondas en el Colegio Nacional, coordinado por Carrillo Flores, A., México, El Colegio de México, 1974.

Cattell, R. B., *Factor analysis,* Nueva York, Harper and Brothers, Publishers, 1952.

Censo Nacional, Dirección de Información y Estadística, México, D. F., 1970.

Coale, A. J., "The demographic transition", *International Population Conference,* vol. 1, Lieja, 1973, International Union for the Scientific Study of Population, pp. 53-72, 1974.

Cochrane, C. M., Vincent, C. E., Haney, C. A., y Michielutte, R., "Motivational determinants of family planning clinic attendance", *Journal of Psychology,* vol. 84, pp. 33-34, 1973.

Consejo Nacional de Población, *México demográfico,* México, 1975.

Consejo Nacional de Población, *México: política de población, realidad demográfica y proyección futura,* México. (1975a)

Consejo Nacional de Población, "México demográfico", México, (1978a).

Consejo Nacional de Población, "Política demográfica regional, objetivos y metas 1978-1982", México, (1978b).

Crawford, T. J., Beliefs about birth control and their relationship to attitudes and reported behaviours", Acta de sesiones de una conferencia sobre medición psicológica en el estudio de los problemas de la población, Universidad de California, Berkeley, Calif., 1971.

Chan, P., "Male attitudes towards contraception in Jamaica", Antillas, Departamento de Relaciones Sociales, Universidad de Harvard (mimeo.), 1968.

Davidson, A. R. y Jaccard, J. J., "Population psychology: a new look at an old problem", *Journal of Personality*, vol. 31, núm. 6, pp. 1073-1082, 1975.

De Charms, R., *Personality causation*, Nueva York, Academic Press, 1968.

De Hoyos, A. y De Hoyos, G., "The amigo system and alienation of the wife in the Mexican conjugal family", en Farber, B. (1966), *Kinship and family organization*, Nueva York, Wiley, 1966.

Díaz Guerrero, R., *La psicología del mexicano*, Austin, Texas, University of Texas Press, 1975.

Dyckhoff, R., Ugalde, V., y von Wobeser, I., "La planificación familiar y su relación con la actitud hacia la mujer", disertación no publicada, Universidad Nacional Autónoma de México, México, 1976.

Excélsior, año 72, tomo 1, núm. 22569, 9 de febrero de 1979.

Fabri, M. Y., "The relationship between demographic and socio-economic factors in the context of development", *Population Bulletin of the United Nations*, núm. 10, pp. 1-13, 1978.

Fawcett, J. T., "Attitude measures in KAP studies: an overview and critique", Sesiones de una conferencia sobre la Medición psicológica en el estudio de los problemas de la población, llevada a cabo en la Universidad de California, Berkley, Calif., 1971.

Fawcett, J. T., *Psychology and population*, Consejo de Población, Nueva York, 1970.

Fawcett, J. T. y Bornstein, M. H., "Modernization, individual modernity and fertility", en Fawcett, J. T. (comp), *Psychological perspectives on population*, Nueva York, Basic Books, Inc., 1973.

Fischman, S. H., Collier P., Stewart, V., y Swartz, D. P., "The impact of family planning classes on contraceptive knowledge, acceptance and use", *Health Education Monographs*, vol. 2, núm. 3, pp. 246-459, 1974.

Fishbein, M. and Ajzen, I., *Belief, attitude, intention and behaviour*, Reading, Mass., Addison-Wesley Press, 1975.

Freedman, R., "Next steps in research on problems of motivation and communication in relation to family planning", en C. V. Kiser (comp.), *Research in family planning*, Princeton, N. J., Princeton University Press, 1962.

Fromm, E. y Maccoby, M., *Social character in a Mexican village*, Englewood Cliffs, N. J., Prentice-Hall, Inc., 1970.

Gaughran, E., Strevening, E. L., Raabe, G. y Muhlin, G., "A factor analytic study of attitudes towards human fertility", *Adult Education,* vol. 26, núm. 2, pp. 86-100, 1976.

George, E. I., "Research on measurement of family-size norms", en Fawcett, J. T. (comp.), *Psychological perspectives in population,* Nueva York, Basic Books, Inc., 1973.

González Cosío, A., "Clases y estratos sociales en México" en Kahl, J., *La Industrialización en América Latina,* México, Fondo de Cultura Económica, 1965.

González-Quiroga, A., "Attitudes towards family planning in Turrialba, Costa Rica", *Milbank Memorial Fund Quarterly,* vol. 46, pp. 237-254, 1968.

Gough, H. G., "Personality assessment in the study of population", en Fawcett, J. T. (comp.), *Psychological perspectives in population,* Nueva York, Basic Books, Inc., 1973.

Gough, H. G., "A factor analysis of contraceptive preferences", *Journal of Psychology,* vol. 84, pp. 199-210, 1973a.

Hall, Françoise, "Male use of contraception and attitudes towards abortion, Santiago, Chile, 1968", *Milbank Memorial Fund Quarterly,* vol. 48, pp. 145-166, 1970.

Hartman, R. S., *The structure of value,* Carbondale, Ill., Southern Illinois University Press, 1967.

Harvey, A. L., "Risky and safe contraceptors: some personality factors", *Journal of Psychology,* vol. 92, pp. 109-112, 1976.

Hill, R., "Putting the 'family' in family planning", en Bogue, D. J. (comp.), *Mass communication and motivation for birth control,* University of Chicago Community and Family Study Center, 1967.

Hill, R., Stycos, J. M. y Back, K. W., *The family and population control,* Chapel Hill, N. C., The University of North Carolina Press, 1959.

Hoffman, L. W., "The employment of women, education and fertility", *Merrill-Palmer Quarterly,* vol. 20, pp. 99-119, 1974.

Hoffman, L. W. y Hoffman, M. L., "The value of children for parents" en Fawcett, J. T. (comp.), *Psychological perspectives on population,* Nueva York, Basic Books, Ltd., 1973.

Inkeles, A. y Smith, D. H., *Becoming Modern,* Londres, Heinemann Educational Books, Ltd., 1974.

Jackson, R. H., "Some aspirations of lower class black mothers", *Journal of Comparative Family Studies,* vol. 6, núm. 2, pp. 171-181, 1975.

Kahl, J. A., *The measurement of modernism,* Austin, Tex., The University of Texas Press, 1968.

Keller, A. B., "Patient attrition in five Mexico City family planning clinics", en Stycos, J. M. (comp.), *Clinics, contraception and communication,* Nueva York, Appleton-Century Crofts, 1973.

Keller, A. B., "Psychological determinants of family size in a Mexican Village", *Merrill-Palmer Quarterly,* pp. 289-299, 1973a.

Kincaid, D. L., "Communication network, locus of control and family planning among migrants to the periphery of Mexico City", *Dissertation Abstracts International,* vol. 349-A, parte 2, 6105, 1974.

Kiser, C. V., "Population trends and public health in Latin America", *Milbank Memorial Fund Quarterly,* vol. 65, núm. 1, 1967.

Kothandapani, V., "Validation of feeling, belief and intention to act as three components of attitude and their contribution to prediction of contraceptive behaviour", *Journal of Personality and Social Psychology,* vol. 19, núm. 3, pp. 321-333, 1971.

Kuznets, S., "Population and economic growth", *Population Problems,* vol. III, núm. 3, 1967.

Leñero, M. del C. Elu de, *¿Hacia dónde va la mujer mexicana?,* Instituto Mexicano de Estudios Sociales, A. C. e Instituto Nacional de la Nutrición, 1971.

Leñero, M. del C. Elu de, *¿Hacia dónde va la mujer mexicana?,* Instituto Mexicano de Estudios Sociales, A. C., México, 1973.

Leñero Otero, L., *Investigación de la familia en México,* Instituto Mexicano de Estudios Sociales, A. C., México.

Lerner, D., *The passing of traditional society,* Nueva York, The Free Press, 1958.

Lewis, O., *Life in a Mexican village,* Urbana, Ill., The University of Illinois Press, 1951.

Lewis-Faning, E., "Report on an inquiry into family limitation and its influences on human fertility during the past 50 years", Documentos del *Royal Comission on Population,* vol. 1, Loram, 1949.

Life, "Control de la natalidad", septiembre de 1967, p. 59, 1967.

Loyo, G., "The demographic problems of Mexico and Latin America", en McCoy, T. L. (comp.), *The dynamics of population policy in Latin America,* Cambridge, Mass., Ballinger Publishing Co., 1974.

MacDonald, A. P., "Internal-external locus of control and the practice of birth control", *Psychological Reports,* vol. 27, núm. 206, 1970.

Marino, A., "The radio and family planning in the Dominican Republic", en Stycos, J. M. (comp.), *Clinics, contraception and communication,* Nueva York, Appleton-Century-Crofts, 1973.

Mateos Cándano, M., Lázaro, R. B. y Chávez, C. F., *Actitud y anticoncepción,* Centro de Estudios de la Reproducción, A. C., México, 1968.

Mateos Fournier, M., Paz, R., Valdez, S., y Pineda, D., "Nuevas aportaciones para la evaluación de problemas del aborto criminal en México", III Jornada Médica Bienal, IMSS, México.

McCoy, T. L., "A paradigmatic analysis of Mexican population policy", en McCoy, T. L. (comp.), *The dynamics of population policy in Latin America, op. cit.*

Mendoza-Hoyos, H., "Research studies on abortion and family planning in Colombia", *Milbank Memorial Fund Quarterly,* vol. 46, pp. 223-234, 1968.

Miller, W. B., "Personality and egofactors relative to family planning in Colombia", de las sesiones de la Conferencia sobre la medición psicológica de los problemas de población, efectuadas en la Universidad de California, Berkeley, Calif., 1971.

Miller, K. A. e Inkeles, A., "Modernity and acceptance of family limitation in four developing countries", *Journal of Social Issues,* vol. 30, núm. 4, pp. 167-188, 1974.
Miro, C. A., "Some misconceptions disproved: a program of comparative fertility surveys in Latin América", en Berelson, B. (comp.), *Family planning and population programs, op. cit.*
Morris, N. M. y Sison, B. S., "Correlates of female powerlessness: parity, methods of birth control, pregnancy", *Journal of Marriage and the Family,* vol. 36, núm. 4, pp. 708-712, 1974.
Mundingo, A. I., "Honduras revisted: The clinics and its clientele", en Stycos, J. M., *Clinics, contraception and communication, op. cit.*
Mukherjee, B. N., "The role of husband-wife communication in family planning", *Journal of Marriage and the Family,* pp. 655-667, 1975.
Naciones Unidas, "World Statistics in Brief", Nueva York, 1976.
Naciones Unidas, "Factores determinantes y consecuencias de las tendencias demográficas", vol. I, Nueva York, 1978.
Nie, H. H., Bent, D. H., y Hull, C. H., *Statistical package for the social sciences,* Nueva York, McGraw Hill, 1970.
Ohlin, G., *Control de la población y desarrollo económico,* México, Editorial Díaz, 1970.
Ohlin, G., "Economic influences and population size in developed countries", en Parry, H. B., *Population and its problems,* Oxford, Clarendon Press, 1974.
Paz, O., *El laberinto de la soledad,* México, Fondo de Cultura Económica, 1959.
Petersen, W., *Population,* Nueva York, MacMillan Publishing Co. Inc., 1975.
Pick de Weiss, S., *A social psychological study of family planning in Mexico City,* tesis doctoral, Universidad de Londres, Inglaterra, 1978.
Pick de Weiss, S., "Por qué quiere la gente hijos", manuscrito inédito, 1976.
Pohlman, E. H., *Psychology of birth planning,* Cambridge, Mass., Shenkman Publishing Co. Inc., traducido al español como *Psicología de la planificación familiar,* México, Editorial Pax, 1969.
Rabin, A. I., "Motivation for parenthood", *Journal of Projective Techniques and Personality Assessment,* vol. 29, pp. 405-441, 1965.
Rabin, A. I. y Greene, R. J., "Assessing motivation for parenthood", *Journal of Psychology,* vol. 69, pp. 39-46, 1968.
Rainwater, L., *And the poor get children,* Chicago, Quadrangle Books, Inc., 1960.
Rainwater, L., *Family design: marital sexuality, family size, and family planning,* Chicago, Aldine, 1965.
Rainwater, L., "Marital sexuality in four cultures of poverty", en Marshall, D. S. y Suggs, R. C. (comp.), *Human Sexual Behaviour,* Nueva York, Basic Books, Inc., 1971.
Ramos, S., *El perfil del hombre y la cultura de México,* México, Universidad Nacional Autónoma de México, 1963.
Raynor, J. D., "Future orientation in the study of achievement motivation",

en Atkinson, J. W. y Raynor, J. D. (comps.), *Motivation and achievement*, Washington, D. C., V. H. Winston & Sons, 1974.

Rotter, J. B., "Generalized expectancies for internal versus external control of reinforcement", *Psychological Monographs*, vol. 80, núm. 1, 1966.

Santos, P. G., *Los líderes mexicanos ante el cambio demográfico*, Instituto Mexicano de Estudios Sociales, A. C., México, 1970.

Sear, A. M., "Clinic discontinuing and contraceptive need", *Family Psychological Perspectives*, vol. 5, núm. 2, pp. 80-88, 1973.

Secretaría de Programación y Presupuesto, "Encuesta mexicana de fecundidad", Primer Informe Nacional, vol. I, México, 1979.

Seeley, O. F., "Field-dependence-independence, internal-external locus of control, and implementation of family-planning goals", *Psychological Reports*, vol. 38, pp. 1216-1218, 1976.

Siassi, I., "Information campaigns and the growth of family planning in Colombia", en Stycos, J. M. (comp.), *Clinics, contraception and communication, op cit.*

Smith, K., "Current research on family planning in Jamaica", *Milbank Memorial Fund Quarterly*, vol. 46, pp. 257-268, 1968.

Smith, M. B., *A social psychological view of fertility*, Nueva York, Basic Books, Inc., 1973.

Stycos, J. M., *Fecundidad en América Latina*, México, Editorial Pax, México, 1968.

Stycos, J. M., "Latin American family planning in the 1970's", en Stycos, J. M. (comp.), *Clinics, contraception and communication, op. cit.*

Stycos, J. M. y Back, K. W., *The control of human fertility in Jamaica*, Nueva York, Cornell University Press, 1964.

Udry, J. R., Clark, L. T., Chase, C. L. y Levy, M., "Can mass media advertising increase contraceptive use?", *Family Planning Perspectives*, vol. 4, núm. 3, pp. 37-44, 1972.

UNAM, "Radicalización y golpes de estado en América Latina", serie Estudios, 36, Facultad de Ciencias, Universidad Nacional Autónoma de México, México, 1973.

Waisanen, F. B. y Durlak, J. J., *A survey of attitudes related to Costa Rican population dynamics*, American International Association for Economic and Social Development, 1966.

Williamson, J. B., "Subjective efficacy and ideal family size as predictors of favorability toward birth control", *Demography*, vol. 7, pp. 329-339, 1970.

Zárate, A. O., "Differential fertility in Monterrey, Mexico: Prelude to transition?", *Milbank Memorial Fund Quarterly*, vol. 45, pp. 93-108, 1967.

papel ediciones crema de fábrica de papel san juan, s.a.
impreso en talleres gráficos victoria, s.a.
primera privada de zaragoza núm. 18 bis, méxico 3, d.f.
cuatro mil ejemplares más sobrantes para reposición
15 de enero de 1980

www.ingramcontent.com/pod-product-compliance
Ingram Content Group UK Ltd.
Pitfield, Milton Keynes, MK11 3LW, UK
UKHW041828200726
13854UKWH00002BA/653

9 789682 305481